Beck'sche Reihe
BsR 482

Die Begründung ethischer Normen wird in einer säkularisierten Kultur nicht mehr durch tradiertes Ethos und durch die Religion übernommen, sondern erfordert begründungstheoretische Anstrengungen, denen das gegenwärtige geistige Klima allerdings nicht günstig ist. Die in diesem Band gesammelten Aufsätze Vittorio Hösles bilden keine in sich abgeschlossene und vollständige Ethik, aber sie sind Beiträge dazu. Sie stellen die Praktische Philosophie in den Zusammenhang mit Metaphysik, Transzendentalphilosophie und Politischer Philosophie, und sie suchen Antworten auf konkrete Fragen der Ethik in der modernen Welt zu geben.

Vittorio Hösle, geboren 1960 in Mailand, ist Verfasser von Büchern und Aufsätzen zur Metaphysik, zur Ethik und zur Politischen Philosophie. Bei C.H. Beck sind von ihm erschienen: „Die Krise der Gegenwart und die Verantwortung der Philosophie" (1990); „Philosophie der ökologischen Krise" (1991).

VITTORIO HÖSLE

Praktische Philosophie in der modernen Welt

VERLAG C.H.BECK MÜNCHEN

Die Deutsche Bibliothek CIP-Einheitsaufnahme

Hösle, Vittorio:
Praktische Philosophie in der modernen Welt /
Vittorio Hösle. – München : Beck, 1992
(Beck'sche Reihe ; 482)
ISBN 3 406 34074 1
NE: GT

Originalausgabe
ISBN 3 406 34074 1

Einbandentwurf von Uwe Göbel, München

Gesamtherstellung: C. H. Beck'sche Buchdruckerei, Nördlingen
Gedruckt auf alterungsbeständigem (säurefreiem) Papier,
chlorfrei hergestellt
Printed in Germany

Karl-Otto Apel,
der durch seine Philosophie
und sein Leben gezeigt hat,
daß Vernunft und Moral einander voraussetzen,
in großer Dankbarkeit für das
geistige Licht, das sein Werk
in einer dunklen Welt ausstrahlt

Inhalt

Vorwort

Die Schwierigkeiten, denen die praktische Philosophie in der modernen Welt ausgesetzt ist, sind so mannigfach, daß sie durchaus eine Erklärung dafür abgeben können, warum gerade eine Zeit, die wie kaum eine andere einer rationalen Ethik bedarf, so wenig in dieser Richtung leistet. Da ist zunächst das Problem der Begründung der ethischen Grundnormen, die in einer säkularisierten Kultur nicht mehr durch die Religion übernommen werden kann, sondern begründungstheoretische Anstrengungen erfordert, denen das gegenwärtige geistige Klima nicht günstig ist. Mit der Krise religiöser Ethikbegründungen hängt zweitens zusammen, daß eine Ethik heute nicht mehr ohne weiteres ein tradiertes Ethos vorauszusetzen vermag – die Lebensformen, die sich in einer modernen, multikulturellen Gesellschaft finden, sind so verschiedenartig, daß die Aufstellung konkreter Normen den Verdacht herausfordert, damit würden Werte einer bestimmten, partikularen Lebensform verabsolutiert und zu Unrecht anderen aufgedrängt. Drittens ist die ungeheure Komplexität der durch menschliches Handeln ausgelösten Konsequenzen zu nennen – niemals war die Prognose mittelfristiger Auswirkungen bestimmter Handlungen nötiger, aber niemals auch schwieriger als heute, da die moderne Technik den Radius unseres Handelns in Raum und Zeit unabsehbar erweitert hat. Viertens ist die Moderne durch die Autonomisierung der Zielsetzungen und Logiken der verschiedenen Subsysteme der menschlichen Kultur gekennzeichnet; eine praktische Philosophie, die sich nicht auf den Bereich der Individualethik begrenzen möchte, steht daher vor der schwierigen Aufgabe, die innere Logik dieser Subsysteme zu erfassen, bevor sie Normen für diese Bereiche aufstellt. Dies kann die Philosophie alleine nicht leisten; sie ist dazu auf die Zusammenarbeit mit den Sozial- und den Geschichtswissenschaften angewiesen.

Doch trotz aller Schwierigkeiten kann die Philosophie sich den ethischen Fragen nicht entziehen, die sich angesichts der ökologischen Krise, der Vertiefung der Kluft zwischen Erster und Dritter Welt und der auch nach dem Zusammenbruch des Warschauer Paktes bleibenden, vielleicht sogar wahrscheinlicher gewordenen Gefahr eines nuklearen Krieges jedem denkenden Menschen geradezu aufdrängen. So vorläufig und korrekturbedürftig auch alle Versuche einer Antwort sein werden, sosehr muß man doch mit ihnen beginnen; der Philosophie ist jedenfalls nicht mit jener Art von Vornehmheit gedient, die sich in gelehrte historische Detailuntersuchungen oder begründungstheoretische Subtilitäten zurückzieht. Freilich kann dies nicht heißen, daß derartige Versuche nicht verschiedene Voraussetzungen erfüllen müssen, wenn sie ernstgenommen werden wollen. Dazu gehört erstens eine Kenntnis der ethischen Tradition der Vergangenheit – auch wenn die materialen Fragen, mit denen sie sich auseinandersetzte, in manchem von den uns quälenden abweichen, sind die von ihr erbrachten kategorialen Differenzierungsleistungen so bedeutsam, daß ein Neuanfang ohne ihre Kenntnis fast zwangsläufig einen Rückfall hinter längst Erreichtes darstellt. Zweitens darf der Zusammenhang der praktischen Philosophie mit dem Ganzen der Philosophie nicht vernachlässigt werden, was m.E. heißt, daß ohne Metaphysik und ohne Transzendentalphilosophie, also ohne Annahmen über die Struktur des Seins und über die Implikationen von Geltungsansprüchen, die Ethik haltlos werden muß. Drittens darf die innere Gliederung der praktischen Philosophie keineswegs Einseitigkeiten in der einen oder in der anderen Richtung geopfert werden. War es einer der verhängnisvollsten Fehler des Marxismus, Ethik in Politischer Philosophie (oder gar Sozialphilosophie) aufheben zu wollen, so ist doch die existenzialistische Reduktion der praktischen Philosophie auf die individuelle Entscheidung nicht minder abwegig. Allein im Staate bzw. in der internationalen Ordnung können die Überlebensfragen der Menschheit gelöst werden; und deswegen ist eine praktische Philosophie, die eine Stellungnahme zu der Frage nach den vernünftigen politischen Strukturen und dem Wege dorthin verweigert, unvollständig, ja sie verdammt das einzelne Individuum letztlich zur Unmoral, da es nur in einem guten Staat selbst gut werden kann. Ohne Metaphysik kann die Ethik nicht begründet werden; ohne Politische Philosophie kann sie nicht abgeschlossen werden. Viertens muß die praktische Philosophie sich mit den empirischen Aspekten der von ihr angegangenen Fragen vertraut machen; wenn es ihr nicht gelingt, sich von der Wirklichkeit in ihrer synchronen ebenso wie in ihrer diachronen Dimension ein genaues Bild zu machen, ist sie zum Scheitern verurteilt.

Die in diesem Bande gesammelten Aufsätze bilden keine in sich abgeschlossene oder vollständige Ethik; aber sie sind vielleicht Beiträge zu einer solchen. Größerenteils nach meinen Büchern „Die Krise der Gegenwart und die Verantwortung der Philosophie" und „Philosophie der ökologischen Krise" verfaßt, führen sie deren Untersuchungen in verschiedener Hinsicht weiter. Der Aufsatz über Größe und Grenzen von Kants praktischer Philosophie versucht, in Auseinandersetzung mit der nachkantischen Ethik, eine Würdigung des Bleibenden im Entwurf des größten Moralphilosophen der Neuzeit; er legt gewissermaßen die theoretische Grundlage, auf der die konkreteren Analysen der folgenden Aufsätze aufbauen. „Moralische Reflexion und Institutionenzerfall" analysiert anhand der Dialektik von Aufklärung und Gegenaufklärung die praktische geschichtliche Wirkung moralischer Reflexion und die theoretische Reaktion auf diese Wirkung, die freilich selbst praktisch wurde: Nicht nur die Geistes-, sondern auch die politische Geschichte des 19. und 20. Jahrhunderts lassen sich wesentlich als Kampf zwischen Aufklärung und Gegenaufklärung deuten, und es wäre illusorisch zu hoffen, diese Auseinandersetzung gehöre nunmehr endgültig der Vergangenheit an. Der Aufsatz „Zur Dialektik von strategischer und kommunikativer Rationalität" behandelt am detailliertesten individualethische Fragen; in Kritik an den abstrakt aufklärerischen Tendenzen der Diskursethik wird gezeigt, inwiefern das kommunikative Prinzip der Korrektur bedarf – und zwar nicht nur in der Politik, sondern auch in jedem stabilen interpersonalen Verhältnis.

„Warum ist die Technik ein philosophisches Schlüsselproblem geworden?" ist kein schwerpunktmäßig ethischer Aufsatz; er wurde dennoch mit Bedacht in diesen Band aufgenommen. Die neuen ethischen Herausforderungen unserer Zeit haben zu tun mit den Veränderungen, die die Technisierung über die Welt gebracht hat; ohne eine technikphilosophische Besinnung ist eine Diagnose unserer Zeit nicht denkbar – um von einer Therapie ihrer Probleme zu schweigen. Der „Versuch einer ethischen Bewertung des Kapitalismus" widmet sich einem anderen Hauptmerkmal der gegenwärtigen Welt – dem Wirtschaftssystem des Kapitalismus. Auch wenn mir die Grundlage der marxistischen Kapitalismuskritik, die Arbeitswertlehre, unhaltbar scheint, versuche ich, von einem anderen Ausgangspunkt aus, die spätere neoklassische Theorie zurückzuweisen, der gerechte Preis sei per definitionem derjenige, der sich auf dem Markt durchsetze. Die im Technik- und im Kapitalismusaufsatz entwickelten theoretischen Grundlagen erfahren in dem längsten Aufsatz dieses Bandes, „Die Dritte Welt als ein philosophisches Problem", eine Anwendung auf eine der fürchterlichsten ethisch-politischen Fragen der Gegenwart. Die Einordnung des Problems in eine umfassendere geschichtsphilosophische Perspektive, der Versuch einer Vermittlung zwischen Universalismus und historischem Verstehen, schließlich die Überlegungen zu der Frage, ob man von einer Ausbeutung der Dritten Welt sprechen könne, bilden die Schwerpunkte der Abhandlung, die sich an ein breiteres Publikum wendet als die meisten der anderen Aufsätze.

Den drei letztgenannten Aufsätzen ist vorgeworfen worden, trotz aller Kritik im Detail seien sie im Grunde apologetisch gegenüber der gegenwärtigen Ordnung. Dies ist einerseits richtig; denn in der Tat bin ich etwa davon überzeugt, daß der Kapitalismus die einzige der neuzeitlichen Subjektivität angemessene Wirtschaftsform sei und daß der Versuch, ihn abzuschaffen, unter den Bedingungen der Weltherrschaft der neuzeitlichen Subjektivität katastrophale Folgen haben muß. Aber andererseits bin ich keineswegs der Ansicht, daß die neuzeitliche Subjektivität das Ziel der Geschichte sei – sowenig ich auch zu ihr im Augenblick eine konkrete Alternative sehe.

„Sein und Subjektivität. Zur Metaphysik der ökologischen Krise" geht der Frage nach dem Ort der neuzeitlichen Subjektivität im Ganzen des Seins nach und ergänzt die „Moskauer Vorträge" um eine Dimension, die dort ausgeblendet worden war – es wird untersucht, welche Aufschlüsse das Phänomen der ökologischen Krise über die Struktur des Seins geben kann. Für die praktische Philosophie ist die Analyse der geschichtlichen Veränderungen wichtig, die in der Moderne im Verhältnis zwischen geistigen, vitalen und Nützlichkeitswerten vorgegangen sind; weiter auszuführen wären die stark von Hans Jonas beeinflußten Überlegungen über die Zusammenhänge zwischen Biologie und Ethik. Denn sowenig die Biologie die Ethik zu fundieren vermag, so erklärungsbedürftig ist doch der Sachverhalt, daß alle uns bekannten ethischen Akteure denkende *Organismen* sind.

Die ethische Theorie, der diese Aufsätze vorarbeiten, hat Kants Universalismus zur Grundlage. Von Vico und Hegel habe ich freilich gelernt, nach welchen Prinzipien sich ethisches Bewußtsein und sittliche Institutionen in der Geschichte wandeln und welcher Dialektik der abstrakte Moralismus unterliegt; Schelers materiale Wertethik ist als Korrektiv des Kantischen Formalismus stets präsent gewesen; was die Analyse der gegenwärtigen Situation angeht, verdanke ich Heidegger am meisten. Aber den Mut, das Problemlösungspotential der klassischen Tradition auf die gegenwärtigen moralischen Herausforderungen zu beziehen, hätte ich ohne das Vorbild Karl-Otto Apels nicht gehabt. Ihm ist dieser Band in großer Hochschätzung gewidmet.

Größe und Grenzen von Kants praktischer Philosophie[1]

Es kann kein sinnvoller Zweifel daran bestehen, daß Kants praktische Philosophie ein Meilenstein in der Geschichte der Philosophie darstellt und daß ihre Bedeutung nur mit der des Sokrates verglichen werden kann. Nicht nur in theoretischer, auch in praktischer Hinsicht stellt Kants Denken eine kopernikanische Revolution dar. Alle heteronomen Versuche, die Ethik auf etwas Äußeres, auf Traditionen, auf den Willen Gottes, auf die Offenbarung, auf Bedürfnisse zu gründen, werden verworfen; die Ethik wird in der Autonomie des Subjekts begründet. Dieser Versuch, Freiheit und Ethik unlöslich zu verbinden, will die Aufklärung in ihre Wahrheit bringen: Keine äußeren Geltungsansprüche werden anerkannt, jede Autorität hat sich vor der Vernunft zu rechtfertigen. Auf der anderen Seite ist Kant zutiefst davon überzeugt, daß die Vernunft in sich selbst die Kraft hat, eine Ethik zu entwickeln, die allgemein gültig und daher nicht bloß subjektiv ist. Wenige Philosophen haben sich härter gegen die Zerstörung des Glaubens an absolute moralische Pflichten geäußert.

Da wir wohl in einer Zeit moralischen, politischen, künstlerischen und intellektuellen Verfalls leben, denke ich, daß unser Interesse an Kants praktischer Philosophie nicht nur historisch sein darf. Es wäre naiv, anzunehmen, daß die ethischen Ideen, die „wir heute" haben, notwendig besser als die Kantischen sind und daß wir deswegen Kant nur als Vorläufer unserer Ideen – d.h., zu einem guten Teil, der Gemeinplätze, Banalitäten, ja Absurditäten, die gerade in Umlauf sind – betrachten sollten. Kants Moralphilosophie analysiert einige Probleme, die die meisten gegenwärtigen Philosophen absichtlich ignorieren, weil sie das befürchten, was diese Probleme auf erkenntnistheoretischer, ja sogar auf metaphysischer Ebene implizieren, die aber nicht ignoriert werden dürfen, wenn Konsistenz noch ein Ziel für Philosophie ist. Die Größe von Kants praktischer Philosophie gründet sich auf die Tatsache, daß sie innerhalb des Rahmens einer Kritik der Vernunft entwickelt wird und daß sie aufs engste verbunden ist mit seiner theoretischen Philosophie, seiner Religionsphilosophie, seiner Geschichtsphilosophie, während der größte Teil des gegenwärtigen ethischen Denkens aus unbegründeten Behauptungen, prinzipienloser Kasuistik und Reflexionen besteht, die einer organischen Einheit mit dem Rest unseres Wissens entbehren. Nichtsdestotrotz glaube ich nicht, daß Kants Moralphilosophie vollkommen ist, auch wenn ich keinen späteren Versuch kenne, der die Tiefe und die Intensität seines Denkens erreicht. Fichte, Hegel, Schopenhauer, Nietzsche, der Utilitarismus, die Wertethik von Moore und Scheler, die Diskursethik von Habermas und Apel, die Verantwortungsethik von Hans Jonas, sie alle haben sicher wichtige kritische Einsichten, die zu Recht einige Grundannahmen von Kants praktischer Philosophie in Frage gestellt haben; und auch vom Marxismus und Existentialismus läßt sich sagen – auch wenn sie keine spezifischen Moralsysteme entwickelt haben –, daß sie einige Probleme gesehen haben, die von Kant vernachlässigt wurden.

Ich will im folgenden zuerst darlegen, was meines Erachtens den unaufgebbaren Kern von Kants praktischem Denken darstellt, und dann jene Probleme nennen, die in meinen Augen eine Modifikation von Kants Rahmen notwendig machen. Natürlich wird mein Hauptanliegen dies sein, Inkonsistenzen in der positiven Konzeption zu vermeiden, die den Hintergrund meiner Würdigung und Kritik darstellt, auch wenn ich hier diese Auffassung nicht werde im Detail entwickeln können.

I.

1. Um auch für unsere Zeit die Notwendigkeit einer Ethik zu zeigen, die die Idee der Autonomie mit derjenigen von unbedingten und daher absoluten Pflichten verbindet, will ich mit einigen Reflexionen über das Phänomen der Aufklärung beginnen, zu dem Kant ganz gewiß gehört. Ich will jedoch den Ausdruck „Aufklärung" mehr strukturell als in einem konkreten historischen Sinne verwenden. Aufklärung meint hier nicht nur jene spezifische geschichtliche Bewegung des 17. und 18. Jahrhunderts – Aufklärung ist ein allgemeiner Begriff, der alle intellektuellen Bewegungen umfaßt, die die sozialen Institutionen und Traditionen der eigenen Zeit im Namen der Vernunft hinterfragen. Sicher hat nicht jede Kultur eine Aufklärung gehabt. Selbst eine so hochstehende Kultur wie die indische hat zwar metaphysische Systeme von außerordentlicher Komplexität entwickelt, aber wir werden in dieser Kultur vergeblich nach Abhandlungen suchen, die die Frage „Warum ist etwas gut?" zu beantworten versuchen. Die Frage „Was ist gut?" kann natürlich auch von der Religion beantwortet werden, aber die Frage „Warum ist etwas gut?" ist eine spezifisch philosophische Frage. Den Griechen hingegen gelang es, die Macht der philosophischen Reflexion auf das konkrete sittliche Leben ihres Volkes zu wenden; damit begründeten sie, nach einer langen Zeit der Naturphilosophie, die Moralphilosophie.

Die ersten Moralphilosophen der Griechen nennen wir Sophisten, und es besteht kein Zweifel, daß sie die ersten Aufklärer in der Weltgeschichte gewesen sind. Die negativen Konnotationen, die unsere Sprache auch heute noch mit Bezug auf das Wort Sophisten hat, gehen zurück auf den Gebrauch des Wortes durch Sokrates und Platon, die die ersten waren, die wirklich die Dialektik der Aufklärung verstanden haben – eine Dialektik, die meines Erachtens Horkheimer und Adorno nur zum Teil begriffen haben.[2] Denn auf der einen Seite zerstört die Aufklärung ungerechte Institutionen, sie löst irrationale Traditionen auf, sie befreit den Menschen von der Unterdrückung.

Damit eine Kritik objektiv gültig ist und nicht nur der Ausdruck einer subjektiven Idiosynkrasie, brauchen wir jedoch auf der anderen Seite zunächst einmal eine theoretische Kenntnis dessen, was wir kritisieren, und zweitens normative Kriterien, z.B. Werte, aufgrund deren wir etwas kritisieren. Aber woher kommen diese Kriterien? Ich sehe drei Möglichkeiten.

Entweder werden diese Kriterien der Tradition entnommen, dann aber ist das Programm der Aufklärung nicht vollendet, da es ja keinen Sinn macht, der Tradition in ihren fundamentalen Werten zu folgen und sie in ihren konkreten Anwendungen zu verwerfen. Ein konsistenter Aufklärer, der den Gedanken der Autonomie der Vernunft ernst nimmt, wird daher versuchen, diese Möglichkeit zu vermeiden, obgleich die zweite Möglichkeit nicht anziehender ist: Es ist der Standpunkt des ethischen Nihilismus.

In der Tat tendiert die Aufklärung dazu, die Auflösung sozialer Institutionen dadurch zu betreiben, daß sie die Ideologien in Frage stellt, die diese Institutionen tragen. Das ist sicher richtig so, weil ohne die Unterstützung von solchen Legitimationssystemen Institutionen nicht allzu lange bestehen können. Aber indem die Aufklärung so vorgeht, greift sie auch die Basis ihrer eigenen Kritik an, die auf den Werten der Tradition gründete. So kritisierte ja die Aufklärung ungerechte Institutionen im Namen eines Begriffs der Gerechtigkeit, der selbst, wenn auch auf dumpfe Weise, in der Tradition präsent war. Da nun die Aufklärung auch den traditionellen Begriff der Gerechtigkeit angreift und da sie nicht in der Lage ist, einen neuen Begriff zu entwickeln, kann sie nicht mehr behaupten, daß etwas ungerecht sei. Damit wird aber die Möglichkeit rationaler Kritik zerstört, und der Machtpositivismus ist das letzte Resultat einer Aufklärungsbewegung, die rein negativ bleibt. Solch ein Resultat der Aufklärung finden wir bei einigen der Sophisten; es erscheint auch bei einigen Denkern des 18. Jahrhunderts, erreichte aber seine klarste Formulierung in Nietzsches Werk. Ich glaube nicht zu übertreiben, wenn ich feststelle, daß die Nietzschesche Selbstauflösung der Aufklärung in den letzten Jahrzehnten zugenommen hat. Vieles, was in der Linken vor sich geht – der traditionellen Erbin vieler Gedanken der Aufklärung – ist zu Recht eine Nietzscheanisierung genannt worden.[3] Sicher sind die meisten von Nietzsches Epigonen nicht offen nihilistisch; die schrecklichen Konsequenzen dieser Position führen sie gewöhnlich zu der ersten traditionalistischen Position zurück, und nachdem sie erklärt haben, daß es keine objektiven Werte gibt, werden sie gewöhnlich irgendwelche Ideen verteidigen, die sie von einer säkularisierten religiösen oder einer marxistischen Tradition borgen, ohne sie jedoch zu begründen. Dies mag menschlich akzeptabler sein, aber es besteht kaum ein Zweifel daran, daß dieses inkonsistente Schwanken zwischen der ersten und der zweiten Position eine Schwäche ihres philosophischen Denkens verrät.

Die dritte Position ist evidenterweise die ehrgeizigste und schwierigste. Es ist der Versuch, auf die Vernunft selbst, nicht auf soziale Fakten wie Traditionen, die grundlegenden moralischen Werte und Normen zu gründen. Genau das ist es, was Sokrates zu leisten versuchte; genau das charakterisiert die Größe von Kants Unternehmen. Die Vernunft selbst soll die moralische Frage „Was soll ich tun?" beantworten; sie soll nichts, was bloß empirisch gegeben ist, als ein Geltungskriterium ansehen. Zur gleichen Zeit soll ihre Antwort allgemein und objektiv sein; sie soll auf einer höheren Ebene die Selbstgewißheit des naiven ethischen Bewußtseins wiederherstellen, die die Aufklärung zerstört hat.

2. Auch wenn ich überzeugt bin, daß die intellektuelle Situation von Sokrates und Kant ähnlich war, gibt es einen bedeutenden Unterschied zwischen den beiden. Kant hatte ein Phänomen zu bedenken, das zu Sokrates' Zeiten noch gar nicht existierte, aber das seit Kant noch viel bedeutender geworden ist. Ich meine natürlich die moderne Wissenschaft. Der Anspruch der modernen Wissenschaft auf Wahrheit ist in der Tat sehr stark, und keine Person, die nicht vorurteilsbeladen ist, kann bestreiten, daß ihre Erfolge außerordentlich sind. Kant war zutiefst beeindruckt von diesen Erfolgen, und er wollte den Na-

turwissenschaften ein apriorisches Fundament geben, da er der Ansicht war, daß der Anspruch der Wissenschaft auf notwendige Wahrheit allein auf Erfahrung nicht gegründet werden kann.

Auf der anderen Seite führen die Erfolge der Naturwissenschaften leicht zu der Überzeugung, daß die Welt, die von den Naturwissenschaftlern beschrieben wird (und von anderen empirischen Wissenschaften, die den Menschen als bloßes natürliches Wesen behandeln), die einzige reale Welt ist. Das aber wäre tödlich für die Ethik, denn die Naturwissenschaften beschreiben nur Fakten – eine Welt ohne Normen und Werte. Um dies zu vermeiden, könnte man annehmen, daß es eine empirische Welt gibt und eine Welt von Normen und Werten, die nicht auf die erstere zurückgeführt werden kann. Kant aber war mit dieser Antwort nicht zufrieden. Er glaubte nicht nur, daß die Naturwissenschaften nicht die Basis all unseres Wissens sein können, er glaubte sogar, daß die Naturwissenschaften nicht die eigentliche Realität beschreiben könnten. Zu dieser Annahme wurde er durch folgende Tatsache geführt: Innerhalb des Rahmens der Newtonschen Physik (und auch innerhalb des Rahmens der Relativitätstheorie) ist jedes natürliche Ereignis durch das System der Naturgesetze und durch Antezedensbedingungen vollständig determiniert. Wenn man nicht ein Leib-Seele-Dualist ist (und Kant hielt keines der traditionellen Argumente für eine eigene Seelensubstanz für ausreichend), folgt daraus, daß jede menschliche Handlung, jeder menschliche Gedanke usw. prädeterminiert ist. Kant – wie viele Philosophen vor und nach ihm – betrachtete diese Annahme nicht nur als außerordentlich störend, sondern sogar als inkompatibel mit dem Gedanken moralischer Verantwortung.[4] Kants zwei Hauptinteressen – die moderne Wissenschaft zu begründen und zugleich Raum zu lassen für einen freien moralischen Willen – scheinen sehr verschieden zu sein, wenn nicht gar einander zu widersprechen. Aber sein Genie führte ihn zu einer Lösung, die es ihm gestattete, beide Anliegen mit *einem einzigen* Argument zu befriedigen. Das Argument ist folgendes: Die Wissenschaft kann notwendig nur sein, wenn sie ein apriorisches Fundament hat. Ein solches apriorisches Fundament ist nur möglich, wenn die apriorische Anschauung und die apriorischen Kategorien aus dem Subjekt stammen. Denn würden sie aus der Erfahrung stammen, wären sie aposteriori. Da sie aber aus dem Subjekt stammen, erfassen sie nicht die wahre Realität, die hinter der phänomenalen Wirklichkeit ist, die von den Naturwissenschaften beschrieben wird. Auf diese noumenale Realität können die Kategorien nicht angewandt werden, und deswegen ist es möglich, an einen freien Willen des noumenalen Ichs zu glauben, auch wenn das noumenale Ich unerkannt und unerkennbar ist – selbst für das eigene phänomenale Ich.

Kants Theorie der Noumena, seine dualistische Ontologie von Erscheinungen und Dingen-an-sich führt zu Problemen, die wir noch erörtern werden. Aber obgleich seine konkrete Version eines metaphysischen Dualismus inakzeptabel ist, hat er vollständig recht mit der Annahme, daß die common-sense-Ontologie des modernen wissenschaftlichen Zeitalters nicht kompatibel ist mit dem moralischen Faktum. Die Existenz einer objektiven Ethik verlangt nach einer Ontologie, die das bloß Faktische und Empirische transzendiert. Ist-Sätze können Soll-Sätze nicht begründen – diese grundlegende Einsicht Humes[5] kann nicht aufgegeben werden, und das impliziert, daß keine Form einer naturalistischen Ontologie eine Grundlage für die Ethik abgeben kann. Aber nicht nur eine Ontologie wie die des Logischen Positivismus zerstört die Ethik – auch eine differenziertere Ontologie, für die die Gegenstände der Sozial- und hermeneutischen Wissenschaften nicht zurückführbar sind auf diejenigen der Naturwissenschaft, ist für die Ethik tödlich. Denn auch diese „weicheren“ Wissenschaften beschreiben Fakten; sie sind daher unfähig, Normen zu begründen. Natürlich können sie faktische Moralsysteme *beschreiben*, die Normen und die Werte, die von verschiedenen Gesellschaften befolgt werden. Aber es ist ein grobes Mißverständnis, wenn die Aufgabe der Ethik darauf reduziert wird. Mit sozialwissenschaftlichen Kategorien kann die Frage nicht beantwortet werden, ob die Werte der frühen Christengemeinde besser sind als die Werte von Nazideutschland. Max Webers Idee einer wertfreien *Sozial*wissenschaft ist in meinen Augen richtig.[6] Nicht recht hat er aber in der Überzeugung, daß es überhaupt keine objektive Erkenntnis von Normen und Werten geben könne. Die Tatsache, daß die Naturwissenschaften und die Sozialwissenschaften Normen und Werte nicht begründen können, impliziert nicht, daß letztere nur subjektiv sind: Es könnte ja eine andere Form von Erkenntnis geben, nämlich die philosophische Erkenntnis, die mit diesen Normen umgehen kann.

Während der Logische Positivismus und eine Sozialwissenschaft nach der Art Webers die Möglichkeit einer rationalen Begründung der Ethik bestreiten, hat es einen großen nachkantischen Versuch gegeben, die Ethik innerhalb einer Ontologie zu begründen, die die Existenz einer transempirischen Welt bestreitet. Ich meine den Marxismus. Die intellektuelle Faszination des Marxismus war für lange Zeit darin begründet, daß er eine krude naturalistische Ontologie, die als „wissenschaftlich" ausgegeben wurde, mit einem revolutionären Programm verband, das natürlich einer kontrafaktischen Instanz bedurfte, um legitimiert werden zu können. Diese Instanz war die Zukunft. Innerhalb des marxistischen Ansatzes ist die kommunistische Gesellschaft deswegen moralisch gut, *weil* sie sich durchsetzen *wird.* Aber dieses Argument ist offenbar ungültig. Erstens kann nicht einmal der ausgesprochenste Dogmatiker wirklich beanspruchen, vorherzusehen, was die Zukunft bringen wird. Und zweitens: Selbst wenn wir wüßten, daß etwas historisch erfolgreich sein wird, würde weiterhin das Problem des naturalistischen Fehlschlusses bleiben. Denn auch die Zukunft gehört zu der Sphäre des Faktischen, die nicht die Grundlage von Soll-Sätzen sein kann.

Hoffnungslos sind in meinen Augen auch alle Versuche, die Gültigkeit der Kritik am naturalistischen Fehlschluß in Frage zu stellen. John Searles Idee, die moralische Pflicht, etwas zu tun, auf das Versprechen zu gründen, dies zu tun,[7] setzt schon einen normativen Satz „Versprechen sind zu halten" voraus. Und auch Hans Jonas' Metakritik an der Kritik am naturalistischen Fehlschluß[8] macht nur Sinn, wenn wir mit ihm annehmen, daß die Natur nicht wertneutral sei. Nun mag diese fast Aristotelische Naturkonzeption zutreffen, aber um begründet zu werden, bedarf sie einer normativen und idealen Instanz, die es uns gestattet, den Wertcharakter der Natur zu erkennen. In der Tat impliziert der Unterschied zwischen Ist- und Soll-Sätzen keineswegs, daß alles, was ist, nicht so ist, wie es sein soll; er besagt nur, daß das, was etwas sein soll, aus nichts, was ist, folgt.

3. Die Einsicht in die Notwendigkeit einer Ontologie, in der Platz für mehr ist als für die empirische Welt, ist nicht der einzige dauerhafte Beitrag Kants zur Ethik. Eng verbunden mit dieser Idee ist Kants klare Analyse der logischen Natur ethischer Sätze. Ethische Sätze sind – auch hierin hat Kant vollkommen recht – sämtlich synthetische Sätze a priori. Denn aufgrund des Verbotes des naturalistischen Fehlschlusses können sie nicht empirische Sätze sein, und sie sind auch nicht analytische Sätze: Wo ist ein Widerspruch in einem Satz wie „Töte so viele Menschen, wie du kannst, aber laß dich dabei nicht erwischen"? Jeder normative oder evaluative Satz ist daher synthetisch a priori (obgleich nicht jeder synthetisch-apriorische Satz normativ oder evaluativ ist), und deshalb führt die Negation der Existenz synthetischer Sätze a priori notwendig zur Vernichtung der Ethik, wie Kant selbst sehr genau wußte.[9] Glücklicherweise ist diese Negation selbstwidersprüchlich, denn der Satz „Es gibt keine synthetischen Sätze a priori" ist selbst ein synthetischer Satz a priori. Natürlich beweist dieses Argument noch nicht, daß es ethische synthetische Sätze a priori gibt; wir haben nur gezeigt, daß die Behauptung, solche Sätze seien unmöglich, falsch ist.

Die Frage, ob es solche Sätze gibt und ob sie begründet werden können, ist nicht leicht zu beantworten. Ich glaube aber nicht, daß es sehr schwer ist, die Wahrheit folgender Implikation einzusehen: Wenn es keine normativen oder evaluativen synthetischen Sätze a priori gibt, dann kann es keine objektive Ethik geben. Das einzige, was wir dann begründen könnten, wäre das, was Kant hypothetische Imperative nennt, d.h. Imperative, die folgende Struktur haben: „Wenn du a wünschst, mußt du b tun." Solche Imperative sind auf einen empirischen Satz der Struktur „b ist ein notwendiges Mittel, um a zu erreichen“ und auf den analytischen Satz „Wer das Ziel will, will auch das Mittel“ zu gründen.[10] Nun ist es klar, daß ethische Sätze nicht diese Struktur haben. Denn das Ziel eines solchen hypothetischen Imperativs kann vollständig unmoralisch sein. Die Ethik bedarf kategorischer Imperative; ohne solche kategorische Imperative würde sie sich auf eine Lehre strategischer Techniken reduzieren, die uns lehren, möglichst viel Glück, Macht, Geld, sexuelle Lust und was auch immer Menschen erstreben, zu erreichen.

Es ist in diesem Kontext wichtig, einen Einwand zurückzuweisen, der häufig gegen Kant erhoben wurde. Ich meine das Problem der Ausnahmen zu moralischen Gesetzen. Auf der einen Seite stimme ich mit all denjenigen überein, die glauben, daß Kants Theorie, wir dürften nie lügen, selbst wenn wir allein durch diese Lüge einen Unschuldigen vor seinem Mörder retten könnten,[11] absurd, ja unmoralisch ist. Jede Moralphilosophie, die ernst genommen werden will, muß rational die Notwendigkeit von Ausnahmen erklären, und darüber hinaus sogar anerkennen, daß es Normen gibt, die nur unter bestimmten Bedingungen gelten und unter anderen Bedingungen ihren Sinn verlieren. Aber verwandelt dieses Zugeständnis die Ethik nicht in eine empirische Wissenschaft hypothetischer Imperative? Keineswegs. In der Tat müssen wir scharf zwischen hypothetischen und (wie ich sie anderswo genannt habe[12]) implikativen Imperativen unterscheiden. Die ersten haben wir schon analysiert. Die zweiten haben folgende Struktur: „Unter den Bedingungen a mußt du b tun.“ Solche implikativen Imperative beziehen ihre Geltung nicht aus dem, was ich zufällig erstrebe: Sie sind gültig unter Bedingungen, aber diese Bedingungen sind objektiver, nicht subjektiver Natur. Sie sind synthetische Sätze a priori, auch wenn sie nicht allgemein gültig sind und auch wenn sie rational nur durch einen sogenannten gemischten Syllogismus begründet werden können. Die erste Prämisse eines solchen Syllogismus ist normativer oder evaluativer Art. Sie hat die Struktur „c ist ein Wert“ oder „Du solltest c zu realisieren oder zu bewahren suchen“. Die zweite Prämisse ist empirisch, sie hat die Struktur „Unter den Bedingungen a ist b ein notwendiges

Mittel, um c zu realisieren (oder zu bewahren)". Kant hat sicher zu Unrecht diese ganze Sphäre implikativer Imperative und die Bedeutung verleugnet, die empirisches Wissen für die meisten ethischen Entscheidungen hat. Aber auch wenn wir das zugeben, müssen wir anerkennen, daß implikative Imperative nicht hypothetische Imperative sind und daß sie, um objektiv gültig zu sein, die Existenz synthetischer Sätze a priori voraussetzen.

4. Was ist der Inhalt des synthetischen Satzes a priori, der die Basis der Ethik darstellt, also des kategorischen Imperativs? In der zweiten Kritik gibt Kant keine transzendentale Deduktion dieses Imperativs, da innerhalb des Typus einer irreflexiven Transzendentalphilosophie eine transzendentale Deduktion „ein Drittes" voraussetzt, wie etwa die Möglichkeit von Erfahrung oder reine Anschauung, die nur in der theoretischen, nicht in der praktischen Philosophie eine Rolle spielen.[13] Was er allerdings zu beweisen versucht, ist die Äquivalenz zwischen Freiheit und Sittengesetz (§§ 5f; A 51f). Wenn der Wille sich selbst bestimmt und insofern frei ist, dann kann seine Selbstbestimmung nicht auf den Gegenstand einer Maxime gegründet sein, da – so Kant in Übereinstimmung mit seiner theoretischen Philosophie – ein solcher Gegenstand nur empirisch gegeben werden könnte. Und umgekehrt: Wenn die allgemeine Form der Maximen der einzige Bestimmungsgrund des Willens ist, dann ist es nichts Empirisches, was den Willen bestimmt; der Wille ist daher frei. Der formalistische Charakter der Kantischen Ethik folgt aus dem Wunsch, eine autonome Ethik zu haben. Man kann allerdings dagegen einwenden, daß die Selbstbestimmung des Willens nicht notwendig eine formalistische Ethik impliziert. Hegels eigenwillige Ethik, die zur gleichen Zeit eine Philosophie des Rechts und eine politische Philosophie ist, akzeptiert die Kantische Idee der Selbstbestimmung des Willens als die Grundlage der Philosophie des objektiven Geistes; aber da Hegel eine sehr verschiedene Erkenntnistheorie hat, kann er zugleich glauben, daß sich die Idee des Rechts in verschiedenen materialen Institutionen realisiert.[14] Ähnlich haben wir in Schelers Wertethik apriorische und doch zugleich materiale Anschauungen.[15]

Dennoch bestreiten weder Hegel noch Scheler, daß der sittliche Wille der wahrhaft freie Wille ist und daß der wahrhaft freie Wille sittlich ist. Freiheit ist evidenterweise in diesem Zusammenhang nicht verstanden als die Fähigkeit, das zu tun, was man gerade will, da die Wünsche, die man hat, selbst heteronom sind: Sie werden aus Natur und Gesellschaft induziert, und je stärker das Bedürfnis ist, sie zu befriedigen, desto weniger frei ist ein Mensch. Die wahre Freiheit manifestiert sich auf einer höheren Ebene, nämlich in den Wünschen, die man hat. Frei ist nur eine Person, die das will, was moralische Pflicht oder zumindest moralisch erlaubt ist, deren Wille allein durch die Vernunft und nichts Empirisches bestimmt ist, die den kategorischen und nicht bloß die hypothetischen Imperative befolgt. Man mag Kants Formalismus kritisieren, aber es besteht kaum ein Zweifel daran, daß verglichen mit seinem Autonomiebegriff fast alle modernen Konzepte der Freiheit (und ich schließe hier auch die sogenannten emanzipatorischen ein, die wir in der Psychoanalyse und in einer gewissen demokratischen Tradition finden) viel formaler sind. Denn sie haben nur mit dem Problem der Realisierung der eigenen Wünsche zu tun und nicht mit der wesentlich wichtigeren Frage: „Welche Wünsche sollte der wahrhaft freie Mensch überhaupt haben?“ Nur Kants Begriff der Freiheit kann dem Menschen Menschenwürde geben; ein Wesen, das nur lernt, seine Wünsche zu befriedigen, wird nie etwas anderes sein als ein kluges Tier, und eine Gesellschaft, in der alle – selbst unmoralische – Wünsche befriedigt werden könnten, mag vielleicht eine glückliche sein (obgleich ich auch das nicht glaube), aber sicher nicht eine, in der Menschenwürde und Geist ihren Platz haben.

Aus Kants substantiellem Begriff der Freiheit folgt, daß der böse Mensch nicht frei ist. Das ist eine wichtige Schlußfolgerung, die jedoch vielen anderen Aussagen Kants widerspricht, besonders im ersten Teil der „Religion innerhalb der Grenzen der bloßen Vernunft“. Ich werde später darauf zurückkommen.

5. Kants Ethik ist eine intellektualistische Ethik, weil die Vernunft der einzige Geltungsgrund der Normen ist. Gefühle werden als bloß subjektiv angesehen und als unfähig, eine Ethik zu

begründen, die für alle Vernunftwesen gültig sein will, also auch für mögliche endliche, aber nicht menschliche Geister, ja auch für Gott. Diese intellektualistische Grundlage der Ethik kann meines Erachtens nicht aufgegeben werden. Natürlich gibt es angeborene Moralgefühle, aber sie sind nur der Gegenstand einer deskriptiven Psychologie, nicht die Grundlage der Ethik. In der Tat kann die subjektive Intensität, mit der jemand etwas als moralisch oder als unmoralisch empfindet, nicht relevant sein, um die Frage zu beantworten, ob etwas moralisch ist oder nicht. Es mag wohl sein, daß der Rassist die Idee einer Ehe zwischen Personen verschiedener Rassen moralisch abstoßend findet, es kann sein, daß der Militarist die Idee eines Krieges als eines Selbstzwecks edel findet, aber aus diesem empirischen Faktum, das selbst kausal erklärt werden kann, folgt nichts mit Bezug auf die normative Frage. Es scheint sogar, daß die kritische Einstellung, zu der die Aufklärung den Menschen erzieht, fast notwendig die angeborenen moralischen Gefühle schwächt, obgleich nur durch die Aufklärung neue und höhere moralische Ideen diejenigen der Vergangenheit ersetzen können.

Die berühmteste emotionalistische Kritik von Kants Ethik, Schopenhauers Mitleidsethik, verrät eine vollständige Unfähigkeit, die radikale Differenz zwischen der Geltungsfrage, die mit den Gründen, warum etwas gut ist, zu tun hat, und der psychologischen Frage zu fassen, die die Ursachen analysiert, warum jemand moralisch handelt. Schopenhauer hat vielleicht partiell recht in bezug auf das Motivationsproblem, aber er erfaßt nicht das normative Problem. Er *setzt* einfach *voraus*, daß ein altruistisches Verhalten moralisch gut sei, und fragt sich dann, welche psychischen Kräfte den Menschen zu einem solchen Verhalten führen. Aber die entscheidende Frage, ob altruistisches Verhalten mehr als eine Dummheit ist, ob es etwas ist, was sein soll, wird von Schopenhauer nicht nur nicht beantwortet, sondern er versteht nicht einmal diese Frage.[16]

Offenkundig kann nur eine intellektualistische Ethik universalistisch sein. Gefühle sind gewöhnlich auf etwas Besonderes begrenzt. Auf der emotionalen Ebene empfinden wir die Ungerechtigkeit, die uns angetan wird, als viel schrecklicher als die

Ungerechtigkeit, die einer Person angetan wird, die weit weg ist, aber auf rationaler Ebene sehen wir ein, daß beides moralisch gleichwertig ist. Es mag zwar unter bestimmten Bedingungen moralisch sein, unsere Nächstenliebe auf unsere Nachbarn zu beschränken, aber nur weil durch eine solche allgemeine Beschränkung mehr erreicht werden mag als durch eine ungeordnete Großzügigkeit, sicher nicht, weil meine Nachbarn mehr moralische Rechte hätten als Personen weit weg.

Auch wenn Kants Ethik mit Bezug auf ihren Inhalt sicher die universalistischste Ethik der Tradition ist (sie schließt sogar nicht-menschliche Vernunftwesen ein, wenngleich nichts bloß Natürliches), denke ich nicht, daß die rein formalistische Formel, die wir in der zweiten Kritik finden, sehr weit führt. Denn diese Formulierung schließt nur bestimmte brutale Formen von Ungerechtigkeit aus, sie schließt aber nicht eine allgemeine Verletzung von Grundrechten aus. Und mit Bezug auf die sogenannten unvollkommenen Pflichten erkennt Kant selbst an, daß ihre allgemeine Verletzung ohne jede Schwierigkeit vorgestellt werden kann, aber daß wir einen solchen Zustand nicht wünschen könnten.[17] Aber warum nicht? Wir brauchen ein Kriterium, um zu sagen, warum wir bestimmte Zustände nicht wünschen dürfen, und Kant gibt kein solches Kriterium an. Dennoch glaube ich, daß Kants universalistisches Anliegen in einer konkreteren Weise rekonstruiert werden kann, wenn wir annehmen, daß jedes Vernunftwesen das Recht hat, ein autonomes Leben zu führen, und daß, um ein solches Leben zu führen, Leben, Eigentum (innerhalb bestimmter Grenzen), Zugang zu Bildung Grundrechte sind, die nicht verletzt werden dürfen. Eine derartige Entwicklung von Kants Ethik finden wir z. B. in Fichtes „Sittenlehre“ und in Hegels „Grundlinien der Philosophie des Rechts“.

Viel faszinierender ist die zweite Formulierung des kategorischen Imperativs, die wir in der „Grundlegung zur Metaphysik der Sitten“ finden und die uns verbietet, die Menschheit in der eigenen oder in einer anderen Person nur als ein Mittel zu behandeln. Ich glaube zwar nicht, daß diese Formulierung mit der ersten äquivalent ist, auch wenn Kant dies meint (A 66f), da wechselseitige Instrumentalisierung durchaus mit der ersten kompatibel zu sein scheint. Aber sicher eröffnen die zweite und die dritte Formulierung einen Horizont von Intersubjektivität, der für die praktische Philosophie entscheidend ist (auch wenn ich Kant darin zustimme, daß es auch Pflichten gegen sich selbst gibt, die selbst für einen möglichen einzelnen Bewohner dieses Planeten gültig blieben). So wird in der zweiten Formulierung kommunikatives Verhalten eindeutig dem strategischen übergeordnet. Dennoch ist Kants Theorie der Intersubjektivität weit davon entfernt, vollkommen zu sein, wie wir später sehen werden.

6. Ich habe eben darauf angespielt, daß bestimmte Grundrechte aus einer richtig verstandenen universalistischen Ethik zu folgen scheinen. Diese Grundrechte sind die normative Basis von gerechten Gesetzen und gerechten Staaten. In Übereinstimmung mit der Tradition des Naturrechts erkennt Kant ein nicht bloß positives Kriterium für die Beurteilung rechtlicher und politischer Systeme an. Im ersten Teil seiner „Metaphysik der Sitten" entwickelt Kant viele der grundlegenden Prinzipien des modernen Rechtsstaates; er favorisiert republikanische Institutionen; er betrachtet die Überwindung des Krieges in internationalen Institutionen, die die Souveränität der Staaten beschränken, als eine der Hauptaufgaben einer rationalen und moralischen Politik.

Im Gegensatz zu Hegel und den Historisten hat Kant kein sehr großes Interesse an der Geschichte. Es ist bemerkenswert, wie wenig er die Tatsache bedenkt, daß universalistische Ideen sich selbst historisch entwickelt haben, obgleich natürlich die Anerkennung einer komplexen Genese universalistischer Ideen nicht ihre Geltung relativieren würde. Kant ist jedoch an der Evolution nicht von moralischen Ideen, sondern von politischen Institutionen interessiert. In seiner teleologischen Geschichtsphilosophie interpretiert er die Realisierung von universalistischen Institutionen als die Aufgabe der Geschichte.[18] Kant glaubt jedoch, daß diese historische Verwirklichung rationaler Institutionen nicht durch eine ausdrückliche Entscheidung der Menschheit, moralische Kriterien auf die Politik anzuwenden, stattfinden wird. Er glaubt – wie Vico vor ihm und nach ihm Hegel –, daß das Verfolgen egoistischer Interessen auf längere Sicht zu der Entstehung rationaler Institutionen führen kann. Natürlich hat Kant nichts gegen Reformen, die auf einen universalistischen Geist gegründet sind (er verwirft allerdings Revolutionen),[19] aber sein tiefer Skeptizismus in bezug auf die Menschheit führt ihn dazu, mehr an eine säkularisierte Version der Vorsehung zu glauben als an ein rationales menschliches Handeln.

7. In der Tat ist Kant (jedenfalls der Kant der Werke, die er selbst veröffentlicht hat) davon überzeugt, daß ohne einen Begriff von Gott wir keine Garantie haben, daß das höchste Gut – ein Zustand, in dem eine Entsprechung zwischen Glückseligkeit und Glückswürdigkeit stattfindet – erreicht werden kann, auch wenn der Einsatz für einen solchen Zustand durch das Sittengesetz vorgeschrieben wird. Zusammen mit der Freiheit und der Unsterblichkeit der Seele ist daher Gott eines der drei Postulate der praktischen Vernunft. Warum führt die praktische Philosophie zum Gottesbegriff? Sicher nicht, weil Gott der Geltungsgrund des Sittengesetzes ist; Kant lehnt zu Recht den voluntaristischen Begriff von Gott ab. Etwas ist nicht moralisch, weil Gott es befohlen hat (und etwas anderes befehlen könnte), sondern Gott ist Gott, weil sein heiliger Wille nichts wünschen kann, was nicht moralisch ist. Nicht besser als diese voluntaristische Auffassung ist in Kants Augen die andere weitverbreitete religiöse Überzeugung, wir sollten dem Sittengesetz folgen, um in einem anderen Leben belohnt zu werden. Auch eine solche Vorstellung zerstört den autonomen Charakter der Ethik und verwandelt den kategorischen Imperativ in einen hypothetischen Imperativ. In der Tat führt Kant seinen Glauben an die Unsterblichkeit der Seele durch ein ganz verschiedenes Argument ein, nämlich, daß wir in einer endlichen Zeit moralische Vollkommenheit nicht erreichen können und daß wir deshalb mit dieser anstrengenden Aufgabe auch in einem anderen Leben fortfahren müssen. Obgleich in einer Welt ohne Gott das Sittengesetz weiterhin gültig wäre, könnte doch in einer dualistischen Welt, die auf der einen Seite aus der Natur, auf der anderen Seite aus dem Sittengesetz bestünde, nichts garantieren,

daß das Sittengesetz in der phänomenalen Welt der Natur verwirklicht werden könnte. Um an die konkrete Möglichkeit zu glauben, daß das höchste Gut verwirklicht werden kann, ist es notwendig, einen Einheitspunkt jenseits des Dualismus von Natur und Sittengesetz anzunehmen – nämlich Gott als den Schöpfer einer Natur, die zur Realisierung des Sittengesetzes führen kann.

Auch wenn ich später noch meine Einwände gegen Kants konkrete Version dieses Arguments anführen werde, bin ich fest davon überzeugt, daß es ein verzweifeltes moralisches und intellektuelles Bedürfnis gibt, den Dualismus von Sittengesetz und Natur in Kants Ontologie zu überwinden. Die Systeme des deutschen Idealismus können zum Teil aus diesem Bedürfnis erklärt werden; und auch Kants dritte Kritik belegt die Notwendigkeit einer Überwindung des Dualismus der beiden ersten Kritiken.[20]

II.

Kants Moralphilosophie ist, wie ich zu zeigen versucht habe, in folgenden Punkten überzeugend: Sie akzeptiert die Herausforderung der Aufklärung, eine nicht-traditionelle Ethik zu entwickeln, verwirft zu diesem Zwecke eine naturalistische Ontologie und fordert synthetische Sätze a priori. Zu Recht verbindet sie Freiheit und Sittengesetz und erreicht – auf der Vernunft gegründet – eine universalistische Dimension, der nichts vergleichbar ist in der Geschichte der Ethik vor Kant. Sie wendet diese universalistische Ethik auf die Politik an und gibt der Geschichte die Aufgabe, der Prozeß der langsamen Realisierung universalistischer Institutionen zu sein. Schließlich führt Kants praktische Philosophie zu der Gottesfrage, insofern Gott die Instanz ist, die den Dualismus zwischen Natur und Sittengesetz überwinden kann. Was sind die Gründe, warum wir dennoch heute Kants Moralphilosophie nicht mehr in ihrer Ganzheit akzeptieren können?

1. Erstens müssen wir natürlich das Faktum erwähnen, daß

der kategorische Imperativ bei Kant nicht begründet ist, wie Kant selbst anerkennt. Nun hat Kant wichtige Argumente dafür, den kategorischen Imperativ nicht zu begründen,[21] und in der Tat können wir nicht ausschließen, daß es Wahrheiten gibt, die zwar nicht bewiesen werden können, die aber trotzdem Wahrheiten sind. Es ist jedenfalls klar, daß der kategorische Imperativ nicht empirisch begründet werden kann; diejenigen, die einen solchen Beweis fordern, haben nicht verstanden, worum es in der Ethik geht, und verwandeln von Anfang an den kategorischen in einen hypothetischen Imperativ. Auch die Forderung nach einer logischen Deduktion ist nicht immer möglich, da eine Deduktion Axiome voraussetzt und die Axiome selber sicher nicht deduziert werden können. Ein großer Teil der Tradition hat daher angenommen, daß es eine Intuition der Axiome und Prinzipien gibt, und daher könnte es sein, daß der kategorische Imperativ der Gegenstand einer solchen Intuition ist. Das scheint mir die beste philologische Rekonstruktion dessen zu sein, was Kant mit dem „Faktum der Vernunft" meint. Obgleich ich mich hier nicht mit dem ganzen Problem der Intuition beschäftigen kann und auch nicht kategorisch ausschließen möchte, daß es eine solche philosophische Intuition geben mag, will ich doch feststellen, daß der Bezug auf eine solche Intuition sicher nicht die befriedigendste Antwort auf unser Problem ist. Historisch mag sie in Kants Zeiten überzeugend gewesen sein, aber nach dem radikalen Skeptizismus und dem ethischen Nihilismus muß jeder, der sich auf Intuitionen beruft, der Reaktion „Ich finde keine solche Intuition in mir vor" gewärtig sein. Ich glaube daher, daß die klassische Alternative zur Intuition versucht werden sollte, nämlich reflexive Argumente. Reflexive Argumente sind nicht Deduktionen (die mit Bezug auf die Prinzipien unmöglich sind), sondern Argumente, die zu zeigen versuchen, daß wir bestimmte Dinge immer schon voraussetzen müssen, wenn wir etwas zu beweisen versuchen. So können die grundlegenden Prinzipien der Vernunft sicher nicht bewiesen werden, ohne immer schon vorausgesetzt zu werden, denn ohne sie macht der Begriff des Beweises keinen Sinn. Sie können aber auch nicht bestritten werden, ohne vorausgesetzt zu werden, und dies gibt diesem Typus von Argumenten einen besonderen Status jenseits der Alternative von Deduktion und Intuition.

Kant selbst hat sich nicht mit solchen reflexiven transzendentalen Argumenten beschäftigt. Meisterhaft beherrscht sie jedoch Fichte, und in seiner „Sittenlehre" (§ 3) versucht er, den kategorischen Imperativ aus solchen reflexiven Argumenten zu deduzieren. In der gegenwärtigen Philosophie ist es ein großes Verdienst von Apel und Kuhlmann, derartige Argumente bei ihrer Transformation der Kantischen Ethik angewandt zu haben.[22] Obgleich dies nicht der richtige Ort ist, die ganze Angelegenheit in der Tiefe zu behandeln, die sie verdient,[23] will ich einfach sagen, daß ich überzeugt bin, daß solche reflexiven Argumente das Unbedingte, Voraussetzungslose und daher Absolute erfassen können. Indem die Vernunft diese Argumente erfaßt, hängt sie von nichts ab, was außer ihr ist, und ist deswegen absolut frei. Zugleich ist das, was die Vernunft erfaßt, absolut notwendig: Autonomie und Theonomie fallen in diesem Akt zusammen, ohne den es nur empirische und analytische Erkenntnis und daher keine Ethik geben würde. Diesen Akt erfahren zu haben führt zu einer tieferen Form von Subjektivität, aber nur, weil die Subjektivität in diesem Akt mit dem, was absolut objektiv ist, verbunden wird. Während der Existenzialismus zu Recht das Bedürfnis gespürt hat, die Banalität der Alltagsethik zu transzendieren, indem er eine tiefere Dimension der eigenen Sujektivität erfaßt, ist es ihm nicht gelungen, dem objektiven Moment gerecht zu werden, und deswegen hat er auch das subjektive verfehlt.

2. Auch wenn Kant völlig recht hat mit seiner Forderung nach einer apriorischen Grundlage der Ethik, glaube ich doch, daß eines der größten Probleme seiner Ethik darin besteht, daß sie keinen Platz hat für die Bedeutung empirischen Wissens, das wir für konkrete ethische Entscheidungen brauchen. Ich habe schon darüber gesprochen, als ich über die implikativen Imperative redete. Diese Imperative setzen, um begründet zu werden, sowohl apriorisches als auch empirisches Wissen voraus, und so flach etwa Mills Utilitarismus ist, der eine apriorische

Erkenntnis bestreitet, so unangemessen ist doch auch Kants Bestreiten der Notwendigkeit solchen empirischen Wissens, während eines der größten Verdienste von Moores Ethik darin besteht, die Notwendigkeit beider begriffen zu haben. Als endliche Wesen sind wir in den meisten Fällen verzweifelt auf empirische Informationen angewiesen, um die richtige ethische Entscheidung treffen zu können. Dies zu bestreiten, kann nur eine vollkommene Gleichgültigkeit gegenüber den Konsequenzen unserer Handlungen zur Folge haben, die einen Teil der empirischen Welt bilden. In der Tat ist eine solche Einstellung (die tödlich ist für jeden Versuch einer moralischen und zugleich erfolgreichen Realpolitik) in vielen von Kants Aussagen impliziert, und man kann nicht umhin zu denken, daß eine solche reine Gesinnungsethik die Negation jeder konkreten Verantwortung darstellt und daher völlig unmoralisch ist. Die Person, die den Mörder an ihrer Tür nicht anlügt, zieht die unbefleckte Reinheit der eigenen Seele dem Leben des anderen vor und ist daher nichts anderes als ein narzißtischer Egoist. Wer sich weigert, seine Hände schmutzig zu machen, ist nicht wirklich an der *Realisierung* des Sittengesetzes interessiert. Es ist ziemlich klar, daß diese Weigerung in Kants Ethik viel zu tun hat mit seiner Ontologie, nach der die phänomenale Welt ontologisch der noumenalen so untergeordnet ist, daß es kaum einen Sinn macht, in ihr zu arbeiten. Aber nicht nur reiner Empirismus, auch die Verachtung des Empirischen zerstört die Welt; denn wenn die empirische Welt keine eigene ontologische Würde hat, dann ist jede Handlung in ihr ethisch sinnlos.[24] Sicher hat Kant recht, wenn er sagt, daß die Maximen einer Handlung, nicht die Handlungen selbst das sind, was moralisch zählt. Aber erstens muß eine moralische Person die Maxime haben, mit allen legitimen Mitteln das Gute zu realisieren zu suchen, und zweitens mag es Fälle geben, wo es eine moralische Pflicht ist, eine offenbar unmoralische und daher verächtliche, aber erfolgreiche Person einer edlen, aber unfähigen vorzuziehen, wenn wir nicht unsere Freunde, sondern z.B. unsere politische Führungskräfte zu wählen haben.

3. Um Handlungen zu rechtfertigen, besonders Ausnahmen

zu moralischen Regeln, müssen wir nicht nur die wahrscheinlichen Konsequenzen unseres Tuns analysieren, sondern wir brauchen auch eine Hierarchie von Werten und Gütern. Denn nur wenn die Verletzung eines Wertes notwendig ist, um mit großer Wahrscheinlichkeit einen höheren Wert zu retten, mag diese Verletzung gestattet sein. Kants Formalismus enthält keine Kriterien für eine solche Hierarchie, aber jeder Versuch, Ausnahmen zu ethischen Grundnormen zu rechtfertigen, führt mit Notwendigkeit zu der Idee einer materialen Wertethik, wie sie, wenn auch ohne die solide metaphysische Grundlage, deren sie bedarf, von Moore und Scheler (und in einer verschiedenen Form schon von Hegel) entwickelt wurde. Innerhalb des Rahmens einer solchen Ethik lautet der kategorische Imperativ: „Realisiere so viele Werte wie möglich und ziehe im Konfliktfall den höheren Wert dem niederen vor." Natürlich hat eine solche Ethik viele Probleme; es mag durchaus Fälle geben, wo es sehr schwierig ist, herauszufinden, was der höhere Wert ist. Aber kein Vernunftwesen kann bestreiten, daß es auch Fälle gibt, wo die hierarchische Ordnung offenkundig ist. Leben ist sicher ein höheres Gut als Eigentum, die Einsichten in ideale Wahrheiten ein höherer Wert als Lust. Denn das Leben ist allgemeiner und eine notwendige Bedingung für Eigentum, und Einsichten in die Wahrheit sind auf der performativen Ebene immer schon vorausgesetzt, wenn wir die Frage erörtern, ob intellektuelle Einsicht oder Lust ein höherer Wert sei (um ein berühmtes platonisches Argument anzuführen).

4. Auch wenn eine ausgeführte Werttheorie sicher keine einfache Aufgabe ist, zeigen doch die beiden Argumente, die ich gerade erwähnt habe, warum es einen *rationalen* Zugang zu einer Werttheorie geben kann. In der Tat glaube ich, trotz meiner aufrichtigen Verehrung für den Autor des bedeutendsten Buches über Ethik in unserem Jahrhundert, daß Max Scheler irrt, wenn er die Ethik auf Gefühle gründen möchte. Hierin ist Kant eindeutig überlegen, und man kann nicht umhin zu denken, daß einige der enttäuschenden antiuniversalistischen Optionen Schelers mit seiner Verwerfung einer rationalistischen Ethik zu tun haben. Dennoch scheint mir, daß Scheler in einem

Punkte recht hat: in seiner Überzeugung, daß Gefühle das Subjekt moralischer Prädikate sein können. Der Geltungsgrund dafür, daß wir nicht einen Mord begehen dürfen, ist nicht unser Mitleidsgefühl. Und doch ist es nicht nur von äußerster sozialer Bedeutung, daß solche moralischen Gefühle weiterhin existieren. Auch wenn dasselbe praktische Resultat ohne sie erzielt werden könnte, würden doch in einer Welt ohne solche Gefühle wichtige moralische Werte fehlen. In der Tat wird fast jeder Kants Auffassung widersprechen, daß ein Mensch, der von Natur aus großzügig ist, moralisch dem Geizhals unterlegen ist, der sich selbst dazu zwingt, dem kategorischen Imperativ zu folgen.[25] Sicher wäre es unmoralisch, wenn jemand sagte: „Ich tue meine Pflicht, aber nur, weil ich zufällig in diesem Falle meine Pflicht gern habe." Wenn aber jemand von Natur aus oder aufgrund einer guten Erziehung die richtigen Werte liebt und nach einer gewissenhaften rationalen Prüfung zu dem Ergebnis kommt, daß die Werte, die er liebt, wirklich die richtigen sind – steht er nicht moralisch höher als die Person, die jeden Tag gegen die eigenen üblen Gefühle zu kämpfen hat? Schillers Kantkritik in „Anmut und Würde" scheint mir zwingend: Das angemessene Gefühl bei der richtigen Gelegenheit ist das, was dem Menschen Anmut und auch moralischen Wert verleiht. Es ist einer der schrecklichsten Irrtümer des abstrakten Intellektualismus, die emotionale Kultur vernachlässigt zu haben – der „désordre du coeur" unserer Zeit ist die offenkundige Konsequenz dieser Vernachlässigung. Hier kann man übrigens auch die absolute und vermutlich unersetzliche Bedeutung einer vernünftigen religiösen Erziehung sehen: Wer nicht als Kind die richtigen moralischen Gefühle vermittelt bekommt, wird nicht vollkommen moralisch gut werden, auch wenn er später die richtigen Normen und Werte intellektuell begreift.

5. Ein weiteres ernstes Problem der Kantischen Ethik ist der Mangel einer expliziten Theorie der Intersubjektivität. In der Tat handelt auch die dritte Formulierung des kategorischen Imperativs in der „Grundlegung", in der das Thema der Intersubjektivität eine große Rolle spielt, nur von den noumenalen Ichen, also im Prinzip nicht erkennbaren Entitäten. Im Rahmen

seiner Theorie der phänomenalen Welt hat Kant keinen Platz für die Erfahrung des anderen Ichs, da der äußere Sinn die physische Welt erfaßt, der innere nur die eigene Subjektivität. Aber wie erfahren wir andere Subjekte? Kant hat keine Antwort auf diese Frage; die Wissenschaften, die er in der ersten Kritik begründen möchte, sind die Naturwissenschaften und die Psychologie, nicht hingegen die Sozialwissenschaften und die hermeneutischen Wissenschaften. In mancherlei Hinsicht ist er ein Vorläufer des modernen Szientismus, insofern er die Menschen und die Institutionen im wesentlichen als Teil der Natur ansieht. Nun kann das leicht damit erklärt werden, daß zu Kants Zeiten die Sozialwissenschaften und die hermeneutischen Wissenschaften noch nicht sehr entwickelt waren, sowie mit der Tatsache, daß seit Descartes die Philosophie gedacht hatte, Objekt und Subjekt seien die fundamentalen Kategorien. Wenn wir aber begreifen, daß das andere Subjekt etwas ist, das weder als bloßer Gegenstand verstanden werden kann noch als die eigene Subjektivität, sondern auf bestimmte Weise die Synthese von beiden ist, dann bedürfen wir einer weiteren philosophischen Disziplin – der neuen Wissenschaft von der Intersubjektivität. In der Tat hat sowohl die Entwicklung der Sozial- und hermeneutischen Wissenschaften als auch die philosophische Grundlagenreflexion über diese Wissenschaften seit dem letzten Jahrhundert eine Menge zu einer solchen Disziplin beigetragen, und es ist klar, daß eine ausgearbeitete Theorie der Ethik die Hilfe einer solchen Disziplin brauchen wird. Wenn das Sittengesetz nicht auf meine Seele beschränkt bleiben, sondern in der intersubjektiven Welt der Geschichte verwirklicht werden soll, dann müssen wir die Gesetze dieser Welt kennen. Es ist aber äußerst wichtig zu begreifen, daß diese Disziplin nie und nimmer die Ethik wird ersetzen können, auch wenn die Ethik ohne eine solche Disziplin abstrakt bleiben muß. Denn die normative Dimension, die der Ethik eigentümlich ist, setzt etwas voraus, das die empirische Welt transzendiert, zu der auch die intersubjektive Welt gehört.

Das Thema der Intersubjektivität ist auch aus einem anderen, streng ethischen Grund wichtig. Kant scheint zu glauben, daß die Ethik auch verwirklicht werden könnte, wenn es nur ein einzelnes Subjekt gäbe. Nun habe ich schon gesagt, daß ich mit ihm annehme, daß auch ein solches Subjekt gewisse ethische Pflichten, wie z.B. intellektuelle und moralische Selbstvervollkommnung, anerkennen müßte. Aber wie arm wäre doch unter ethischen Gesichtspunkten eine solche Welt! Werte, die durch eine Gemeinschaft realisiert werden können, sind so viel höher als diejenigen, die von privaten Individuen verwirklicht werden können, daß es leicht erklärlich ist, warum man den Irrtum begehen konnte, anzunehmen, es gäbe Pflichten nur in intersubjektiven Gemeinschaften. Natürlich ist es wichtig, eine solche Gemeinschaft als Selbstzweck zu fassen, nicht nur als eine Gesellschaft, die notwendig ist, um private Bedürfnisse zu befriedigen. Eine Analyse der verschiedenen Formen von Gemeinschaft und der Emotionen, die ihnen angemessen sind, die von der Liebe zum Patriotismus reichen würden, ist eine der Hauptaufgaben für eine ausgearbeitete ethische Theorie. Ich glaube im übrigen, daß die Diskursethik trotz ihrer Betonung der Notwendigkeit kommunikativen Verhaltens weit davon entfernt ist, uns eine solche Theorie gegeben zu haben. Denn ihr zentrales Argument ist immer, daß wir den anderen respektieren müssen, weil er uns nützlich sein kann bei der Suche nach der Wahrheit. Aber auch eine intellektuelle Instrumentalisierung des anderen bleibt eine Instrumentalisierung, und sie erfaßt nicht das Wesen von Gemeinschaften.

6. Derjenige Teil der Kantischen Ontologie, der schon sehr früh scharf kritisiert worden ist, handelt von den Dingen-an-sich. In der Tat scheint der Begriff von etwas, was nicht nur jetzt nicht erkannt wird, sondern im Prinzip nie erkannt werden kann, entweder selbstwidersprüchlich oder sinnlos. Kant irrt, wenn er glaubt, apriorische Erkenntnis müsse notwendig nur subjektiv sein – die Tradition des objektiven Idealismus von Platon zu Hegel hat uns zumindest die Möglichkeit einer Theorie gezeigt, die annimmt, daß apriorische Erkenntnis das Wesen der Realität erfaßt. Zudem beweist Kants Lehre von den Dingen-an-sich nicht das, was Kant bewiesen zu haben glaubt – die transzendentale Freiheit. Denn erstens können wir nie wissen,

ob das noumenale Ich von uns oder einer anderen Person wirklich frei war – es mag vielleicht frei gewesen sein, doch können wir nicht a priori ausschließen, daß es in der unerkennbaren noumenalen Welt durch ein anderes Ding-an-sich gezwungen wurde, etwas zu tun. Und zweitens führt Kants Annahme des Prädeterminismus für die phänomenale Welt[26] zu großen Problemen. Denn entweder gibt es keine Korrespondenz zwischen phänomenalem und noumenalem Ich (dann ist es sehr wohl möglich, daß das noumenale Ich einer Person, die in der phänomenalen Welt unmoralisch handelt, moralisch ist und umgekehrt), oder es gibt eine solche notwendige Korrespondenz. Aber wer garantiert eine solche Korrespondenz? Entweder müssen wir annehmen, daß die noumenalen Iche die Schöpfer der phänomenalen Welt sind (das ist aber nicht das, was Kant lehren möchte), oder Gott ist verantwortlich für eine solche prästabilierte Harmonie: Dann aber muß das noumenale Ich von Gott determiniert sein. Die Argumente, die Kant anführt, um diese letzte Möglichkeit auszuschließen, sind in der Tat so unglaublich schwach, daß Schopenhauer glauben konnte, Kant könne sie nicht ernst gemeint haben.[27]

Es scheint daher unvermeindlich, die Idee des noumenalen Ichs aufzugeben. Aber heißt das nicht, jene naturalistische Ontologie anzunehmen, die – wie ich am Anfang gezeigt habe – jede Ethik zerstört? Ich glaube nicht, daß dies der Fall ist. Denn das Noema des Sittengesetzes bleibt auch dann etwas, was nicht zu der phänomenalen Welt gehört, was nicht empirisch ist, sondern a priori und zeitlos gilt, wenn wir den subjektiven Akt, mit dem jemand das zeitlose Sittengesetz erfaßt (also die korrespondierende Noesis), als einen Akt ansehen, der zu der kausalen Ordnung der empirischen Welt gehört. Die Negation der idealen Welt, in der Werte und das Sittengesetz ihren Ort haben, ist tödlich für die Ethik – die Negation des noumenalen Ichs ist viel weniger gefährlich.

In der Tat ist eine solche Negation durchaus kompatibel mit Kants Idee der Autonomie. Denn wenn die Vernunft einer empirischen Person, durch welche Ursachen auch immer vermittelt, es schafft, sich von aller empirischen Bestimmung zu befreien und ausschließlich immanente Rationalitätskriterien zu befolgen, dann kann diese Person zu Recht beanspruchen, frei zu sein. Aber Kant verwechselt zu Unrecht diesen Begriff der Freiheit (der bezogen ist auf einen bestimmten Gegenstand des Aktes der Vernunft) mit demjenigen, was er transzendentale Freiheit nennt. Die letztere Freiheit hat nichts zu tun mit dem Inhalt des freien Willens, sondern meint einfach „nicht durch vorangegangene Ereignisse determiniert". Doch ist klar, daß diese beiden Begriffe von Freiheit vollständig unterschieden sind. Während ich meine, daß der erste Begriff absolut notwendig ist, um die Geltung des Sittengesetzes und eine so grundlegende Sache wie Menschenwürde zu bewahren, glaube ich nicht, daß dasselbe mit Bezug auf die transzendentale Freiheit der Fall ist. Mir scheint sogar, daß, wenn man die Lehre vom noumenalen Ich aufgibt, der Glaube an den zweiten Typ von Freiheit unmöglich wird – es sei denn, man akzeptiert eine dualistische Leib-Seele-Theorie (die sicherlich keine hinreichende Bedingung ist, um dem Prädeterminismus zu entgehen). Ich weiß, daß es starke Emotionen gegen den Determinismus gibt, aber ich kenne keine starken Argumente gegen ihn. Auch wenn man bestimmte nicht-deterministische Interpretationen der Quantentheorie akzeptiert, hat man Freiheit im zweiten Sinne noch lange nicht bewiesen; denn mikrophysikalische Ereignisse, die nur statistisch determiniert sind, sind sehr verschieden von menschlicher Freiheit.

Der Prädeterminismus führt nicht zu bedeutenden Änderungen in bezug auf unsere moralischen Überzeugungen. Da der ontologische Determinismus mit einem epistemologischen Indeterminismus kompatibel ist, der aus der Endlichkeit des menschlichen Geistes folgt, da wir daher nicht wissen, was die Zukunft bringen wird, bleibt unsere Pflicht, für das Gute zu kämpfen, unverändert. Der Determinismus führt nicht zum Fatalismus. Wenn wir zu denken beginnen, daß es keinen Sinn hat, für das Gute zu kämpfen, dann können wir sicher sein, daß wir zu den Wesen gehören, die nicht moralisch und daher auch nicht frei sind. Wir haben sogar die Pflicht, fast jeden Menschen so zu behandeln, als ob er frei wäre; es mag ja sein, daß er durch diese Unterstellung seiner Freiheit wirklich frei wird. Und wenn wir sehen, daß dies wahrscheinlich nie der Fall sein wird, sondern daß er in beträchtlichem Maße dazu beiträgt, das Übel in der Welt zu vermehren, dann haben wir die Pflicht, ihn daran zu hindern, derartige Handlungen fortzusetzen. Es ist jedoch wahr, daß wir den bösen Menschen nicht in irgendeinem bedeutungsvollen Sinne des Wortes als frei ansehen können. Als praktische Wesen haben wir die Pflicht, gegen ihn zu kämpfen, und in dieser Situation wird es natürlich sein, Ärger, vielleicht sogar Haß zu empfinden. Aber wenn der Kampf abgeschlossen ist und wenn wir theoretisch die Ursachen analysieren, die ihn zwangen, so gemein zu sein, wie er ist, dann wird zwar unser negatives Werturteil bleiben, aber Ärger und Haß werden durch eine eigentümliche Form von Mitleid ersetzt werden.

7. Mit Bezug auf die theologischen Konsequenzen der Ethik stimme ich mit Kant darin überein, daß wir ein Prinzip jenseits der Natur brauchen, um zu erklären, warum das Sittengesetz auf die Welt wirken kann. Ich glaube jedoch, daß das Sittengesetz nicht etwas ist, was von Gott unterschieden ist – das Sittengesetz ist der Kern Gottes, der der Inbegriff aller apriorischen Wahrheiten ist. Dieser Gott muß nun verstanden werden als das Prinzip der Welt, um unsere Frage beantworten zu können. Daß Gott das Prinzip der Welt ist, impliziert nicht, daß die Zeit, seit der die Welt existiert, notwendig endlich ist; gemeint ist damit, daß die Welt in einem idealen Sinne von Gott konstituiert ist. Aber wie kann diese Welt, die so offenkundig voll von Ungerechtigkeit und Gemeinheit ist, Geschöpf eines Gottes sein, der das Sittengesetz ist? Meine Antwort ist, daß nur in einer solchen Welt das Sittengesetz seine absolute Geltung beweisen kann. Für ein absolutes Wesen ist es einfach, moralisch zu sein, in gewissem Sinne ist es zu einfach. Aber wenn ein endliches und sterbliches Wesen, ein Organismus mit einer Subjektivität, die die eigene Existenz fühlt, sich selbst zu opfern hat, um den Test der Moralität zu bestehen, dann können wir sagen, daß das Sittengesetz seine Absolutheit bewährt hat. Das Sittengesetz muß daher eine zeitliche Welt mit sterblichen Wesen erschaffen, die nicht wissen, ob sie je dafür belohnt werden,

daß sie ihre Pflicht tun. Die Zukunft muß für sie dunkel sein – sie dürfen nicht wissen, ob ihre Handlungen scheitern oder erfolgreich sein werden. Denn wenn sie wüßten, daß sie erfolgreich sein würden, dann würde ihr Verdienst gemindert; wenn sie wüßten, daß sie scheitern müßten, dann würde es kaum Sinn machen, zu kämpfen – denn ethische Handlungen müssen danach streben, die Welt zu verändern; sie dürfen sich nicht auf die Reinheit der eigenen Innerlichkeit beschränken. Das Absolute entäußert sich daher zu der endlichen Welt, in der wir Menschen zu leben haben.

Vieles von dem, was ich skizziert habe, ist beeinflußt von den Gedanken eines der bedeutendsten ethischen Denker unserer Zeit, der mit großer Tiefe die Notwendigkeit einer metaphysischen, ja einer theologischen Basis der Ethik erfaßt hat. Ich meine natürlich Hans Jonas und beziehe mich besonders auf sein letztes Buch.[28] Trotz meiner Verehrung für ihn darf ich dennoch sagen, daß es einen wichtigen Unterschied gibt. Jonas verwirft den Prädeterminismus. Daher glaubt er, es sei noch offen, ob es der Welt gelingen wird, das göttliche Abenteuer in ihr – nämlich die Realisierung des Sittengesetzes – zu einem glücklichen Ende zu bringen. Hier kann ich ihm als Determinist nicht folgen.

Ich vermute vielmehr, daß mit der Wahl eines aus der unendlichen Zahl von möglichen Systemen von Naturgesetzen und einer der unendlichen Zahl möglicher Antezedensbedingungen alles, was in der Weltmaschine geschehen wird, unwiderruflich vorherbestimmt ist und daß ein Geist, der beide (und die ganze Mathematik) kennen würde, alle Ereignisse vorhersehen könnte. Für diesen Geist wären Zeit und Wandel eine Illusion; sub specie aeternitatis würden sie nicht existieren. Ich teile zwar nicht unbedingt Leibniz' Überzeugung, in der besten aller möglichen Welten zu leben, und zwar nicht aufgrund der banalen Erfahrung des Übels, die selbstverständlich schon Leibniz bekannt war, sondern weil es dann vermutlich möglich wäre, die Grundstrukturen der Welt a priori vorherzubestimmen und damit den erkenntnistheoretischen Indeterminismus zu überwinden, der notwendig zu sein scheint, um das Sittengesetz zu realisieren. Determinismus heißt hier nur, daß die Welt, zu der Gott sich entäußert, dem unwiderstehlichen Kausalprinzip folgt (in das auch Gott nicht eingreifen kann), nicht aber, daß diese Kausalität eine absolute teleologische Struktur hat. Ich glaube freilich, daß, da die Entäußerung Gottes in die Welt den Zweck hatte, das Ideale in dieser endlichen Welt zu realisieren, es einige einschränkende Bedingungen für das System der Naturgesetze und die Antezedensbedingungen geben muß, die diese Welt bestimmen. Dies ist übrigens einer der Gründe, warum ich am Gedanken einer apriorischen Naturphilosophie festhalte – die Natur muß z.B. so strukturiert sein, daß sie durch endliche Geister erkannt werden kann und daß sie sie hervorbringen kann. Da nun der Geist und intersubjektive Gemeinschaften, die sich selbst als Selbstzweck erfassen, das Ziel des Universums darstellen, kann ich nicht an eine *Welt* glauben, die prädeterminiert sein könnte, wieder wüst und leer zu werden.

8. Aber folgt daraus, daß wir a priori wissen, daß die Menschheit sich selbst nicht zerstören wird? Keineswegs. Auch wenn ich nicht daran zweifle, daß es schon prädeterminiert ist, ob dies der Fall sein wird oder nicht, wissen wir nicht, was prädeterminiert ist – und wir haben daher die absolute Pflicht, alles zu tun, was in unserer Macht steht, um dies zu verhindern. Ich glaube in der Tat, daß eine universalistische Ethik heute noch universalistischer als die Kantische sein muß – sie muß kommende Generationen in den Begriff derjenigen Wesen einschließen, denen gegenüber wir Pflichten haben. Sicher gibt es im Zusammenhang mit dieser These eine Menge ontologischer Probleme (wie können etwa Wesen, die noch gar nicht existieren, Rechte haben?), aber ich denke, daß auch hier Hans Jonas uns eine solide Basis gegeben hat, um weiter in dieser Richtung zu arbeiten. Ein konkretes Programm einer verantwortlichen internationalen Ökologiepolitik auf seine Prinzipien zu gründen ist eine der Hauptaufgaben heutiger Philosophie. Solch ein Programm wird die Notwendigkeit eines wirtschaftlichen und intelligenten Einsatzes nichtkommunikativer Strategien anerkennen müssen – der Kampf gegen die

Kräfte der Dummheit, Trägheit und Bosheit kann nicht allein mit universalistischen Mitteln gewonnen werden.

Aber noch einmal: Wir wissen nicht, wer diesen Kampf gewinnen wird. Es ist gewiß nicht a priori ausgeschlossen, daß die Menschheit sich selbst zerstören wird. Wenn der moralische, politische und geistige Verfall der Menschheit sich fortsetzt, wenn die Verschmutzung der natürlichen und geistigen Umwelt weitergeht, wenn der formale Begriff der Freiheit den substantiellen und moralischen vollständig ersetzt, dann werden schreckliche Katastrophen notwendig werden, vielleicht sogar die Selbstzerstörung der Menschheit. Es ist wegen dieser Möglichkeit, daß ich gezwungen bin, eine Perspektive zu bedenken, die Hans Jonas in meinen Augen zu schnell beiseite legt. Da ich mit ihm glaube, daß Gott nur in einer Gemeinschaft endlicher Geister verwirklicht werden kann, da ich aber nicht an die transzendentale Freiheit glaube, muß ich annehmen, daß innerhalb der weiterhin sehr großen Anzahl möglicher Welten Gott vielleicht nicht die bestmögliche, aber doch wenigstens eine gewählt hat, in der er, vermittelt durch welche Katastrophen auch immer, notwendig realisiert werden wird. Aber da wir nicht ausschließen können, daß die Menschheit zerstört werden wird, müssen wir die jüdisch-christliche Identifikation endlicher, leiblicher Geister mit den Menschen aufgeben. Es scheint mir immer mehr, daß einer der größten Fehler in Hegels Geistphilosophie darin besteht, diese Disziplin auf die Anthropologie zu gründen, während in Wahrheit der Mensch nur eine der möglichen Realisierungen des Begriffes eines endlichen Vernunftwesens ist – wie Kant, aber auch Nietzsche zu Recht gesehen haben. Wir können nicht ausschließen, daß es irgendwo sonst in diesem unermeßlichen Kosmos andere endliche Geister gibt mit einer besseren Natur als der menschlichen und daß es sie sind, die das Werk der Idealisierung des Realen und der Realisierung des Idealen fortsetzen werden. Ja, wenn es sogar prädeterminiert sein sollte, daß sich die Menschheit selbst zerstört, dann ist es a priori notwendig, solche Wesen zu postulieren. Und selbst wenn die Menschheit überleben sollte, dann würde die langsame und mühsame Kommunikation zwischen Vernunftwesen, die nicht nur nicht dieselbe Sprache, Rasse und Religion gemeinsam haben, sondern nicht einmal dieselbe biologische Natur, den größten Triumph des Geistes über die Natur und daher das Ziel des Universums darstellen.

Um so klar zu sein wie möglich: Ich stimme völlig mit Hans Jonas überein, daß jede Spekulation über endliche Geister auf anderen Planeten unmoralisch ist, wenn sie uns einen Vorwand gibt, unsere Pflicht auf dieser Erde zu vernachlässigen. Aber wenn solche Reflexionen nicht diesen Zweck haben, dann scheinen sie moralisch erlaubt – ja sogar geboten, wenn man mit Hans Jonas den Gedanken einer möglichen Selbstzerstörung der Menschheit sehr ernst nimmt, aber nicht die Idee akzeptieren kann, daß das göttliche Abenteuer nur aufgrund der Trägheit des Menschen scheitern kann. Die Liebe zu der eigenwilligen Gattung, zu der wir gehören, sollte das Selbstopfer für sie einschließen – nicht aber das theoretische Opfer Gottes.

Hier muß ich schließen. Ich habe die Leser schon zu lange mit metaphysischen Fragen belästigt, die nicht unbedingt das sind, was man modisch nennen kann. Aber eine Ethik, die solche metaphysischen Erwägungen verweigert, kann nur eine schwache Ethik sein, und ich bin überzeugt, daß die Menschheit verzweifelt eine starke Ethik braucht. Und für alle, die eine solche Ethik auszuarbeiten versuchen, wird Kants Theorie mit ihren tiefen metaphysischen Grundlagen stets der Ausgangspunkt bleiben.

Moralische Reflexion und Institutionenzerfall. Zur Dialektik von Aufklärung und Gegenaufklärung

In seinen „Vorträgen verschiedenen Inhaltes aus der angewendeten Philosophie" aus dem Jahre 1813 – erstmals 1820 postum unter dem Titel „Die Staatslehre, oder über das Verhältnis des Urstaates zum Vernunftreiche" publiziert – hat J. G. Fichte die Menschheitsgeschichte als Wechselwirkung zwischen zwei Kräften zu deduzieren versucht: dem Glauben und dem Verstande.[1] Da die Aufgabe der Geschichte die Realisierung des Normativ-Verbindlichen aus Freiheit und Vernunft sei, sei eines der erforderlichen Prinizipien die Freiheit, Reflexion, Rationalität. Allerdings könne diese sich nur formen nach einem Bilde, das anfangs vorgegeben sein müsse – in einer angeborenen, von der göttlichen Vorsehung mitgeteilten sittlichen Natur. Diese stellt sich Fichte als ein besonderes Volk vor, das unmittelbar praktischen Notwendigkeiten nachgehe, ohne jede Reflexion lebe (476) und für das die Institutionen der Ehe, Familie und Sippe und schließlich der religiös begründeten Monarchie, ohne hinterfragt oder verletzt zu werden, absolut gälten (481 ff.). Ohne eine solche sittliche Basis hätten sich die Menschen selbst zerstört (471), gäbe es keine Geschichte. Wäre aber dieses ursprüngliche Volk das einzige, gäbe es ebensowenig eine Entwicklung (486). Fichte fordert daher ein zweites Urgeschlecht, dessen Wesen die Freiheit sei (489). Dieses werde am Anfang der Geschichte naturgemäß vom ersten unterjocht; es erkenne, aus Achtung vor der Ordnung des siegreichen Volkes, dessen sittliche Normen als gottgewollt an. Aber dieser Glaube sei nicht unmittelbarer Natur-, sondern durch die Niederlage vermittelter Autoritätsglaube und werde daher nicht völlig internalisiert. Mit der Zeit stelle es ihn daher seinem eigenen Prinzip gemäß immer mehr in Frage, und dieser Zweifel greife auch auf das erste Volk über. Nach Auseinandersetzungen komme es schließlich zur Anerkennung eines neuen Gesetzes, das gegenüber der Positivität des ersten, das nunmehr Aberglaube heiße, ein durch den Verstand gesetztes Band darstelle (492). Aber die größere Vernunft im neuen Gesetz sei nur partiell; sie sei Explikation von *Voraussetzungen,* die weiterhin nicht begründet, sondern nur geglaubt würden. Daher setze jener Streit zwischen Glauben und Verstand auf höherem Niveau von neuem ein, führe zu einem neuen Kompromiß usf. – »so lange bis der letzte Glaubensartikel und das letzte Resultat desselben im Zustande der Menschheit aufgehoben ist, und unser Geschlecht aus reiner klarer Einsicht, darum mit reiner Freiheit sich selbst erbaut hat« (493). Bis dahin setze freilich wahrhafter Fortschritt ein harmonisches Wechselspiel beider Kräfte voraus, die einerseits für Stabilität und Dauer, andererseits für Dynamik und Fortgang sorgten. Fichte vermag daher Konservatismus und Progressismus, die er als komplementäre Einstellungen erkennt, gleichermaßen Sinn abzugewinnen (493f.), den auch zu seiner Zeit verbreiteten Gegensatz zwischen beiden auf einen Einheitsgrund zurückzuführen (489).

Abgesehen von der Annahme eigener Urvölker scheint mir Fichtes eben skizzierte Geschichtstheorie einen großen Wahrheitsgehalt zu haben – sowohl was ihre apriorische Begründbarkeit als auch was ihre empirische Verifizierbarkeit angeht. Wenn es Fortschritt geben soll, so ist zweifellos kritische Reflexion erforderlich; nicht minder wichtig ist aber die Bewahrung der Erreichten, sein Festwerden in intersubjektiv anerkannten stabilen Institutionen. Totale Statik und permanente Revolution wären für jede Entwicklung gleichermaßen tödlich: Bloßes Bewahren ohne Innovieren führt zu Sklerotisierungen – der ursprüngliche Zustand wird gar nicht bewahrt, sondern verliert nur seine Lebendigkeit; pausenloses Neuern, ohne daß noch ein tradiertes Kriterium als gültig anerkannt wird, kann nur totale Auflösung zur Folge haben, ja muß sich selbst aufheben: Wenn alles geändert werden kann, dann auch die kritische Auffassung, daß alles geändert werden kann.

Aus dem Gesagten folgt, daß für *jeden* geschichtlichen Moment ein Miteinander von kulturbewahrenden und kulturabbauenden Elementen konstitutiv ist – Elementen, die sogar ein biologisches Fundament zu haben scheinen.[2] Allerdings liegt ein Mangel von Fichtes Geschichtstheorie darin, daß sie zu wenig differenziert, den Fortschritt zu sehr als kontinuierlichen Prozeß faßt. Dagegen ist festzuhalten, daß nicht nur einige Völker eher als Träger geschichtlichen Wandels in Frage kommen als andere, sondern daß auch innerhalb der Entwicklung der eigentlich geschichtlichen Völker der Prozeß des Fortschritts nicht gleichmäßig ist: Phasen relativer Ruhe alternieren in Wahrheit mit solchen rapider Kulturveränderung. Philosophisch interessanter als der Kulturwandel, der auf *exogene* Faktoren zurückgeht (etwa Krieg), sind jene Veränderungen, die sich dem *inneren* Reflexionsprozeß einer Kultur verdanken – einem Reflexionsprozeß, der, wenn er zur beherrschenden Macht des öffentlichen Bewußtseins einer ganzen Epoche wird, Aufklärung heißen mag. Aufklärung in diesem Sinne ist nicht auf das 17. und 18. Jahrhundert beschränkt – sie ist ein Strukturmoment geschichtlicher Entwicklung, das im Laufe der europäischen Geistesgeschichte periodisch wiederkehrt und sich erstmals in der griechischen Sophistik verwirklicht hat.

In meinem Buch „Wahrheit und Geschichte" (Stuttgart-Bad Cannstatt 1984) habe ich im Rahmen der dort näher entwickelten Zyklentheorie der Philosophiegeschichte die Aufklärung als konstitutives Moment der verschiedenen Zyklen zu deuten versucht, aus denen die Geschichte des Denkens zu bestehen scheint: Griechische Sophistik, hellenistisch-römischer Skeptizismus, mittelalterlicher Nominalismus, neuzeitliche Aufklärung und die verschiedenen kritischen Theorien im gegenwärtigen Zyklus – sie alle haben eine analoge Stellung, nämlich Ausdruck einer negativen Phase, einer Wendung der subjektiven Reflexion gegen die traditionellen Mächte, gegen Sitte, Religion und die sie legitimierende ‚thetische' Philosophie zu sein.

Sicher ist diese kritische Wendung einerseits etwas Positives. In solchen Phasen der Krise wird eine Kultur zu einer grundsätzlichen Besinnung auf sich selbst gezwungen, wird manche unsinnige Tradition, die sonst noch Jahrhunderte bestehen würde, binnen weniger Jahre zu Grabe getragen, wird gesellschaftliches und staatliches Unrecht aufgedeckt und überwunden. Die faktische Sittlichkeit hat sich vor der moralischen Reflexion zu verantworten: Das geistige Klima wird angeregt, der Fortschritt beschleunigt. Andererseits unterliegt die Aufklärung in ihrer Entwicklung einer eigentümlichen Dialektik.[3] So beginnt sie als immanente Kritik – etwa als Nachweis, daß bestimmte Institutionen den sonst anerkannten Grundsätzen widersprächen. Derartige Kritik ist freilich noch nicht das Spezifische der Aufklärung, findet sie sich doch mehr oder weniger immer und überall. Kennzeichnend für die Aufklärung ist, daß sie ihre Punktualität verliert, auf alles ausgedehnt, total wird. Doch ist diese quantitative Erweiterung nur der erste Schritt der Aufklärung. Wesentlich ist, daß in einem zweiten Schritt nicht mehr nur die Institutionen an überlieferten Kriterien gemessen, sondern – auf einer höheren Ebene – die Maßstäbe der Bewertung selbst theoretisch reflektiert und kritisch in Frage gestellt werden. Erst mit diesem Schritt gewinnt die Aufklärung eine philosophische Tiefendimension: Denn da jedes Werten von den Kriterien abhängt, muß eine radikale Kritik sich notwendig gerade ihnen zuwenden. Bei der Kritik der letzten Maßstäbe gerät aber die Aufklärung in eine eigentümliche Aporie: Nach welchen Metakriterien soll sie über jene Maßstäbe urteilen? Greift sie überlieferte Metakriterien auf, so bleibt das kritische Geschäft unvollendet; es ist zudem inkonsequent, der Tradition gerade im Prinzipiellen zu trauen, während man ihr sonst in jeder Kleinigkeit mißtraut. Gibt sie hingegen aus sich selbst Kriterien an, dann stellt sich die Frage, was deren Geltung begründen soll. Bei der Beantwortung dieser Frage wird die Aufklärung meist unkritisch und schwammig. Denn sie vermag zwar scharfsinnig zu kritisieren – nicht aber affirmative Normen zu begründen. (Insofern bleibt auch ihre Kritik parasitär – denn jede Kritik setzt positive Werte voraus.) Da aber ohne Normen nicht zu leben ist, tendiert die Aufklärung aus dem Prinzip subjektiver Reflexion heraus zu einer ‚Begründung' mittels der Versicherung, es handle sich bei ihren Normen um Resultate ureigensten Nachdenkens, die nicht durch fremde

Autoritäten, sondern die ganz besondere eigene Subjektivität vermittelt seien. Freilich unterscheidet sich dieses ‚Argument' von dem Verweis auf die Tradition nur durch die ihm eigentümliche Eitelkeit,[4] ja es ist sogar noch schwächer: Denn Traditionen mußten sich in Jahrhunderten bewähren, bei partikulären Einfällen ist hingegen selbst dieser – gewiß nicht absolute – Test weggefallen. Zudem stiftet auch die unvernünftigste Tradition Intersubjektivität; sie stellt etwas dar, an dem man sich ohne weitere Reflexion orientieren kann, so daß das Verhalten zueinander berechenbar bleibt. Der Formalismus der Subjektivität zerstört dagegen jede Gemeinsamkeit: Verbindende Wertüberzeugungen, ohne die ein Zusammenleben nicht möglich ist, sind auf seiner Basis bestenfalls kontingenterweise gegeben.

Der subjektivistische Relativismus, in den die Aufklärung mündet, hat notwendig praktische Folgen. Der Kultus der eigenen Besonderheit verurteilt zur Einsamkeit. Stabile Beziehungen werden seltener. Die Reflexion lähmt die Entscheidungs- und Tatkraft. Eine allgemeine Verunsicherung bezüglich dessen, was gelten soll, greift um sich. Die Institutionen zerbrökkeln: zuerst die Familie, dann der Staat. Eine Destabilisierung der politischen Ordnung tritt auch dort ein, wo die Aufklärung in ihren dogmatischeren Formen Utopien und Ideale entwirft, die nicht nur mit der Faktizität, sondern auch mit dem Wesen der Wirklichkeit nichts zu tun haben, denen aber das geschichtlich Gewordene unverstanden geopfert werden soll.

Dieser Verfall ruft jene Bewegung auf den Plan, die man Gegenaufklärung nennen kann. Diese ist von Anfang an Begleiterin der Aufklärung; schon Sophisten wie Kritias und Kallikles mit ihrer soziologischen Religionstheorie bzw. ihrem Machtpositivismus können als Gegenaufklärer gelten. Allerdings ist klar, daß dieser Typus nur in unserem Zyklus geradezu endemisch geworden ist: Donoso Cortés, Nietzsche, Maurras, Sorel, Pareto, Spengler, Schmitt, Gehlen, Schelsky, um nur die wichtigsten zu nennen, legen davon beredtes Zeugnis ab; in Konservatismus, Faschismus und Nationalsozialismus ist die Gegenaufklärung zudem zu politischer Macht gelangt. Woher rührt die Affinität gerade unserer Zeit zur Gegenaufklärung? Drei Gründe spielen hier m. E. eine Rolle. Erstens ist unser Zyklus – ähnlich wie schon der hellenistisch-römische nach dem griechischen – *in seiner Ganzheit* von Skepsis, Resignation, dem Gefühl der eigenen Epigonalität geprägt; auch bei den dogmatischen Systemen fehlt die Unbefangenheit, die die griechische Philosophie bis zu Platon und die neuzeitliche bis zu Hegel kennzeichnete. Entsprechend ist die Aufklärung nicht so konzentriert wie im 17./18. Jahrhundert, zumal immer weniger positive Instanzen bleiben, gegen die sie sich wenden könnte. Zweitens ist es mit der Auflösung des Christentums im 19. Jahrhundert für die Aufklärung zunehmend schwieriger, wie noch im 18. Jahrhundert bei ihrer Kritik positive Werte im Sinne einer christlichen Minimalethik zu unterstellen. Und drittens führt die ganz allgemein für die moderne Welt kennzeichnende tiefere Subjektivität im 20. Jahrhundert zu einer immer subjektivistischeren Ausrichtung der Aufklärung. All dies aber muß die Gegenaufklärung begünstigen.

Evident ist, daß diese zunächst einmal eine höhere Stufe als die Aufklärung darstellt. Sie diagnostiziert schonungslos die intellektuellen und moralischen Mängel eines Räsonierens, das theoretisch ebenso gehaltlos wie praktisch verhängnisvoll ist. Der Betrug in einem ‚kritischen' Denken, das alles vor den Gerichtshof seiner Vernunft zieht, bezüglich der letzten Maßstäbe seines Urteils aber in Bodenlosigkeit versinkt, wird ebenso klar durchschaut wie die Tatsache, daß das Resultat der mit großem emanzipatorischem Pathos betriebenen Zersetzung des Allgemeinen häufig genug nur die Beförderung des privaten Hedonismus ist, der die Heteronomie der Institutionen mit der Heteronomie der Triebe vertauscht.

Schon bei Donoso Cortés – dessen Geschichtspessimismus wir oft richtigere Prognosen verdanken als dem Optimismus der Aufklärung – sind die meisten dieser Topoi zu finden. Während er in seinem Hauptwerk, dem „Ensayo sobre el catolicismo, el liberalismo y el socialismo", dem Sozialismus Respekt nicht versagt – als satanische Theologie erfasse er wenigstens die ernsthaften Probleme der Welt –,[5] hat er für den Liberalismus, den Erben der Aufklärung des 18. Jahrhunderts, nichts als Verachtung übrig. Zumal widert ihn seine Unfähigkeit, sich zu entscheiden, an: Der Liberalismus sage weder Ja noch Nein, sondern ziehe sich stets auf ein ‚distinguo' zurück (596f.). Die liberale Ideologie der Diskussion übersehe, daß jedes Gespräch ein Fundament vorausetze, das nicht selbst zur Diskussion stehen dürfe; ansonsten sei ein fruchtloses Geschwätz vorprogrammiert (517ff.). Die Aristokratie mit ihren heroischen Tugenden der Selbstaufopferung werde im Liberalismus nur durch eine Plutokratie ersetzt, die den Gewinn zum Maßstab aller Dinge erhebe (643). Die Negation der Sünde schließlich könne nur den Nihilismus zur Folge haben, auf den sich die moderne Welt seit der Reformation, die das Zeitalter des Legitimitätsverlustes und der Revolutionen eingeleitet habe (652f.), unweigerlich zubewege (663ff.); der sozialistische Versuch, das Paradies auf Erden zu errichten, werde zudem aus ihr nur ein Hölle machen (675f.). Um die Diktatur des Dolches, d.h. eines keine Werte mehr anerkennenden Pöbels, aufzuhalten, beschwört daher Donoso in seiner „Rede über die Diktatur" die Notwendigkeit einer Diktatur des Säbels (322f.).

Der Wunsch aller Gegenaufklärer, die Unverbindlichkeit eines Subjektivismus, der nichts mehr ernst nimmt außer dem eigenen Reflektieren, ebenso zu überwinden wie den Fanatismus moralischer Abstraktionen, denen alle bestehende Sittlichkeit zum Opfer gebracht werden soll, ist sicher ehrenwert; er bildet den substantiellen Kern aller Gegenaufklärung. Verständlich ist auch, daß sich die Gegenaufklärung in ihrem Kampf gegen die Aufklärung auf die kaum zu überschätzende Bedeutung der Institutionen und der sie legitimierenden Religion besinnt. Sie möchte den Sündenfall der Reflexion am liebsten ungeschehen machen und zu einer unbefangenen sittlichen Gesinnung zurückkehren, in der sie mehr Würde erkennt als in einem pausenlosen Moralisieren, das alle Ansprüche, die an es gerichtet werden, unter einen ‚kritischen' Vorbehalt stellt, der, bei dem Fehlen verbindlicher Kriterien, in der Regel nur dann nicht geltend gemacht wird, wenn das eigene Wohl gemehrt wird. Dennoch scheint mir, daß die Gegenaufklärung keine adäquate Antwort auf die Lage darstellt, die durch die Aufklärung entstanden ist. Im Gegenteil: Sie ist im Innersten noch widersprüchlicher als die Aufklärung und muß daher im Laufe ihrer Entwicklung einer Dialektik unterliegen, die sie sogar als letzte Form der nihilistischen Tendenzen der Aufklärung erweist.

Das Grundproblem der Gegenaufklärung besteht darin, daß sie mit der höchsten Kraft der Reflexion die Reflexion besiegen will.[6] Das ist *unmittelbar* widersprüchlich, während am Grundgedanken der Aufklärung – alles der Kritik zu unterwerfen – nur seine weitere Entfaltung widersprüchlich ist, die am Problem der Begründung der letzten Kriterien scheitert. Die Gegenaufklärung möchte dagegen – durch die Vermittlung der Reflexion – die unreflektierte Unmittelbarkeit wiederherstellen. Eine als solche gewußte und gewollte Unmittelbarkeit ist aber keine Unmittelbarkeit mehr. Zu diesem Widerspruch kann sich die Gegenaufklärung in drei verschiedenen Weisen verhalten. Entweder er wird kaum als solcher bemerkt – das ist der Fall bei den traditionalistischen Kritikern der Aufklärung im 19. Jahrhundert (de Maistre, de Bonald, Donoso Cortés), die von der Wahrheit des Katholizismus noch durchdrungen sind, auch wenn auffällig bleibt, wie sehr sie sich, auch auf Kosten der Gottesfrage, um die soziologischen Aspekte der Religion kümmern.[7] Oder er wird bewußt niedergekämpft; derjenige, der aus Verzweiflung an der Reflexion diese abwürgen will, bemüht sich krampfhaft darum, zur Thesis zurückzukehren, spricht von »Sprung«, Entscheidung usf. Paradigmatisch dafür sind Kierkegaard und die dialektischen Theologen, deren Irrationalismus gegenaufklärerische Züge aufweist, auch wenn er von subjektiver Ehrlichkeit getragen ist. Denn obgleich die existentialistische Religionsauffassung zu subjektivistisch ist, um als wahrhaft religiös gelten zu können – wenn Gott das Absolute ist, dann kann es nicht von meiner unbegründbaren Entscheidung abhängen, ob ich seine Existenz anerkenne; ohnehin ist radikaler Fideismus jeder ursprünglichen Religiosität fremd, denn der naive Mensch *glaubt*, aber er *reflektiert nicht* darauf, daß er dies ohne Begründung tut –, so ist ihr doch ein religiöses Anliegen nicht abzusprechen. Anders bei dem dritten Lager der Gegenaufklärung, das jenen Widerspruch offen auskostet und ständig durchblicken läßt, daß es zwar die Religion befürworte, aber nicht weil es an ihre Wahrheit glaube, sondern weil sie für das Volk wichtig sei und den Kulturverfall bremse. Eine klassisches Beispiel für eine Position, die an der Religion ausschließlich aus politischen, soziologischen, vielleicht auch aus ästhetischen, aber sicher nicht aus religiösen Gründen interessiert ist und die das Legitimitätsproblem sozialwissenschaftlich verkürzt, ist der atheistische Katholizismus der Action Française, der freilich nicht nur logisch absurd, sondern auch völlig kontraproduktiv ist: Durch ihn wird die Religion nicht gefördert, sondern nur geschädigt. Es ist unsinnig, zu erklären, Ideologien dienten nur dem Leben, der Steigerung des Selbstgefühls von Selbsterhaltungssystemen usw. – eine Ideologie, die darauf reflektierte, würde sofort ihre Lebenskraft verlieren. Eine soziologische Instrumentalisierung der Religion ist für sie viel gefährlicher als jede offene Religionskritik, da sie zu einer *inneren* Auflösung des religiösen Gehalts führt. Dennoch ist es begreiflich, daß sich die Religion, durch die Aufklärung verunsichert, im 20. Jahrhundert immer wieder mit dieser letzten Form der Gegenaufklärung verbindet, obgleich ihr ein Instinkt zugleich verrät, welch' geistige Welten sie von dieser trennen. Bezeichnend sind in dieser Hinsicht das schwankende Verhältnis der katholischen Kirche zur Action Française sowie die Differenzen und Affinitäten zwischen Faschismus und Nationalsozialismus. Irrtümlich werden diese beiden häufig als wesensverwandte Bewegungen eingestuft: Zwar verstehen sich beide als Gegenkräfte gegen die Neutralität des Liberalismus und die das Christentum ablösende Hauptideologie der Moderne, den Sozialismus, sind aber in ihren positiven Zielsetzungen geradezu entgegengesetzt: Der österreichische und spanische Faschismus streben, vom Traditionalismus inspiriert, eine künstliche Restaurierung des Christentums an; der Nationalsozialismus will seine Beseitigung. Die Auseinandersetzungen zwischen letzterem und dem klerikalen Austrofaschismus manifestieren diese Gegensätzlichkeit klar, auch wenn es einer dialektischen Notwendigkeit nicht entbehrt, daß die Gemeinsamkeiten, was den Feind angeht, Faschismus und Nationalsozialismus einander immer mehr angenähert haben: Die Falange konnte nur mit Hilfe Hitlers siegen.

Paradox ist daran folgendes: Die Notwendigkeit eines autoritären Katholizismus ist bei Donoso mit der Pflicht einer Überwindung des Nihilismus begründet, der die letzte Folge der Aufklärung sei; der Sieg des spanischen Faschismus, den Donoso sicher begrüßt hätte, verdankt sich aber der Hilfe der nihilistischsten Macht der Geschichte. Die Diktatur des Säbels, die die Diktatur des Dolches verhindern sollte, wird selbst zur schlimmsten Diktatur des Dolches. Statt den Verfall der Werte und Institutionen aufzuhalten, hat ihn die Gegenaufklärung in einem Maße vorangetrieben, zu dem die Aufklärung nicht fähig gewesen wäre. Donoso hatte recht, als er für das 20. Jahrhundert eine moralische Katastrophe ohnegleichen vorhersah; aber er irrte, als er die Schuld daran allein der Aufklärung zuschrieb: Aufklärung und Gegenaufklärung haben zusammen das Debakel der Moderne zu verantworten, ja ohne Zweifel lastet die größere Schuld auf der Gegenaufklärung.

Wie zur Religion, so ist auch die Stellung zur Ethik und Politik bei der Gegenaufklärung theoretisch ambivalent und praktisch gefährlich. Zu Recht vom ethischen Subjektivismus der Aufklärung abgestoßen, aber ebensowenig wie diese zur Begründung letzter Werte in der Lage, müssen die Tugenden, auf denen sie beharrt, im Rahmen der Zweckrationalität verbleiben: Es sind immer nur Sekundärtugenden. Nun ist es sicher, daß ohne Sekundärtugenden wie Disziplin, Tapferkeit, Opfermut nichts Großes geleistet werden kann; ihre pauschale moralisierende Diffamierung ist daher inakzeptabel: Es sind und bleiben Tugenden. Aber ebenso sicher ist, daß sie mißbrauchbar sind: Sie beziehen ihren Sinn nicht aus sich, sondern aus etwas anderem. Die gegenaufklärerische Verherrlichung von Sekundärtugenden muß daher auf eine Ideologie der starken Institutionen, ja der Macht um der Macht willen hinauslaufen, und das ist nicht eine Überwindung, sondern nur eine Bestätigung des Nihilismus: Aus dem passiven Nihilismus des Hedonismus wird ein aktiver Nihilismus, der in Grenzsituationen, im Kampf um Leben und Tod zwar seine Subjektivität (sowie diejenige anderer) aufs Spiel zu setzen bereit ist, aber dabei doch ausschließlich seine ureigenste Subjektivität genießen und entdecken will. Ernst Jüngers heroischer Nihilismus ist nichts anderes als eine besonders raffinierte Abart des Hedonismus.[8]

Auch der Versuch, über die Sekundärtugenden hinaus in den Bereich primärer Werte vorzustoßen, ist hoffnungslos, wenn er sich auf den sog. Dezisionismus reduziert, der nur im Bereich des Kontingenten sein Recht hat. Denn die *Grund*werte einer Entscheidung zu überlassen, heißt nur den Subjektivismus perennieren, aus dem der Dezisionismus eigentlich ausbrechen möchte: Die unabweisbare Frage nach dem Grund meiner Entscheidung für bestimmte Werte wird durch den Dezisionismus nur so beantwortet, wie Kopfschmerzen durch Köpfen geheilt werden. Die inhaltliche Bestimmung der Werte, für die sich der Dezisionismus gewöhnlich entscheidet, ergibt sich freilich mit nur selten reflektierter Notwendigkeit aus dem Grundproblem der Gegenaufklärung: Da sie an der eigenen Reflexion leidet, muß sie deren Gegenpol zum Ideal verklären – die Natur, und d.h. konkret: das Blut, die Rasse, das kontingente Selbstbehauptungssystem der eigenen Nation. Freilich ist das, was die Gegenaufklärung erreicht, nie jener Ursprung, nach dem sie sich in völlig unnatürlicher Weise verzehrt, sondern etwas viel Schlimmeres als selbst Barbarei, die ja immer durch Tabus begrenzt ist: das Sich-Ausleben einer entfesselten Negativität.

Auch das Sich-Abfinden mit der Faktizität, sei es in seiner quietistischen, sei es in seiner aggressiv-machtpositivistischen Spielart, ist keine Lösung des durch die Reflexion gestellten Geltungsproblems, denn es ist das Grundfaktum menschlichen Seins, daß es sich nicht mit der Faktizität abfinden kann. Es ist daher inkonsistent, moralisierenden Zeitgenossen mangelnde Bereitschaft vorzuwerfen, sich mit der Realität abzufinden, und zugleich gegen dieses Moralisieren zu polemisieren, das zur beherrschenden Macht des Zeitgeistes geworden ist. Hätte etwa Gehlen die Wirklichkeit seiner Zeit akzeptiert, dann hätte er wie die meisten anderen im Kulturbetrieb miträsoniert, während seine kritische Frontstellung zur Aufklärung in Wahrheit nur belegt, daß er deren Prinzip noch ernster nimmt als diese selbst. So ist auch sein Werk „Moral und Hypermoral“ (Frankfurt/Bonn 1969) nichts anderes als Hypermoral in zweiter Potenz: Der Wunsch, gegen den Zeitgeist die eigene Besonderheit herauszustreichen, drückt sich in jeder Zeile des Werkes aus.

So sehr also die Gegenaufklärung als Reflexion auf das aufklärerische Prinzip der Reflexion einen Fortschritt über diese darstellt, so sehr muß sie doch als inkonsistente Metatheorie gelten – inkonsistent, weil sie nicht darauf reflektiert, daß sie selbst, die die Reflexion überwinden wollte, nur eine höhere Form der Reflexion ist. Das Kunststück, reflektierend aus der Reflexion herauszutreten, ist auch der Gegenaufklärung nicht gelungen, weil es das ist, was absolut nicht gelingen kann.

Aber wenn sowohl Aufklärung als auch Gegenaufklärung inakzeptabel sind: Welche Position ist dann zu beziehen, da eine solche bezogen werden muß? Es ist die Tragik der modernen Philosophie, daß sie das durch die Aufklärung aufgeworfene Legitimitätsproblem nicht in den Griff bekommen hat. Dieses Problem ist seit der Auflösung des Christentums für das gebildete, seit dem Zusammenbruch des deutschen Idealismus für das philosophische Bewußtsein offen, aber es bleibt unabweisbar. Weder Aufklärung noch Gegenaufklärung sind darauf eine Antwort; und zwischen beiden pendelt die moderne Philosophie im wesentlichen nur hin und her, ohne zu einer Synthese zu gelangen. So herrscht nach der kritischen Welle der 60er und 70er Jahre im Augenblick eher eine gegenaufklärerische Tendenz, die freilich auf der Rechten die technische Zweckrationalität in die eigene Konzeption einbinden will und ganz allgemein Radikalität eher vermeidet, um sich an einem konservativ getönten common sense zu orientieren, während auf der Linken lebensphilosophische Irrationalismen florieren, die in manchem an die Weimarer Gegenaufklärung erinnern. Ob sie auch in ihren praktischen Resultaten auf ähnliches hinauslaufen werden, werden wir in den nächsten Jahrzehnten zu beobachten Gelegenheit haben.

Will man freilich diese Entwicklung nicht nur theoretisch beobachten, so drängt sich nochmals die Frage auf: Welche

Position jenseits von Aufklärung und Gegenaufklärung ist zu beziehen? Da die zeitgenössische Philosophie wenig Orientierung bietet, ist es legitim, zur Beantwortung dieser Frage einen Blick auf die frühere Philosophiegeschichte zu werfen. In „Wahrheit und Geschichte" habe ich zu zeigen versucht, daß weder Aufklärung noch Gegenaufklärung das letzte Wort eines philosophischen Zyklus sind. Die letzte Position ist der Versuch, das von der Aufklärung unbewältigte Grundproblem der praktischen Vernunft, das der Begründung der letzten Kriterien dessen, was gelten soll, nicht aus der Tradition, sondern aus der Vernunft selbst zu lösen. Ein solcher Versuch ist erstmals von Platon, das bisher letzte Mal von den deutschen Idealisten unternommen worden. Diese Denker erscheinen zur gleichen Zeit als *Vollender von Aufklärung und Gegenaufklärung*. Das Grundanliegen der Aufklärung, alles der Vernunft zu unterwerfen, wird erst im Gedanken der Letztbegründung wirklich ernst genommen; das treibende Motiv der Gegenaufklärung, die Aufklärung über sich selbst aufzuklären und dem Zerfall der vernünftigen Institutionen zu wehren, ist bei Platon und zumal Hegel so deutlich vorhanden, daß eine oberflächliche Historiographie in beiden Gegenaufklärer hat erkennen wollen. Es ist hier nicht der Ort, den Begründungsgedanken, der Platon und Hegel gemeinsam ist, näher zu untersuchen; es sei nur gesagt, daß er das Scheitern des Versuchs der Gegenaufklärung, aus der Reflexion herauszutreten, ins Positive wendet und in der Reflexion der Reflexion das absolute, weil nicht negierbare Fundament der theoretischen wie praktischen Philosphie erfaßt. Ob dieser Gedanke sich in zeitgemäßer Form neuformulieren läßt? Ich bin überzeugt, daß sich die Alternativen zu einem solchen Versuch in der Skylla der Aufklärung und der Charybdis der Gegenaufklärung erschöpfen. Will man zwischen beiden hindurchschiffen und zugleich beide in ihre Wahrheit bringen, muß man den Mut zu einem Erkennen haben, das sich der grundsätzlichsten Frage der Vernunft stellt: der Frage nach der Letztbegründung oder, metaphysisch gewendet, der Frage nach dem Absoluten.

Zur Dialektik von strategischer und kommunikativer Rationalität

Die Ausbreitung moralischer Reflexion im Ganzen einer Kultur gehört sicher zu denjenigen historischen Prozessen, die – ceteris paribus – positiv eingeschätzt werden müssen. Wer die Unhintergehbarkeit reflexiver Strukturen begründungstheoretisch eingesehen und die Herausbildung von immer mehr Reflexivität als eine Haupttendenz der Entwicklung des Kosmos erkannt hat, kann schwerlich bestreiten, daß in der Bewußtwerdung der Prinzipien, die das eigene Handeln leiten, etwas Affirmatives liegt. Nur die kritische Reflexion auf die üblicherweise geringe Kohärenz dieser Prinzipien kann die Suche nach besseren motivieren; ohne sie ist moralischer Fortschritt kaum denkbar. Auf der anderen Seite ist offenkundig, daß dieser Prozeß zwei Gefahren in sich birgt. Auf die eine, praktische, ist von allen Gegenaufklärern zur Genüge hingewiesen worden: Die Phase der Kritik kann zu einer sittlichen Verunsicherung führen, deren letztes Resultat die zynische Bestreitung objektiv verbindlicher Normen ist. Die zweite Gefahr ist philosophisch unmittelbar relevant. Der berechtigte Wunsch, die Widersprüche in der lebensweltlichen Sittlichkeit auszuräumen, führt verständlicherweise zur Suche nach allgemeinen Prinzipien. Die Ungleichbehandlung Gleicher wird zu Recht abgelehnt; Differenzen, die auf reinen Machtverhältnissen beruhen, werden als unmoralisch zurückgewiesen. Doch sosehr diese Tendenz zur Universalisierung und Formalisierung im allgemeinen vernünftig ist, sosehr *kann* sie darauf hinauslaufen, die instinktiv erbrachten Differenzierungsleistungen der Tradition in einer Übersimplifikation zu unterbieten, die intellektuell eine Regression auch und gerade dann darstellt, wenn sie mit dem Pathos größter moralischer Überlegenheit auftritt. Um ein Beispiel anzuführen: Daß die

Heiligkeit des menschlichen Lebens zwar in allen Kulturen mehr oder weniger anerkannt, aber nur selten wirklich zur Grundlage des eigenen Rechtssystems gemacht wurde, ist in der Tat in höchstem Maße kritikwürdig; und die moralistischen Angriffe gegen entsprechende Sittlichkeiten sind durchaus moralisch legitimiert, ja geboten. Problematisch wird allerdings der Standpunkt der Moralität, wenn er die Heiligkeit des menschlichen Lebens z. B. zur Grundlage der Ansicht macht, jeder Krieg sei stets und notwendig unmoralisch. Denn die These, daß nur die erklärte Bereitschaft zur Selbstverteidigung die Zahl der Aggressoren gering halte und dadurch Menschenleben rette, ist zumindest diskussionswürdig; und die Weigerung, sich auf eine Prüfung dieser Frage vorurteilsfrei einzulassen, ist weder intellektuell noch (da es eine Pflicht zu intellektueller Redlichkeit gibt) moralisch eine Leistung, die einem Achtung abnötigt. Mit den schrecklichen Vereinfachungen des abstrakten Moralismus, der einige wichtige, aber doch der furchtbaren Komplexität der Welt nicht gerecht werdende Abstraktionen verabsolutiert, kann sich eine Philosophie, die den Namen verdient, gerade dann nicht zufrieden geben, wenn sie die moralische Frage ernster nimmt als alles andere auf der Welt.

Es geht mir in diesem Beitrag nicht um eine konkrete Erörterung der größten moralisch-politischen Probleme der angewandten Ethik unserer Zeit, als da sind die ökologische Krise, die Entwicklungen der Gentechnologie, die Vertiefung der Kluft zwischen Norden und Süden und die neuen Möglichkeiten der Kriegsführung im Zeitalter der Massenvernichtungsmittel, und um den Nachweis, wie wenig angemessen ihrer Lösung der abstrakte Moralismus ist. Jene Fragen lassen sich nämlich ohne einzelwissenschaftliches Detailwissen und d. h. ohne eine bestimmte Form interdisziplinärer Zusammenarbeit nicht lösen, wie sie heute fast noch gar nicht besteht. Vielmehr will ich mich auf die Analyse einer Grundfrage der allgemeinen Ethik beschränken, die für alle konkreten materialen Probleme von großer Bedeutung ist – das Verhältnis von strategischer und kommunikativer Rationalität. Einer weitverbreiteten Theorie und, mehr noch, einer moralischen Stimmung zufolge ist strategische Rationalität für alles Böse in der Welt verantwortlich, während eine Lösung aller Probleme, privater wie öffentlicher, von Kommunikation erwartet wird. Dieses Ergebnis wird häufig als Quintessenz der Diskursethik ausgegeben, auch wenn zumindest Karl-Otto Apel seit der Einführung des sogenannten moralisch-strategischen Ergänzungsprinzips[1] ausdrücklich einen moralisch legitimen Gebrauch strategischer Rationalität anerkennt. Ja, gelegentlich findet sich außerhalb der eigentlich akademischen Diskussion die Überzeugung, nicht nur in der Politik sei strategisches Denken abzulehnen; auch im Privatleben sei kommunikative Offenheit die *einzige* moralische Norm. So drängt sich einer sozialpsychologischen Betrachtung der Eindruck auf, als sei die Hemmschwelle bedeutend gesunken, die einen reifen Menschen gewöhnlich davor zurückhält, gewisse Dinge anderen Menschen mitzuteilen. Das Sinken dieser Hemmschwelle wird nun nicht, was noch verständlich wäre, als ein Nachgeben gegenüber einem starken Kommunikationsbedürfnis entschuldigt; es wird vielmehr als große moralische Leistung gewürdigt und gepriesen. Ja, manchmal scheint sich geradezu die Ansicht zu finden, alles sei moralisch legitim, wenn es nur mitgeteilt und nicht verborgen werde. Der Bruch eines Versprechens etwa wird damit gerechtfertigt, man habe den Geschädigten davon rechtzeitig in Kenntnis gesetzt, daß man sich nicht mehr an das Versprechen gebunden fühle. Moralisches Verhalten und kommunikative Offenheit scheinen einigen als synonym zu gelten, während der gesunde Menschenverstand stets der Ansicht war, daß weder jede Kommunikation als solche schon moralisch ist noch daß jedes moralische Verhalten auf Kommunikation reduzibel ist.

Im folgenden will ich zunächst versuchen, strategische und kommunikative Rationalität zu definieren und ihren Ort innerhalb einer Theorie der Rationalitätsformen zu bestimmen (I). Zweitens will ich das phänomenale Spektrum zwischenmenschlichen Verhaltens analysieren, dessen Grenzpunkte durch in höchstem Maße strategisches und in höchstem Maße kommunikatives Benehmen bestimmt werden (II). Drittens will ich normative Kriterien dafür entwickeln, wann strategisches Verhalten erlaubt, ja geboten ist (III). Ein Ziel dieses Abschnitts ist zu zeigen, inwiefern nur ein Zusammenspiel beider Formen von Rationalität moralisch verantwortliches Handeln konstituiert – die Verabsolutierung der einen Form von Rationalität treibt, so wird sich zeigen, die andere in einer eigentümlichen Dialektik hervor.

I.

In Anbetracht der pauschalen Rationalitätskritik, wie sie im Gefolge des späten Heidegger besonders die gegenwärtige französische Philosophie kennzeichnet, kann die Bedeutung des Programms einer philosophischen Theorie der Rationalitätstypen kaum überschätzt werden.[2] Nur eine solche Theorie gestattet eine Kritik an den zu Recht als gefährlich empfundenen Gestalten der Rationalität, ohne doch auch diejenigen Momente des Logos zu verabschieden, auf deren Grundlage die gefährlichen Konsequenzen jener einseitigen Rationalitätstypen allein bewältigt zu werden vermögen; nur eine solche Theorie vermag dem performativen Selbstwiderspruch zu entgehen; nur kategoriale Differenzierungen können schließlich dem phänomenalen Bestand der recht vielschichtigen Erscheinung „Vernunft" gerecht werden.[3] In der Tat hat die Tradition spätestens seit Platon Unterscheidungen eingeführt, die man nicht unterbieten sollte.

Platon und Aristoteles differenzieren erstens noetisches und dianoetisches Denken: Während jenes Prinzipien erfaßt, geht dieses, als axiomatisch-deduktives Denken, von den Axiomen aus, die es selbst nicht weiter hinterfragt.[4] Zweitens unterscheidet Aristoteles zwischen theoretischer, praktischer und poietischer Philosophie.[5] Auch wenn in Aristoteles' unscharfem Begriff des Hervorbringens – das technische Gegenstände ebenso wie Dichtungen, nicht aber etwa Institutionen umfaßt – Gründe genug für die Vernachlässigung einer Philosophie der Poiesis in der späteren Tradition liegen, läßt sich doch sagen, daß die Poietik u.a. Ansätze zu einer Philosophie des Technischen enthält – die freilich bezeichnenderweise über Ansätze nicht hinauskommen. Die technische Rationalität nimmt an Bedeutung zweifelsohne in der frühen Neuzeit zu; in dieser Zeit geschieht auch eine eigentümliche Unterordnung der theoretischen Erkenntnis unter die Zwecke der technischen Rationalität.

Wer das sechste Buch der „Nikomachischen Ethik" mit dem fünften Kapitel von Hobbes' „Leviathan" vergleicht, spürt sofort, welch einschneidende Veränderungen im Rationalitätsbegriff stattgefunden haben. Aristoteles behandelt bekanntlich fünf intellektuelle Grundhaltungen: Techne, Episteme, Phronesis, Sophia und Nus. Der Nus, das Vermögen der Einsicht in die Prinzipien, ist bei Hobbes ebenso verschwunden wie die Sophia, die Nus und Episteme bei der Erkenntnis der erhabensten Seinsformen verbindet. Während Platon im Liniengleichnis der „Politeia" die mathematische Rationalität, die Dianoia, der philosophischen Noesis unterordnet, reduziert Hobbes von Anfang an den Begriff der Vernunft auf denjenigen des mathematischen Kalküls: „For REASON, in this sense, is nothing but Reckoning ..."[6] Zwar spricht auch Hobbes von „sapience"; aber sie hat nichts mehr mit der Erkenntnis der Grundstrukturen des Seins zu tun, sondern rückt in die Nähe der „prudence", in der die Phronesis, freilich beraubt um das eigentlich moralische Moment, weiterwirkt: Sapience ist die durch abstraktes technisches Wissen ergänzte Fertigkeit, Ziele durchzusetzen. Während Aristoteles als Repräsentanten der Weisheit Anaxagoras und Thales anführt, die zwar nicht ihren eigenen Vorteil wahrzunehmen verstünden, denen man aber doch ein Wissen um bedeutende, rätselhafte, fürs praktische Leben unnütze Dinge zuschreibe, führt Hobbes bezeichnenderweise ein Beispiel aus der Kunst des Tötens an – der strategischen Disziplin par excellence, wie die Etymologie des Wortes „strategisch" zeigt: „But to make their difference appeare more cleerly, let us suppose one man endued with an excellent naturall use, and dexterity in handling his armes; and another to have added to that dexterity, an acquired Science, of where he can offend, or be offended by his adversarie, in every possible posture, or guard: The ability of the former, would be to the ability of the later, as Prudence to Sapience; both usefull; but the later infallible."[7] Auch der Begriff der Wissenschaft wird einer radikalen Veränderung unterworfen: Ist der Gegenstand der Wissenschaft bei Aristoteles notwendig und ewig, handelt die Wissenschaft bei Hobbes von empirisch bestehenden Kausalzusammenhängen. Zwar beginnt Hobbes seine Erörterung von „science" mit Reflexionen, die an Platon und Aristoteles erinnern und die auf den Deduktionszusammenhang zwischen Axiomen und Theoremen verweisen; aber der radikale Unterschied zwischen beiden Wissenschaftsbegriffen wird deutlich in Hobbes' Übergang von logischen Gründen zu realen Ursachen und schließlich in der klaren Ausrichtung der Wissenschaft auf praktische Ziele, die im Schlußsatz zum Ausdruck kommt: „Because when we see how any thing comes about, upon what causes, and by what manner; when the like causes come into our power, wee see how to make it produce the like effects."[8] Das letzte Ziel der Wissenschaft ist das Machen, und dieses Machen ist von keinen normativen Prinzipien mehr geleitet, die die natürlichen Triebe nach Selbsterhaltung und Machterweiterung transzendierten.

Während Hobbes nur hypothetische Imperative kennt, die im Bereich der Zweck-Mittel-Rationalität verbleiben, ist es eine der großartigsten Leistungen Kants, begriffen zu haben, daß ethische Rationalität unter keinen Umständen auf Zweck-Mittel-Rationalität zurückgeführt werden kann – geht es in ihr doch nicht um die Frage, welche Mittel erforderlich sind, um bestimmte Zwecke zu erreichen, sondern um das viel grundsätzlichere Problem, welche Zwecke legitim sind. Freilich fehlt in Kants Programm der Vernunftkritik eine „Kritik der hermeneutischen Wissenschaften"; das Problem des Verstehens des anderen Subjekts ist noch nicht einmal als Problem erfaßt, geschweige denn gelöst. Nach Anfängen bei Vico und Herder im 18. Jahrhundert wird die methodologische und ontologische Durchdringung der Welt des intersubjektiven Geistes im 19. und 20. Jahrhundert zu einer der wichtigsten Aufgaben der Philosophie. Sosehr die diesbezüglichen Arbeiten, etwa Diltheys, einen Fortschritt über Kant darstellen, so wenig haben sie gewöhnlich das Eigenrecht moralischer Rationalität begriffen. Die Ethik wird vielmehr verwechselt mit der Beschreibung der verschiedenen historisch verwirklichten Formen von Rationalität, und der Relativismus des Historismus ist die Folge. Nur sehr wenige Philosophen des 20. Jahrhunderts haben es geschafft, das Verhältnis der Ethik zu den Geistes- und Sozialwissenschaften adäquat zu bestimmen.

Es ist vor diesem Hintergrund, daß die Apelsche Rationalitätstheorie eine besondere Bedeutung erhält. Einerseits lehrt Apel die Irreduzibilität des Verstehens auf das Erklären; ebenso nachdrücklich hält er andererseits an der unbedingten Geltung der ethischen Rationalität fest, die jede hermeneutische Rationalität transzendiere. Insgesamt nimmt Apel vier Formen von Rationalität an, von denen die jeweils spätere die vorangegangene begründe (statt von ihr begründet zu werden): szientifische, technologische, hermeneutische und ethische Rationalität.[9] Die technologische (zweckrationale) Rationalität unterteilt Apel dabei in instrumentelle und strategische – in ersterer gehe es um Subjekt-Objekt-, in dieser um Subjekt-Subjekt-Relationen. Da im Zentrum seiner Ethik der Begriff der Kommunikation steht, läßt sich sagen, daß kommunikative Rationalität bei ihm hermeneutische und ethische Rationalität umfaßt: Die Wendung von der bloßen Deskription von Kommunikationsprozessen zu ihrer normativen Ausrichtung auf die Bedingungen einer idealen Kommunikationssituation kennzeichnet in seinen Augen den Übergang von der hermeneutischen zur ethischen Rationalität.

Sosehr ich Apels tetradische Rationalitätstheorie für eine der bedeutendsten Leistungen der Gegenwartsphilosophie halte, sowenig kann ich ihr doch in allen Punkten folgen. Übereinstimmung herrscht in zwei negativen Überzeugungen: Weder läßt sich Ethik auf Verstehen, noch Verstehen auf Erklären zurückführen. Die entscheidende Divergenz besteht darin, daß ich in Apels Rationalitätsformenlehre einen Platz für das vermisse, was die Alten Theoria nannten. Ganz wie Hobbes geht Apel erstens davon aus, daß die technische Intervention in die Natur sowohl Bedingung der Möglichkeit von Naturwissenschaft als auch ihr eigentliches Telos sei. Dagegen scheint mir erstens die

Betrachtung der Natur ebenso wie der mathematischen Welt eine in sich wertvolle Tätigkeit zu sein auch für den Fall, daß es keine technische Anwendung der entsprechenden Erkenntnisse gäbe; und für die Mathematik scheint es mir offenkundig, daß sie geltungstheoretisch nicht auf irgendwelche technische Interventionen angewiesen ist.[10] Selbst für die Naturwissenschaft scheint es mir kontingent zu sein, daß in der Großzahl der Fälle ihr Fortschritt Experimente und damit technische Eingriffe benötigt – für die Astronomie war dies jahrtausendelang nicht der Fall. Zweitens fehlt bei Apel jeder Platz für die spezifisch philosophische Theoria neben der einzelwissenschaftlichen – für die Wesensschau neben der Kausalanalyse. Das verum-factum-Prinzip der neuzeitlichen Erkenntnistheorie wird von Apel ohne weiteres übernommen;[11] es ist dominierend auch in seiner praktischen Philosophie, die ausschließlich Handlungen festlegen will und in der die Betrachtung einer vorgegebenen Wertordnung keine Rolle spielt. Überhaupt ist Apels Begriff der ethischen Rationalität insofern extrem verkürzt, als Apels Ethik rein formal, ja ausschließlich prozedural ist. Die Idee eines rationalen Konsenses scheint mir aber keinen Sinn zu machen, wenn es nicht eine objektive Güter- und Werthierarchie gibt.[12] Hinter Max Schelers Kritik am Formalismus[13] sollte m. E. die Ethik nicht zurück, auch wenn ich mit der Diskursethik Begründungsdesiderate anerkenne, denen Scheler nicht gerecht geworden ist, und auch wenn ich seinen Emotivismus nur mit Bezug auf das Motivations-, nicht jedoch auf das Geltungsproblem teile. Immerhin ergibt sich aus dem Programm einer materialen Wertethik, daß es auch Pflichten gegen sich selbst gibt; ethische Rationalität läßt sich also keineswegs auf kommunikative Rationalität zurückführen, auch wenn ich durchaus anerkenne, daß es besonders werthafte Formen von Kommunikation gibt – Formen, die im übrigen die Diskursethik nicht analysiert hat, da sie Kommunikation auf den Austausch von Argumenten verkürzt.

Allgemeiner ist der Einwand, das Programm einer linearen Ordnung der Rationalitätstypen sei insofern problematisch, als z. B. theoretische und praktische Rationalität deswegen nicht in ein einfaches Überordnungsverhältnis zu bringen seien, weil jede Form unter dem Gesichtspunkt der anderen betrachtet werden könne. Ich kann mir die praktische Frage stellen, ob und unter welchen Bedingungen theoretische Erkenntnis sittlich erlaubt sei; ich kann aber auch umgekehrt praktisches Handeln theoretisch betrachten – sei es explanatorisch-kausal, sei es im Hinblick auf die Wesensgesetze, die diese Sphäre bestimmen.

Mir selbst scheint die grundlegende Dichotomie innerhalb einer Theorie der Rationalität diejenige zwischen theoretischer und praktischer Vernunft zu sein. (Von ästhetischer Rationalität sei hier abstrahiert.) Orthogonal dazu nehme ich eine Einteilung in Erkenntnis des Prinzips und des Prinzipiats ein. Die Prinzipienerkenntnis in der theoretischen Philosophie ist m. E. die Metaphysik, zu der sich die einzelwissenschaftliche Erkenntnis ebenso verhält wie die Zweckrationalität zur Wertrationalität im Bereich der praktischen Philosophie. Das Verschwinden der Metaphysik geht daher m. E. notwendig Hand in Hand mit der Beseitigung der Wertrationalität; zumindest kann sich ohne eine Metaphysik die Ethik nur auf immer leerere Formalitäten reduzieren, wie schon bei Kant, aber noch mehr in der Diskursethik ersichtlich ist. Innerhalb der theoretischen wie der praktischen Vernunft nehme ich ferner einen Bezug auf die drei grundlegenden ontologischen Sphären der empirischen Welt an, als da sind die Welt des Physischen, die des Psychischen und die des Sozialen. Äußere Erfahrung, innere Erfahrung und Verstehen sind die drei grundlegenden erkenntnistheoretischen Operationen, mit denen wir die drei Welten erfassen. In der praktischen Philosophie entsprechen den drei Welten auf der Ebene der Wertrationalität Pflichten gegenüber der Natur, gegenüber sich und gegenüber anderen Vernunftwesen, auf der Ebene der Zweckrationalität technisches Handeln im engeren Sinne (als Eingriff in die Natur) sowie strategisches Handeln. (Von der schwierigen Frage, ob zweckrationales Handeln sich selbst gegenüber denkbar ist, will ich hier absehen.)

Aus der skizzierten Rationalitätstheorie erhellt sofort, daß strategisches Handeln keineswegs per definitionem schlecht ist. Ebenso wie die Metaphysik ohne die Einzelwissenschaften nur einen sehr kleinen Teil der Wirklichkeit erkennen würde, würde auch menschliches Handeln nur eine geringe Wirkung auf die Welt haben, wenn nicht zweckrationales Handeln seine Anwendbarkeit sichern würde. Normen ergeben sich gewöhnlich als Konklusionen zweier Prämissen, einer apriorischen, die etwa statuiert, a sei ein Wert, und einer empirisch-zweckrationalen, die erklärt, b sei ein notwendiges Mittel für a; daraus ergibt sich unter bestimmten Bedingungen die Pflicht, b zu tun. Daß und unter welchen Bedingungen menschliches Leben ein Wert sei, ist ohne Zweifel kein empirischer Satz; aber erst die Medizin als zweckrationale Wissenschaft trägt in vielen Fällen zur Bewahrung des entsprechenden Wertes bei. Das Beispiel zeigt, glaube ich, deutlich, warum eine generelle Ablehnung der Zweckrationalität absurd ist – gefährlich ist nur eine Verselbständigung der Zweckrationalität, die die normative Frage vergißt; und der Verdacht ist durchaus begründet, daß im technischen Zeitalter eine solche Autonomisierung der Zweckrationalität mit Bezug auf verschiedene Subsysteme statthat. Bezüglich der Medizin wäre einerseits an die gegenwärtige Abtreibungskultur zu erinnern, die etwa durch den Hippokratischen Eid verboten worden war, andererseits an die sinnlose Praxis der Lebensverlängerung um jeden Preis, die die philosophische Frage, was ein Leben in Menschenwürde ist, nicht mehr zu stellen vermag.

Die Medizin hat innerhalb der zweckrationalen Disziplinen insofern einen besonderen Status, als sie zwar mit Menschen, aber doch mit deren Leibern zu tun hat; sie vermittelt insofern zwischen den Ingenieurwissenschaften und den Sozialtechnologien, zwischen den technischen und den strategischen Formen zweckrationalen Handelns. Doch auch gegenüber den rein strategischen Formen scheinen mir generelle moralische Zweifel unbegründet. Nach der oben angeführten Definition verstehe ich unter strategischer Rationalität jene Zweckrationalität, die ihre Ziele am intersubjektiven Material verwirklicht. Wenn bestimmte soziale Ziele erstens moralisch sind und zweitens allgemein gewollt werden, besteht kaum etwas Bedenkliches darin, strategisches Wissen einzusetzen, um sie zu erreichen. Was ist gegen organisationspsychologisches know-how zu sagen, um den Ablauf bestimmter billigenswerter sozialer Prozesse zu beschleunigen? Selbst die perfekteste Demokratie könnte ohne strategische Rationalität nicht bestehen – jeder Wahlleiter (um von höheren Aufgaben und Verantwortungen zu schweigen) wäre hoffnungslos überfordert, wenn er kein organisatorisches, also strategisches Wissen hätte, und die rührende Hilflosigkeit, die so kennzeichnend ist für Philosophen und abstrakte Moralisten, die praktisch wirksam zu werden versuchen, ist nur ein Beweis e contrario für die Unumgänglichkeit strategischer Rationalität, um etwas in der Welt zu bewegen und die Sphäre wohlmeinender Absichten zu verlassen.

Das moralische Unbehagen, das irgendwie trotzdem bestehen bleibt, rührt aus drei Quellen. In der zweiten Formulierung des kategorischen Imperativs lehrt Kant bekanntlich, man dürfe die Menschheit sowohl in der eigenen als auch in der Person eines anderen niemals bloß als Mittel brauchen;[14] dies scheint aber in strategischem Verhalten zu geschehen. Immerhin ist zu beachten, daß der kategorische Imperativ nur verbietet, sich und andere *ausschließlich* als Mittel zu benützen – Kant war Realist genug, um zu wissen, daß eine partielle Instrumentalisierung unumgänglich ist. In strategischem Verhalten als solchem liegt es nun keineswegs, daß die Instrumentalisierung total ist. Zweitens ist strategisches Verhalten – zwar keineswegs begriffsnotwendig, aber doch in der Regel – mit der Realisierung von Zielen beschäftigt, an deren Verhinderung andere ein Interesse haben. Ich betone ausdrücklich, daß dies keineswegs aus dem Begriff strategischer Rationalität folgt; auch das Erreichen von allen gewollter Ziele bedarf strategischer Fähigkeiten. Aber da die Menschen Organismen sind, die Selbsterhaltung und Machterweiterung anstreben, da auch viele soziale Gebilde als partikulare Selbsterhaltungssysteme angesehen werden können, sind Konflikte vorprogrammiert; und es versteht sich, daß strategische Fertigkeiten diese Konflikte verschärfen, da mit der effizienteren Organisation des sozialen Stoffes (ebenso wie mit den Fortschritten in der Naturbeherrschung) größere Machtklumpen aufeinander prallen. Der dritte Einwand gegen die strategische Rationalität folgt aus einer weiteren Eigentümlichkeit des Menschen, daß er nämlich im Kampf um die Verwirklichung seiner Ziele seine mittelbaren und unmittelbaren Absichten zu verbergen vermag. Mehr noch als Gewalt können List und Betrug geeignete Mittel sein, die eigenen Zwecke durchzusetzen; und wenn die strategische Rationalität nicht mehr die Frage nach der Legitimität der eigenen Mittel und Zwecke zu stellen, geschweige denn zu beantworten vermag, dann ist der Einsatz von List geradezu vorprogrammiert. Es ist in der Tat diese Verwendung von List zum Zwecke der Durchsetzung der eigenen Absichten gemeint, wenn man „strategisch" „kommunikativ" entgegensetzt. Als strategisch in diesem Sinne gilt ein Mensch, der ständig Hintergedanken hat, die er nicht mitteilt, nicht kommuniziert, ja der durchaus auch Dinge sagt, die er nicht denkt, der also lügt. Nochmals: Nach der oben angeführten Definition von strategischer Rationalität ist keineswegs jedes strategische Verhalten „strategisch" in diesem letzteren, nicht-kommunikativen Sinne; der Einsatz für allgemein anerkannte, ja selbst für Individual- oder Gruppeninteressen kann vollständig offen sein. Doch ist dieses letztere Verhalten das eigentliche moralische Problem; denn während strategisches Verhalten in den eingangs angeführten Beispielen zwar über das ethische Prinzip hinausführt, steht es keineswegs in Widerspruch zu ihm. Dies scheint hingegen im zuletzt angeführten Verhalten der Fall zu sein, wenn denn, wie die Diskursethik mit guten Gründen meint, kommunikative Offenheit Bedingung der Möglichkeit gemeinsamer Wahrheitserkenntnis und daher als – zumindest *ein* – Prinzip der Ethik letztbegründbar ist.

II.

Bevor ich mit der moralischen Bewertung verschiedener Formen strategischen bzw. kommunikativen Verhaltens beginne, will ich mich zunächst der Phänomenanalyse widmen. Festzustellen ist gleich zu Beginn, daß Bedingung der Möglichkeit der Differenz von strategischem und kommunikativem Handeln die Dualität von Leib und Seele ist. Gäbe es keine Innenseite, würde sich das Problem, was hinter dem äußeren Verhalten stecke, gar nicht ergeben. Aber auch der unmittelbare Kontakt zwischen zwei leiblosen Seelen – eine Möglichkeit, deren Realität ich nicht behaupte, die ich aber auch nicht für a priori ausgeschlossen erachte – würde strategisches Verhalten unmöglich und Kommunikation überflüssig machen; denn die Seelen würden einander gleichsam nackt gegenübertreten. Mit tiefem Sinn für den Wesenszusammenhang zwischen Leiblichkeit und Kommunikation hat Dante im „Paradiso" die merkwürdige Erfahrung geschildert, daß die Seligen immer schon genau wußten, was er sagen würde, bevor er den Mund öffnete; ihr wissendes Lächeln ersetzt die manchmal mühsamen Versuche der Kommunikation, die noch für das „Inferno" charakteristisch sind.

Leibwesen können ihre Innenseite einander primär durch die Sprache eröffnen. Sicher ist die Auffassung naiv, es gäbe eine von der Sprache unbeeinflußte Innenseite – was wir empfinden, ist offenbar *auch* eine Folge der sprachlichen Mittel, die uns zur Verfügung stehen. Innovative Dichter schildern nicht bloß zum ersten Mal altbekannte Erlebnisse; durch ihre Schilderungen setzen sie viele Menschen überhaupt erst imstande, ihre eigene Innenseite wahrzunehmen. Ich sage freilich „wahrnehmen", weil ich durchaus nicht der Ansicht bin, der etwa Apel zuzuneigen scheint, daß es keinen vorsprachlichen Bewußtseinsstrom gebe. Wie die Phänomenologie[15] gehe ich vielmehr von einem solchen aus, auch wenn das distinkte Wahrnehmen der einzelnen Differenzierungen dieses Stromes m. E. von dem Vorhandensein einer Sprache abhängt. Aber die existierende Sprache vermag nicht immer den inneren Reichtum adäquat auszudrükken; und vermutlich ist das Leiden derjenigen, denen kein Gott gab zu sagen, was sie leiden, noch schmerzlicher als dasjenige der Dichter, auch wenn sie nicht so eloquent darüber zu reden vermögen. Die Schablonen, die die Sprache zur Verfügung stellt, sind zwar ein Kategorisierungsinstrument, das immerhin noch besser ist als unartikulierte Stummheit; aber gerade in Epochen, in denen sich die Innenseite des Menschen erweitert, können sie eine furchtbare Angst vor unentrinnbaren Mißverständnissen erzeugen – ich erinnere an Hofmannsthal „Schwierigen", aber auch an Schillers Verse „Spricht die Seele, so spricht, ach, die Seele nicht mehr". Doch nicht nur kann die Sprache zu Mißverständnissen führen; sie kann auch ausdrücklich zum Zwecke eingesetzt werden, einen anderen (manchmal auch sich selbst) über den Zustand der eigenen Innenseite zu betrügen. Immerhin ist es von Wichtigkeit zu begreifen, daß die Lüge erstens Verständnis des Mitgeteilten voraussetzt; wer die Botschaft eines anderen nicht versteht, kann von ihm auch nicht belogen werden. Zweitens ist die Lüge insofern parasitär, als sie, um zu wirken, den Schein der Wahrheit annehmen muß: Sie setzt das, dessen Negation sie ist, voraus, was man von der Wahrheit nicht sagen kann.

Neben der Sprache ist auch der äußere Ausdruck einer Person – Mimik, Gestik, usf. – Manifestation seiner Innenseite. (Dies gilt um so mehr, je besser man einen Menschen kennt; denn dann weiß man u. U., auch ohne ihn anzusehen, wie er auf ein bestimmtes Ereignis reagieren wird. Gewöhnlich wirken Kenntnis des vorangegangenen Bewußtseinsstromes und Beobachtung des äußeren Ausdrucks zusammen, wenn man die Innenseite eines anderen Menschen zu verstehen sucht.) Während die Beziehung zwischen Worten und Bewußtseinszuständen zumindest in den entwickelten Sprachen[16] eine Zeichenrelation, also willkürlich ist, spricht manches für die Annahme, daß die Beziehung zwischen manchen Ausdrucksphänomenen und den ihnen korrespondierenden Zuständen der Innenseite nicht vollständig kontingent, also nicht etwa ein bloßes Resultat der Evolution ist, das auch ganz anders hätte ausfallen können. Klar ist jedenfalls, daß für den Menschen der Ausdruck viel schwerer zu kontrollieren ist als die Sprache – ich kann in Worten eine Freude heucheln, die mein Gesichtsausdruck nur zu leicht widerlegen wird. Immerhin zeigt das Phänomen der Schauspielkunst, daß die Abkoppelung des Ausdrucks von der Innenseite wenigstens partiell möglich ist, sosehr der Kunstcharakter der

Schauspielerei auch wieder einen sehr engen Zusammenhang von Innen- und Außenseite voraussetzt.

Es scheint mir für eine historische Betrachtung offenkundig, daß sowohl onto- als auch phylogenetisch die Fähigkeit, sich zu verstellen, mit der Zeit zugenommen hat. Der archaische Mensch ist ebenso wie das Kind zur Lüge unfähig (um von der Kontrolle des eigenen Gesichtsausdrucks zu schweigen). Schon der Übergang von der „Ilias" zur „Odyssee" zeigt trefflich den epochemachenden Wandel: Während Achill Verstellung aufs tiefste zuwider ist, lebt das spätere Epos von den ständigen Lügen seines Helden, die z.T. geradezu als Selbstzweck genossen werden.[17] Offenbar ist eine weitere einschneidende Zäsur in der frühen Neuzeit gegeben. Indem Descartes die Subjektivität aus der Welt herausreflektiert, legt er die Grundlage für eine neue Leib-Seele-Theorie, deren dualistischer Charakter weltgeschichtlich einzigartig ist. Mit der Abkopplung der Innenseite von der Außenseite erhält natürlich auch die strategische Rationalität ganz neue Entfaltungsmöglichkeiten; bzw., umgekehrt, die Cartesische Leib-Seele-Theorie ist ein Indiz dafür, daß der Mensch nicht als Leib-Seele-Einheit empfunden wird, weil der Leib nicht mehr als unmittelbarer Ausdruck der Innenseite gilt.[18] Der Dualismus von Leib und Seele ebenso wie von strategischem und kommunikativem Verhalten gehen Hand in Hand; sie scheinen mir konstitutiv für die moderne, bürgerliche Subjektivität. Es ist kein Zufall, daß sich im 16. und 17. Jahrhundert die strategische Rationalität zunehmend von der moralischen abkoppelt: Mit Machiavelli löst sich die Politik, wenn auch noch keineswegs in dem Grade, der für den späteren Machiavellismus charakteristisch ist, von der Moral; in Hobbes erhält die strategische Rationalität eine Artikulation, die dem Programm der modernen Naturwissenschaft nacheifert. Auch das komplexe Phänomen des neuzeitlichen Kapitalismus hat offenkundig mit einer Systematisierung des wirtschaftlich berechnenden Verstandes zu tun; sein Siegeszug unterwirft immer mehr Menschen dem Zwang, die eigenen wirtschaftlichen Absichten geheim zu halten.

Es ist von äußerstem Interesse zu beobachten, wie parallel mit der Autonomisierung der strategischen Rationalität auch das Bedürfnis nach „eigentlicher", „zwangsfreier" Kommunikation zunimmt. Wenig zeigt besser, was ich im Auge habe, als ein Vergleich des antiken mit dem modernen Ökonomiebegriff. Oikonomia ist im Griechischen die Lehre von der Hausverwaltung; zu ihr gehören Ratschläge sowohl zur Verwaltung des eigenen Vermögens als auch zur Gestaltung der Beziehung zwischen Ehegatten. Gewiß bilden die drei Bücher des pseudoaristotelischen „Oikonomikos" keine Einheit; aber es bleibt doch auffällig, daß unter dem gleichen Titel derart verschiedene Traktate versammelt werden konnten: Buch II zählt in seinem zweiten Teil Beispiele dafür auf, wie man Kassen füllen kann; Buch III ist eine manchmal geradezu zarte Abhandlung über die wechselseitigen Pflichten von Mann und Frau.[19] Indem sich nun in der Neuzeit die ökonomische Vernunft von der Hausverwaltung abkoppelt und ihren emotionalen Nährboden verliert, autonomisiert sich auch die Erotik: Es geht jetzt nicht mehr darum, in der Liebe jemanden zu finden, mit dem man dann auch eine Familie gründet und das eigene Vermögen verwaltet; die Rücksicht auf derlei profane Rücksichten wird ausdrücklich als inkompatibel mit dem Ideal voller Kommunikation in der Liebe angesehen. In dem berühmten fünften Essay des dritten Buches hat Montaigne diese neue Überzeugung bekanntlich dahingehend ausgesprochen, daß Ehe und Liebe unverträglich seien. Die Verselbständigung strategischen Denkens im modernen Kapitalismus und allgemein in der modernen Welt und die Ideologie der freien Liebe sind nun offenbar zwei Seiten derselben Medaille.[20] Denn ganz offenkundig resultieren beide aus der Verschärfung einer ursprünglich geringeren Differenziertheit zwischen strategischem und kommunikativem Verhalten; und psychologisch scheint mir die These nicht unplausibel, daß der Wunsch nach völlig enthemmter, nicht durch Institutionen und außerkommunikative Rücksichten eingeschränkter Kommunikation im allgemeinen direkt proportional ist zu dem Ausmaß des Zwanges, den die Funktionsbedingungen der modernen Welt der Subjektivität auferlegen. Je strategischer ein Mensch ist, desto tiefer sitzt in der Regel das Bedürfnis nach

Entgrenzung in der vollen Kommunikation der Liebe. Die literarische Figur des Don Giovanni – ebenso wie die Faustgestalt eine wesentlich neuzeitliche Erscheinung – zeigt diesen Zusammenhang aufs deutlichste; strategische Berechnung und Streben nach freier Liebe sind in ihm derart verbunden, daß Ziel der strategischen Berechnung eben die freie Liebe ist. In Choderlos de Laclos' „Les liaisons dangereuses" plant Valmont seine Verführungen wie die militärische Einnahme von Städten; und das „Tagebuch des Verführers" in Kierkegaards „Entweder-Oder" ist insofern ein weiterer Schritt, als Johannes seine Erfolge nur für sich genießt, während Valmont sie immerhin noch der Marquise de Merteuil mitteilt, mit der ihn ein perverses Band verbindet: Wie nahezu alle strategischen Bösewichter bedarf Valmont jemandes, der um seine strategischen Absichten weiß, der ihn anerkennt als der, der er ist.[21]

Doch auch wenn historisch eine Tendenz der Vertiefung der Innenseite und damit des strategischen Potentials unverkennbar ist, läßt sich auch in synchroner Betrachtung feststellen, daß es in jeder Kultur Menschen mit sehr unterschiedlichen strategischen Fähigkeiten gibt, worunter ich hier das Vermögen verstehe, die eigenen Absichten zu verbergen, zumindest zurückzuhalten. Erstens finden sich Menschen, deren Innenseite gleichsam offen liegt, deren Gesichtsausdruck alles, was sie empfinden und denken, abzulesen ist und die durch jede ironische Bemerkung, die mit der Differenz von Sein und Schein, Tiefe und Oberfläche spielt, aufs äußerste verunsichert werden. Ferner gibt es Menschen, die zwar nicht leicht lesbar sind, aber doch meistens mitteilen, was sie bewegt; schließlich solche, die viel verbergen; und hier kann es entweder so sein, daß zumindest dies deutlich ist, daß sie etwas verbergen, oder es kann selbst ihre Doppelbödigkeit unentdeckt bleiben. Von Wichtigkeit ist, daß das Kriterium, wieviel jemand verbirgt, nichts zu tun hat mit dem inneren Reichtum eines Menschen – es gibt äußerst differenzierte Menschen, die nahezu alles mitteilen, was sie bewegt, und es gibt verschlossene Menschen, die nichts mitteilen, weil sie nichts zu sagen haben. Immerhin ist die Täuschung recht häufig, trübe Gewässer für tief zu halten, auch wenn es sich nur um seichte Pfützen handelt; und da in der modernen Epoche, aufgrund der oben angegebenen Entwicklungstendenz, bei der erotischen Attraktion die Suche nach einer wirklich vorhandenen oder auch nur vermeinten tieferen Schicht des anderen eine immense Rolle spielt, findet sich im Wunsch, den eigenen Marktwert zu erhöhen, ein ausreichender Grund, eine Doppelbödigkeit vorzutäuschen, die gar nicht besteht. Oscar Wilde hat sich in der „Sphinx ohne Geheimnis" über diese Tendenz in brillanter Weise lustig gemacht; Alfred Hitchcock schildert in „Vertigo" bzw. „Shadow of a Doubt" glänzend, wie eine – vorgetäuschte – psychische Krankheit bzw. das mysteriöse Wesen eines Mörders eine Verliebtheit auslösen, die für die Verliebten in beiden Fällen beinahe tödlich wird.

Doch nicht nur in dualen, auch in politischen Beziehungen spielt die Fähigkeit, sich zurückzuhalten, eine bedeutende Rolle. Das gilt nicht nur in dem relativ banalen Sinne, daß in der politischen Auseinandersetzung derjenige begünstigt ist, dessen Absichten, zumindest in der Phase des Aufstiegs, nicht zu Tage liegen, weil es sonst für seine Gegner sehr leicht wäre, sie zu durchkreuzen; auch unabhängig davon eignet dem Menschen, der den Eindruck erweckt, in ihm sei mehr, als was er gerade zu erkennen gibt, eine Aura, die ihn, ceteris paribus, zur Führungsperson eher prädisponiert als denjenigen, dem sie abgeht. Nur ein gewisses Gefühl der Distanz schafft die Bereitschaft zum Gehorsam; und es ist daher nicht nur eine Ehre, sondern auch eine Gefahr, wenn der Machthaber, nicht aus politischen Gründen, sondern aus einem menschlichen Bedürfnis nach Nähe und einem Leiden an der eigenen Einsamkeit, die Distanz zu einem Untergebenen aufhebt. Allerdings ist die Situation insofern außerordentlich komplex, als eine Führungskraft auch Vertrauen erwecken muß – dazu muß sie das Wesentliche zu kommunizieren wissen; und insbesondere darf sie nicht den Eindruck erwekken, als habe sie gefährliche Hintergedanken. Sosehr strategische Intelligenz eine Bedingung für Führungsaufgaben ist, gibt es doch auch einen Punkt, ab dem sie kontraproduktiv wird, und zwar wenn sie Vertrauen zu zerstören beginnt. Natürlich gibt es auch technische Fertigkeiten, um Vertrauen zu gewinnen – die älteste von ihnen ist die Rhetorik, die man gewissermaßen eine Strategie erfolgreicher Kommunikation nennen kann. Freilich gehört Vertrauen zu jenen Dingen, die man nicht rein intentional anstreben kann, sondern die gewöhnlich das Nebenprodukt einer anderen Absicht sind. Wer eine Sachfrage zu lösen offensichtlich bemüht ist, zu dem faßt man eher Vertrauen als zu demjenigen, bei dem man sofort spürt, daß es ihm nicht um einen Beitrag zur Lösung des fraglichen Sachproblems, sondern primär um seinen Erfolg geht. Wenig schadet der Wirkung mehr als das Deutlichwerden der Absicht zu wirken, auch wenn das Verbergen dieser Absicht erfolgreich sein kann und man sich durchaus eine degenerierte Kultur vorstellen kann, in der die Effekthascherei als Akt der Schmeichelei genossen wird.

Versucht man, die soeben geschilderten Formen zwischenmenschlichen Verhaltens zu ordnen, so könnte man mit einer idealen Ehe beginnen, in der die beiden Partner erstens tendenziell alles vom anderen wissen (und zwar auch die Intimsphäre des anderen kennen, in die nicht vorgedrungen werden darf) und zweitens durch ein starkes und lebenslanges Wir-Erlebnis verbunden sind. Es ist von Wichtigkeit zu sehen, daß das Wir-Erlebnis etwas kategorial Neues gegenüber vollständiger Kommunikation darstellt; denn auch zwischen zwei Menschen, die nicht zum Wir vorstoßen, ist weitestgehende Kommunikation denkbar. Allerdings ist es doch so, daß tiefere Kommunikation ohne zumindest begründete Hoffnung auf ein Wir-Erlebnis etwas Unverbindliches und Unbefriedigendes hat, das die Erfahrung der Aufhebung von Fremdheit, die geglückter persönlicher Kommunikation zukommen kann, zwangsläufig inflationiert und entwertet; und es ist ein untrügliches Zeichen von Unreife (die mit dem Alter nicht notwendig verschwindet), wenn man derartige Erlebnisse hektisch sucht, ohne die Fähigkeit zu besitzen, zum Wir vorzustoßen. Daß im übrigen im Wir die Differenz zwischen Ich und Du nicht getilgt ist, versteht sich von selbst; das Wirgefühl ist nicht das Einsgefühl der Horde oder Masse, in dem jede rationale Verantwortung ausgeschaltet ist.

Die Intensität, die dem Wir in Ehe und Familie zukommt,

nimmt mit der Ausdehnung auf größere Kreise zwangsläufig ab. Dennoch ist es das Wesen jeder Gemeinschaft (etwa eines Volkes), daß man sich zumindest immer wieder Rechenschaft darüber gibt, daß man Teil eines größeren Wir ist, aus dem man sich nicht ohne schweren Identitätsverlust herausreflektieren kann. Dies unterschiedet das Wir der Gemeinschaft grundsätzlich vom Wir der Gesellschaft,[22] denn sosehr beiden sozialen Formen ein Wir-Erlebnis zugesprochen werden muß, unterscheiden sie sich doch dadurch, daß das Wir der Gemeinschaft auf gemeinsamen *Werten*, dasjenige der Gesellschaft auf gemeinsamen *Interessen* gründet. Letztere sind wandelbar und sind per definitionem auf das Individuum bezogen, während dieses seinen letzten Halt nur aus Werten beziehen kann, die es transzendieren. Die Träger des Wir sind in der Gesellschaft austauschbar; ihre Funktion, nicht ihre Person ist das Wesentliche. Wechselseitige Instrumentalisierung kennzeichnet Gesellschaften im Gegensatz zu Gemeinschaften; denn die Gesellschaft und ihre Glieder sind nicht Selbstzweck, sondern Mittel zur Erreichung der Zwecke des einzelnen. Es scheint mir im übrigen offenkundig, daß die diskursethische Kommunikationsgemeinschaft eine reine Kommunikationsgesellschaft ist; denn ihre raison d'être ist – zumindest in der Kuhlmannschen Rekonstruktion der Ethik[23] – das egoistische Interesse des einzelnen, die Wahrheit über bestimmte Geltungsfragen zu erfahren. Immerhin ist zuzugeben, daß das gemeinsame Interesse an der Wahrheit der entsprechenden Gesellschaft einen anderen Charakter gibt, als das gemeinsame Interesse an finanziellem Gewinn eine Aktiengesellschaft determiniert; aber das ändert nichts daran, daß es sich in beiden Fällen um Gesellschaften handelt.

Zu unterscheiden von der Kooperation aus Eigeninteresse ist der Fall offener Konkurrenz. Hier gibt es kein Wirgefühl mehr; man wird die eigenen Absichten verbergen, aber keineswegs notwendig schon lügen. Gelegentlich kann in dieser Situation durchaus ein gemeinsames Bewußtsein darüber bestehen, daß die Konkurrenz sinnvoll und im Interesse des Gemeinwohls ist. Ich denke etwa an sportliche Wettkämpfe, aber auch an wirtschaftliche Konkurrenz in einer sozialen Marktwirtschaft. In einer eigenwilligen Dialektik können sich übrigens die Konkurrenten, die zwar einander negieren wollen, aber doch auf den anderen angewiesen sind, um sie selbst zu sein,[24] einander näher fühlen als den ihnen zujubelnden Anhänger: Auch wenn etwa in einem ritterlichen Turnier die Gegner das unbedingte Interesse haben, den jeweils andern zu besiegen, können sie sich doch dessen bewußt sein, daß sie, und nur sie, nicht die zugehörigen Knappen, Werte teilen, die eine tiefere Gemeinsamkeit begründen. Dies ist selbst im Kriege möglich; und es besteht kein Anlaß anzunehmen, etwa Cäsars Rührung in Anbetracht des Hauptes des ermordeten Pompeius sei geheuchelt gewesen: Im Gegner, nicht in den Mitarbeitern erkannte er den ihm ähnlichsten Menschen.

Sicher führt der Krieg durch die erklärte beiderseitige Absicht, den Gegner unschädlich zu machen, zu einer Verschärfung der strategischen Situation gegenüber etwa bloßer wirtschaftlicher Konkurrenz. Immerhin gibt es auch innerhalb des Krieges Steigerungsmöglichkeiten; insbesondere geht es darum, inwiefern die Täuschung des Gegners erlaubt sei. Es ist auffällig, daß Kulturen, die die Tötung von Hunderttausenden gegnerischer Soldaten im Krieg für moralisch unbedenklich hielten, den Einsatz von List und Lüge lange Zeit verwarfen, selbst wenn er die Dauer des Krieges verkürzen konnte. Dennoch ist die Täuschung des Gegners während des Krieges und in der dem Krieg unmittelbar vorangehenden Zeit gesteigerten wechselseitigen Mißtrauens noch nicht der Gipfel strategischen Verhaltens. Denn im Krieg ist man, zumindest auf einer bestimmten Kulturstufe, auf List eingestellt; und die Bereitschaft zur Täuschung ist gewöhnlich beiderseitig. Es besteht, so läßt sich sagen, ein gewisser Konsens darüber, daß man während einer bestimmten Zeit alle Mittel strategischer Rationalität einschließlich der Lüge benützen wolle; und dieser Konsens ebenso wie die Symmetrie der Situation sind es, die die Täuschung moralisch noch erträglich machen.

Dies ist dort nicht mehr der Fall, wo die eine Seite mit der Aggression weder rechnet noch zu rechnen Anlaß hat, ja wo sie durch konkludentes Verhalten ein implizites oder gar ein ausdrückliches Versprechen erhalten hat, die andere Seite werde nicht angreifen, ja sogar hilfreich zur Seite stehen. Es sind diese Fälle, die man Verrat nennt und in denen das moralische Empfinden fast aller Kulturen das größte Verbrechen erkennt: Dante hat den letzten Höllenkreis für Verräter vorgesehen, unter denen die Verräter an den eigenen Wohltätern den schlimmsten Platz einnehmen.[25] Entscheidend am Verrat ist nicht die Verweigerung kommunikativen Verhaltens: Ganz im Gegenteil gehört es zum Wesen des Verräters, daß er sich in das Vertrauen des zu Schädigenden einschleicht, manchmal – nicht notwendig immer – von Anfang an in der Absicht, das errungene Vertrauen zu mißbrauchen.

III.

Wie sollen wir das eben geschilderte Verhaltensspektrum normativ einschätzen? Um mit der Kommunikation der tiefsten personalen Schichten zu beginnen, der Öffnung der Person, wie sie in Freundschaft und Liebe geschieht, so scheint sie mir etwas außerordentlich Werthaftes – in ihr realisiert sich eine Struktur sich als Selbstzweck wissender Intersubjektivität, die bloßer Subjektivität überlegen ist. In der Fähigkeit zu Freundschaft und Liebe liegt ein wichtiges Kriterium für den Wert eines Menschen. Freilich versteht es sich, daß sich wahre Freundschaft und Liebe nicht in irgendwelchen Emotionen oder gar Affekten, sondern in der dauernden Arbeit am gemeinsamen Wir-Erlebnis bewähren. Da eines der ehernsten Gesetze intersubjektiver Beziehungen die Irreversibilität von Öffnung ist, da man sich also zwar im Laufe der Zeit näher kommen kann, aber eine Abnahme schon erreichter Herzlichkeit selten eine Freundschaft weiterbestehen läßt, ist ein Sinn für die Grenze, bis zu welcher man vorstoßen kann, eine der wichtigsten Voraussetzungen für stabile Freundschaften. Der Verlust dieses Sinnes in formlosem Fraternisieren (das gar zu leicht kannibalisch wird) ist für eine Kultur der Freundschaft tödlich; und da eine direkte Abfuhr kränkend ist, ist es wichtig, daß in Gestik, Mimik usf. Signale ausgetauscht werden, die andeuten, wo die Grenze besteht. Da eine einseitige Sympathie eine Abhängigkeit erzeugt, die mit Freiheit und Würde nicht kompatibel ist, besteht eine Pflicht, dem anderen diese Grenze rechtzeitig zu zeigen; wer dies unterläßt, ja den anderen, sei es unbewußt, sei es bewußt, zu unerwiderbaren Sympathiekundgebungen verlockt, handelt verantwortungslos.[26] Unmoralisch ist es natürlich ebenfalls, anderen eine Nähe aufzudrängen, die sie nicht wünschen; Freundschaften können (außer in Extremsituationen, wo bestimmte Charakterzüge gleichsam aufblitzen) nur langsam wachsen, und gewöhnlich belegt nur die Fähigkeit, sich zurückzuhalten und nicht mit der Tür ins Haus zu fallen, jene Differenziertheit, die die Freundschaft eines Menschen erstrebenswert macht. Nur das richtige Verhältnis von Nähe und Distanz macht dauerhafte personale Kommunikation möglich; wem der Sinn für Distanz abgeht, weil er seine kommunikativen Bedürfnisse unmittelbar befriedigen will, beraubt sich selbst der Möglichkeit stabiler Freundschaften. Tiefergehende Kommunikation setzt, so scheint es, Strategien der Entfernungsbestimmung voraus. Sie setzt auch einen Sinn für persönliche Loyalitäten voraus – wenn mich ein besonders intensives Kommunikationsverhältnis mit A verbindet, dann verletze ich die Besonderheit dieses Verhältnisses, wenn ich über nur uns beide angehende Probleme mit jemandem spreche, der mir nicht vergleichbar nahesteht und jedenfalls nicht zur Problemlösung beitragen kann. Menschen, die Wildfremden oder oberflächlichen Bekannten über ihre Eheprobleme berichten, sind nicht kommunikativer als solche, die dies unterlassen, sondern zu wahrhafter Kommunikation unfähig. Im übrigen tun sie mit derartiger Kommunikation nicht nur ihrem Ehepartner, sondern häufig auch den Opfern ihres Kommunikationsbedürfnisses ein Unrecht an, die in einer Epoche der „Tyrannei der Intimität“ (Sennett) das legitime Bedürfnis haben, mit der Privatisierung und Psychologisierung sämtlicher zwischenmenschlicher Beziehungen verschont zu werden.

In diesem Zusammenhang ist ein Wort über Höflichkeit zu

sagen. Während es bloß kontraproduktiv ist, zumindest differenzierteren Menschen gegenüber in zudringlicher Weise Sympathie zu zeigen, ist es eine unmittelbare Verletzung des dem Mitmenschen als Mitmenschen geschuldeten Respekts, Antipathien, die nicht durch unmoralische Handlungen begründet sind, offen zu manifestieren. Zwar werden derartige Flegeleien zunehmend damit legitimiert, man wäre ja unehrlich, wenn man die Antipathie verbärge; aber das Argument zieht nicht nur deswegen nicht, weil Ehrlichkeit nicht die einzige Pflicht ist. Die eigenen Stimmungen und Gefühle haben zwar eine faktische Realität, aber sie sind nicht die Wahrheit der menschlichen Seele; wer sie überwindet – und zwar nicht aus extrinsischen Gründen wie Rücksicht aus Karriere, sondern aus Respekt vor der Menschenwürde, die jedem Menschen zukommt –, handelt wahrhafter sich selbst gegenüber, als wer sich gehen läßt.

Es gehört zweifelsohne zum Wesen idealer Kommunikation, daß sie symmetrisch ist. Sowenig ich die Überlegenheit symmetrischen Verhaltens gegenüber asymmetrischem Verhalten in Zweifel ziehen will, müssen allerdings zwei Klarstellungen getroffen werden. Erstens ist offenkundig, daß Symmetrie keine hinreichende Bedingung für moralisches Verhalten ist. Zwei Menschen können einander symmetrisch instrumentalisieren oder symmetrisch versuchen, einander zu betrügen oder zu töten – die bloße Symmetrie ist es nicht, die dieses unmoralische Verhalten von beiderseitigem Kooperationswillen unterscheidet. (Ich habe an anderer Stelle zu zeigen versucht, daß affirmative intersubjektive Beziehungen sowohl symmetrisch als auch transitiv sind.) Zweitens gibt es durchaus asymmetrisches Verhalten, das moralisch ist – ich denke einerseits an Fälle, in denen die Asymmetrie die Herstellung von Symmetrie bezweckt, wie etwa in der Erziehung, andererseits an Fälle, in denen die Asymmetrie wegen verbleibender objektiver Ungleichheiten nicht zu beheben ist, wie etwa bei unaufhebbaren Intelligenzunterschieden. Mir scheint eine wesentliche Grenze des modernen moralischen Bewußtseins gerade dies zu sein, daß es von asymmetrischen Situationen überfordert ist, mit denen es vielmehr gilt leben zu lernen. Dies hängt natürlich mit dem Formalismus der modernen Ethik zusammen. Denn da sie nur an formalen Strukturen und nicht an materialen Inhalten interessiert ist, vermag sie nicht zu sehen, daß die formale Unzulänglichkeit, die der in einem bestimmten Sinne notwendig asymmetrischen Beziehung zu einem intellektuell oder moralisch Höherstehenden zukommt, kompensiert werden kann durch den überlegenen materialen Gehalt, den die höherstehende Person repräsentiert. Ohnehin würde vollständige Gleichheit zwischen Personen jeden Kontakt überflüssig machen; gegen Verschiedenheit ist nicht nur nichts einzuwenden, sie ist sogar zumindest dann etwas Affirmatives, wenn etwa gleichstarke Begabungen auf verschiedenen Gebieten einander begegnen. (In diesem Falle besteht in beiden Richtungen, jeweils in einer verschiedenen Sphäre, Asymmetrie, wodurch auf einer höheren Ebene Symmetrie wiederhergestellt wird.)

Es ist nun leicht zu sehen, daß in asymmetrischen Beziehungen ein strategisches Verhalten in bestimmten Fällen legitim ist – wenn, und nur wenn, das Wohl des strategisch Behandelten dies erforderlich macht. Ohnehin ist klar, daß das Begriffspaar „strategisch"-„kommunikativ" nicht mit demjenigen „egoistisch"-„altruistisch" deckungsgleich ist. Es gibt egoistische Kommunikation, die nur den prickelnden Trieb, seine Meinung zu sagen, befriedigt und niemandem nützt; es gibt eine strategische, also der betreffenden Person nicht bewußte Lenkung durch eine andere, die aus Verantwortungsgefühl geschieht. Erziehung etwa ist mehr als Informationstransfer; gewisse Dinge, besonders moralischer Natur, können nicht einfach mitgeteilt werden – jedenfalls ist es mit der bloßen Mitteilung nicht getan. Erfahrungen sind unabdingbar – aber eben kontrollierte Erfahrungen, und kontrolliert werden können sie offenbar nicht durch den zu Erziehenden selbst, sondern nur von dem im Hintergrund wirkenden Erzieher. Das Erziehungsideal in Goethes „Wilhelm Meisters Wanderjahren" mag dem Autonomiegedanken nicht voll gerecht werden; es zeugt jedoch von einem tieferen Sinn für Verantwortung als die zeitgenössische Antipädagogik.

Aber nicht nur gegenüber dem Kinde, auch gegenüber Erwachsenen ist Führung stets durch ein gewisses Zurückhalten der eigenen Einsicht charakterisiert, also durch ein nichtkommunikatives Moment. Führung kann nur legitim sein, wenn sie im Interesse der Geführten geschieht; ihre Notwendigkeit ergibt sich aus dem verschiedenen Grad der Einsicht in das Gemeinwohl. Aber eben dieser verschiedene Grad der Einsicht impliziert Grenzen der Kommunikation; und zumal in Zeiten eines moralisch-politischen Paradigmenwechsels kann die Führungspersönlichkeit nur wirken, wenn sie die tiefsten Werte und drängendsten Interessen der Geführten versteht und auf dieser Ebene die eigenen Absichten darstellt – und d.h. wenn sie ihre höheren Einsichten verschweigt. Daß diese Struktur gefährlich ist, weil die strategische forma mentis allzuleicht eine rauschhafte Suggestion erzeugt, man spiele die Rolle Gottes, ist absolut richtig. Aber Politik in Epochen des Paradigmenwechsels ist stets gefährlich; und dennoch läßt sich auf sie auch und gerade in derartigen Epochen nicht verzichten. Es ist im übrigen erwähnenswert, daß sich in der dramatischen Literatur immer wieder ein Genre findet, das ich „Regiedrama" nennen möchte und in der eine Figur gewissermaßen den Regisseur des ganzen Geschehens spielt. Diese Figur, die die Fäden in der Hand hält, kann moralisch abscheulich sein – ich erinnere an den Großinquisitor in Schillers „Don Carlos"; es ist dies aber keineswegs immer der Fall. Theodor in Hofmannsthals „Unbestechlichem" stellt durch seine Intrigen die sittliche Ordnung wieder her; und Shakespeare hat in seinem (wahrscheinlich) letzten und m.E. großartigsten Drama, „The Tempest", in der Gestalt des Prospero eine menschlich höchst faszinierende Regiefigur dargestellt. Freilich ist es kein Zufall, daß Prospero sich am Ende des Dramas seiner besonderen, magisch begründeten Macht entledigt; nachdem er seinen moralisch legitimen Zweck erfüllt hat, gibt er seine Sonderstellung auf, kehrt in die normale Menschengemeinschaft zurück und unterwirft sich der Gnade Gottes.

Während Prospero das Wohl aller seiner Gegner im Auge behält, seine strategische Tätigkeit also niemandem wirklich schadet und nur das formale Autonomieprinzip verletzt, läßt sich eine moralisch legitime strategische Tätigkeit denken, die die Vernichtung des Gegners in Kauf nimmt. Dies ist offenbar nur in naturzustandsähnlichen Situationen der Fall, in denen keine übergeordnete Institution den Rechtsfrieden garantiert; und so wichtig es ist, die Mentalität zu überwinden, die jahrtausendelang, vor der Entstehung des modernen Staates, das Überleben im Naturzustand allein möglich gemacht hat, so unabdingbar ist es doch anzuerkennen, daß der Naturzustand erstens nicht vollständig überwunden ist (insbesondere nicht in den zwischenstaatlichen Beziehungen) und daß zweitens in ihm andere ethische Prinzipien gelten müssen als innerhalb des Rechtsstaats. Immerhin ist es eine unabdingbare Pflicht, an der Errichtung von Institutionen zu arbeiten, die den Naturzustand minimalisieren und dadurch Extremformen strategischen Verhaltens überflüssig machen; Institutionen, die strategisches Verhalten etwa auf die für das Gemeinwohl unverzichtbare wirtschaftliche, politische oder wissenschaftliche Konkurrenz reduzieren. Allerdings sind solche Institutionen, in Anbetracht des Bösen in der Welt, ohne den moralisch legitimierten Einsatz von strategischer Rationalität nicht zu schaffen; wer auf letztere verzichtet, liefert sich nur jener strategischen Rationalität aus, die moralisch nicht mehr kontrolliert ist. Freilich ist ebenso klar, daß mit strategischer Rationalität alleine der Naturzustand nicht zu überwinden ist – ohne gegenseitiges Vertrauen wird niemand bereit sein, aus ihm herauszutreten; und Vertrauen kann nur wachsen, wenn durch Kommunikation hinter den strategischen Fertigkeiten ein gemeinsames normatives Anliegen erkennbar wird. Die Bereitschaft, auf den anderen zuzugehen, ihm einen Vertrauensvorschuß zu geben, kann manchmal kontraproduktiv sein; doch ohne sie hätte es moralische Durchbrüche in der Weltgeschichte nie gegeben.

Immerhin ist eine logische Asymmetrie zwischen kommunikativer und strategischer Rationalität insofern anzuerkennen, als eine Welt ohne strategische Rationalität (im Sinne von Lug und Trug) durchaus denkbar ist, während das Umgekehrte nicht gilt – auch der Bösewicht muß etwa seinen engsten Mitarbeitern zumindest seine unmittelbaren Ziele kommunizieren.[27]

Aber eine moralische Betrachtung der Welt, die über das bloße Sollen hinausgelangen möchte, muß auch in der gegenwärtigen Situation etwas Affirmatives erkennen – allein in der Tatsache, daß die Differenz zwischen Innen und Außen konstitutiv für endliche Subjektivitäten ist, liegt der Grund dafür, warum die Erringung von Intersubjektivität eine sittliche Aufgabe sein kann.

Warum ist die Technik ein philosophisches Schlüsselproblem geworden?

Daß die Technik erst im 20. Jahrhundert ein besonderes philosophisches Problem geworden ist, läßt sich auch dann schwerlich bestreiten, wenn man einräumt, daß Reflexionen über die Technik schon früh einen Platz in der Philosophie einnehmen. Letzteres kann schwerlich überraschen, ist doch technisches Verhalten eines der wichtigsten anthropologischen Grundmerkmale, das jedem, der über die Natur des Menschen nachdenkt, sofort auffallen muß. So spielt der Begriff der *techne* schon in der sophistischen Anthropologie eine bedeutende Rolle – ich erinnere an Platons „Protagoras" –, und er ist ein Zentralbegriff der Philosophie des Sokrates. Und dennoch läßt sich zumindest dies sagen, daß die Technik bis zum 20. Jahrhundert nicht zum Gegenstand einer eigenen philosophischen Disziplin avanciert ist – eine Philosophie der Technik wird man etwa im umfassendsten System der Philosophie des letzten Jahrhunderts, in demjenigen Hegels, vergeblich suchen, während seit der ersten Hälfte dieses Jahrhunderts zahlreiche Schriften veröffentlicht wurden, die eine Auseinandersetzung mit dem Problem der Technik schon im Titel versprechen. Eine Erklärung dieses Sachverhalts ist einerseits sehr einfach: Es ist unbestreitbar, daß die Technik seit der Industriellen Revolution an Bedeutung zugenommen hat – ihr Einfluß auf die Lebenswirklichkeit des Menschen wächst mit exponentieller Geschwindigkeit, so daß eine Philosophie, die Vollständigkeit anstrebt, es sich einfach nicht leisten kann, an diesem Phänomen vorbeizusehen. Doch ist andererseits diese Erklärung insofern oberflächlich, als sie aus der Philosophie der Technik nur eine Disziplin neben anderen macht. Ich will hingegen die weitergehende These vertreten, daß die Philosophie der Technik innerhalb des Ganzen der Philosophie zwar keine Grundlagen-, aber doch eine Schlüsseldisziplin geworden ist bzw. werden muß.

Die These, daß die Technik ein Schlüsselprobelm der Philosophie sei, könnte insofern überraschen, als eine lange und – trotz all seiner Ingenieure und Erfinder besonders in Deutschland – starke Tradition durch eine Geringschätzung alles Technischen gekennzeichnet ist; dieses galt als etwas Materielles, Praktisches, Dienendes, der als Selbstzweck gefaßten theoretischen Reflexion der Philosophie geradezu Entgegengesetztes. Und doch gibt es zumindest zwei Gründe, die auf eine starke Affinität von Technik und Philosophie hinweisen. Der erste ist, daß sich im Phänomen Technik ganz verschiedene Aspekte auf eigenwillige Weise verknoten – immer dort aber, wo der spezialistische Zugang ein Phänomen nur unzureichend zu erfassen vermag, ist die Philosophie in besonderem Maße gefordert. Ohne eine Theorie der Naturwissenschaft läßt sich die Technik nicht erfassen; umgekehrt ist auch die Naturwissenschaft an Experimente und damit an technische Leistungen gebunden, auf deren Analyse in keiner Wissenschaftstheorie verzichtet werden kann. Bei aller Bindung an die Natur und die Naturgesetze ist aber die Technik etwas spezifisch Menschliches und insofern ein Gegenstand nicht der Natur-, sondern der Geisteswissenschaft – ein Gegenstand, der zudem besondere ontologische Probleme aufwirft, als er durch die Konstitution einer neuen Seinssphäre gekennzeichnet ist – der Artefakte, die weder als etwas Natürliches noch als etwas Psychisches gelten können. Doch in der Schöpfung dieser Artefakte geht das Wesen der Technik keineswegs auf. Das Beunruhigende, ja Unheimliche an ihr ist, daß sie dank dieser ihrer Schöpfungskraft einen ungeheuren Einfluß auf die Gesamtkultur des Menschen ausübt – und zwar seit dem 18. Jahrhundert immer schneller. Nicht nur die Kultur-, sondern auch die Geschichtsphilosophie kann daher einer Reflexion auf die Technik nicht entraten, und vollends ist jede Theorie der Gegenwart zum Scheitern verurteilt, die ohne eine Besinnung auf die Technik auskommen zu können glaubt. Ohne Kenntnisse der wichtigsten Errungenschaften der modernen Technik läßt sich etwa politische Philosophie heute nicht mehr betreiben, und ohne eine ethisch-technische Doppelkompetenz lassen sich zahlreiche, unsere Zeit quälende moralische Fragen gar nicht präzise stellen, geschweige denn beantworten. Doch auch umgekehrt scheint mir das Problem der Technikfolgen ohne einen normativ begründeten Blick auf das Ganze der menschlichen Kultur – und d.h. ohne Philosophie – nicht sinnvoll lösbar zu sein.

In Abwandlung der berühmten Worte Napoleons an Goethe läßt sich sagen, daß heute nicht mehr die Politik, sondern die Technik unser aller Schicksal ist, und eine Philosophie, die sich den Herausforderungen, ja dem Schicksal ihrer Zeit entzieht, kann nicht ernsthaft auf ihren Namen Anspruch erheben. Dies ist der zweite Grund für die erwähnte innere Verwandtschaft von Philosophie und Technik – die Tatsache nämlich, daß die Philosophie es mit dem Schicksal des Menschen zu tun hat und daß dieses Schicksal heute im wesentlichen in den Händen der Technik liegt. Sowenig es eine Übertreibung ist zu behaupten, daß der Beginn des Menschen mit der Technik zu tun hat – der Paläoanthropologe hat im Werkzeuggebrauch gewöhnlich das sicherste Indiz, um festzustellen, daß es sich bei seinen Fossilfunden um menschliche und nicht um tierische handelt –, ebensowenig läßt sich bestreiten, daß ein mögliches Ende des Menschen durch die Technik selbst bedingt sein könnte. Und zwar verstehe ich hier unter Ende in erster Linie nicht ein Ende der physischen Existenz des Menschen – obgleich dies durchaus eine reale Möglichkeit ist – als vielmehr den weitaus rätselhafteren und schwerer zu fassenden Vorgang einer radikalen Veränderung dessen, was nach der Tradition das Wesen des Menschen konstituiert hat, also ein Ende oder zumindest eine „Antiquierung“ des Humanen.[1] Rätselhaft ist dieser Vorgang u.a. deshalb, weil, wie eben gesagt, die Technik eines der entscheidenden Wesensmerkmale des Menschen darstellt – wie soll aber dann dieses Wesensmerkmal verantwortlich gemacht werden können für eine Transformierung des menschlichen Wesens? Doch vielleicht macht gerade dies das metaphysische Problem des Menschen aus, daß dieser die ganz unnatürliche – d.h. sonst in der Natur nicht vorkommende – Fähigkeit besitzt, nicht nur seine Welt, sondern auch sich selbst zu negieren, und vielleicht ist die Technik mit dieser Fähigkeit verbunden. Dann aber wäre die Technik nicht nur mit den regionalphilosophischen Problemen des Menschen und seiner Geschichte, sondern auch mit der metaphysischen Frage verwoben, wie das Sein im Ganzen aufgebaut ist und was die Sonderstellung des Menschen in diesem Ganzen konstituiert. Die Frage nach der Technik auf dieses Allgemeinheitsniveau erhoben zu haben scheint mir Heideggers bleibendes Verdienst zu sein[2] – so sehr man im einzelnen auch von ihm wird abweichen müssen.

Im folgenden will ich in drei Schritten vorgehen. Zunächst will ich die anthropologischen und naturphilosophischen Grundlagen der Technik erörtern. Zweitens will ich skizzieren, aufgrund welcher Faktoren die technische forma mentis zur dominierenden Struktur der Neuzeit und der Moderne geworden ist und was die Gefahren dieser Umgestaltung der Welt durch die Technik sind. Drittens will ich zu begründen suchen, warum die Philosophie bei der Analyse der Technik in besonderem Maße gefordert ist.

I.

Unter Technik versteht man zwei verschiedene Dinge: Einerseits kann man, wie etwa Spengler in seiner Schrift über die Technik,[3] darunter ein methodisch kontrolliertes Verfahren verstehen, um bestimmte Ziele zu erreichen – nach dieser Definition wären etwa die Diplomatie oder die Dichtung Techniken. Andererseits kann man Technik im engeren Sinne auf die zweckgerichteten Verfahren beschränken, die mit der Umformung natürlicher Stoffe und Energien und der Erzeugung und Anwendung von Objekten wie Werkzeugen, Geräten oder Maschinen zu tun haben. Diesen zweiten Begriff will ich im folgenden zugrunde legen, obgleich es wichtig ist, festzuhalten, daß nicht schon der vereinzelte Werkzeuggebrauch Technik konstituiert – dieser findet sich auch bei Primaten –, sondern nur der systematische und planmäßige Umgang mit Werkzeugen und Ähnlichem. Daß gerade der Mensch Technik in diesem letzteren Sinne besitzt, hängt zweifelsohne mit jenem seiner Merkmale zusammen, das von der antiken bis zur neueren Anthropologie immer stärker herausgearbeitet worden ist – ich meine die „Mängelwesennatur“ des Menschen.[4] Ohne die Anpassung an ein begrenztes Milieu, an eine Umwelt, ohne hochgradige Spezialisierung der äußeren Organe, schließlich ohne die Instinktsicherheit des Tieres ist der Mensch einerseits aus Gründen der baren Existenzsicherung auf Technik angewiesen: Seine Organmängel zwingen ihn zur Entwicklung von Gegenständen, die die Funktion des Organersatzes, der Organverstärkung und der Organentlastung haben.[5] Andererseits gestattet die Weltoffenheit und die Exzentrizität des Menschen[6] ihm überhaupt so etwas wie ein technisches Verhalten zur Natur: Ohne seine Fähigkeit, sich von der Natur zu distanzieren, sich aus ihr herauszureflektieren und damit sie zu vergegenständlichen, wäre der Mensch trotz aller Bedürftigkeit gar nicht in der Lage, Technik zu entwickeln. Ortega y Gasset hat zu Recht darauf hingewiesen, daß es einseitig wäre, das Wesen der Technik in die Bedürfnisbefriedigung zu setzen – damit die Technik entstehen, sich entwickeln kann, ist ebenso vorausgesetzt, daß der Mensch auf die unmittelbare Befriedigung seiner Bedürfnisse verzichte.[7] Allerdings eignet der Beziehung zwischen der Technik und den Bedürfnissen eine eigentümliche Ambivalenz: Sosehr eine Zurückstellung unmittelbarer Bedürfnisse erforderlich ist, um die Technik zu entwickeln, sosehr schafft sie selbst neue Bedürfnisse, ja wird selbst zum Bedürfnis. Denn es ist zwar nicht falsch, aber doch einseitig, technisches Handeln ausschließlich als Mittel zu einem Zwecke zu verstehen: Insbesondere das Erwägen neuer technischer Möglichkeiten, das Erfinden, trägt seine Befriedigung in sich selbst – hierin liegt ja einer der Gründe für das Technikfolgenproblem, daß der geniale Erfinder an den Folgen seiner Erfindung, und zwar häufig schon an den unmittelbarsten, bei weitem nicht so sehr interessiert ist wie an dieser selbst. Die Erfahrung, die Natur gleichsam überlistet, sie gegen sich selbst gerichtet, ja im Werkzeug oder der Maschine etwas Neues, Noch-Nie-Dagewesenes geschaffen zu haben, erhebt und beglückt den Menschen; sie verhilft ihm zu einem Gefühl der Unabhängigkeit, der Freiheit. Sicher ist der Enthusiasmus, mit dem etwa der Cusaner den Handwerker, der einen Löffel schnitzt, dem Künstler überordnet, da dieser nur die Natur nachahme, jener hingegen, gleichsam als menschlicher Gott, die Schöpfung fortsetze,[8] etwas spezifisch Neuzeitliches, und die Technikbegeisterung Dessauers, für den die Teilhabe an der Schöpfung in der Technik „das größte irdische Erlebnis der Sterblichen" darstelle,[9] spezifischer Ausdruck jener Weltanschauung der Moderne, die der Industriellen Revolution zum Durchbruch verholfen hat. Doch das erste Standlied der Sophokleischen „Antigone" (332ff.) zeigt, welchen Stolz schon der antike Mensch über seine technischen Errungenschaften empfand. Es geht dem Chor der „Antigone" ganz offenkundig nicht primär darum, den Menschen deswegen glücklich zu preisen, weil er sich bestimmte Bedürfnisse erfüllen könne – das Unheimliche im Wesen des Menschen wird vielmehr darin gesehen, daß er selbst diese Befriedigung der Natur abgetrotzt habe.

Wenn ich oben gesagt habe, die Technik sei *ein* Wesensmerkmal des Menschen, so ist damit schon ausgedrückt, daß das Wesen des Menschen nicht in der Technik aufgehe. So ist der homo faber sicherlich nicht der ganze Mensch – und zwar schon deswegen nicht, weil technisches Verhalten, auch wenn es zum Selbstzweck werden kann, im allgemeinen auf einen außer ihm gelegenen Zweck ausgerichtet ist. Denkt man an die Aristotelische Triade von Theoria, Poiesis, Praxis und interpretiert man das technische Verhalten als Ausdruck des poietischen Weltbezugs des Menschen, so wird klar, daß neben der Technik auch noch der theoretische und der praktische Weltbezug als darauf irreduzible Formen des Weltverhältnisses bestehen: Während in der Theorie das Subjekt sich dem Objekt gegenüber schauend und insofern passiv verhält, wird dieses in der Poiesis gestaltet und geht es in der Praxis um intersubjektive Relationen.[10] Freilich geht es nicht an, den Menschen als Sammelsurium verschiedener Vermögen zu deuten – damit ginge ja die Einheit des menschlichen Geistes verloren. Obgleich aufeinander nicht zurückführbar, beeinflussen daher die drei Vermögen einander, und das unkontrollierte Wachstum des einen Faktors gefährdet das Gleichgewicht des ganzen Menschen.

So ist nicht zu verkennen, daß das technische Verhalten des Menschen mit dem theoretischen und dem intersubjektiven in einem engen Zusammenhang steht. Der Wunsch, in die Natur planend einzugreifen, ist letztlich nur die Kehrseite ihrer reinen und vorurteilsfreien Betrachtung – beide Einstellungen setzen die scharfe Subjekt-Objekt-Trennung voraus, die den Menschen vom Tier unterscheidet. Was das Verhältnis von Technik und intersubjektivem Verhalten angeht, so ist klar, daß die intersubjektiven Relationen von Wesen, die die Natur formend verändern können, strukturell anderer Natur sein müssen als diejenigen von Wesen, die das nicht können: Man denke an Wale, die trotz ihrer hochentwickelten kommunikativen Kultur keine technische Zivilisation hervorbringen konnten, wie sie offenbar nur bei Landlebewesen möglich ist. Die Gefahr, das andere Subjekt als bloßes Objekt zu instrumentalisieren, scheint mir ebenso an das technische Verhalten gebunden zu sein wie die Chance einer Beziehung zwischen wahrhaft Freien – ohne die Fähigkeit, die Natur zu objektivieren, dürfte sich das Selbstbewußtsein schwerlich entwickelt haben.

Ja, auch die eigene Selbstdeutung des Menschen ist offenbar durch die Technik vermittelt, deren Benützung eine über ihre bloße Zweckmäßigkeit hinausgehende Befriedigung zu implizieren scheint. Dies besagt Gehlens berühmte Resonanzthese. „Wer als Psychologe den Zauber sieht, den die Autos auf unsere Jugend ausüben, kann keinen Zweifel daran haben, daß hier ursprünglichere Interessen ins Spiel gesetzt werden als rationale und praktische.“[11] Gehlen meint, daß der Mensch eine Selbstdeutung nur zu leisten vermöge, indem er etwas anderes als sich selbst, also ein Nicht-Ich, als Analogon des eigenen Wesens deute. Nur indem er sich einerseits nach dem Modell äußerer Dinge fasse und ebendamit andererseits sich selbst in das Äußere hineinprojiziere, könne der Mensch des Rätsels der eigenen Existenz Herr werden. Da der Mensch aber sich selbst in zentralen Teilen seiner Leiblichkeit als rhythmischen Automatismus erfahre, müsse der Umgang mit derartigen Mechanismen auf den Menschen eine geradezu magische Attraktion ausüben. Das Wort „magisch" ist hier nicht von ungefähr gebraucht – m.E. zu Recht bindet Gehlen den Ursprung der Technik anthropologisch an die Magie zurück. Die Magie – die die moderne Religionswissenschaft spätestens seit Frazer[12] scharf von der Religion unterscheidet – ist der erste Versuch des Menschen, Veränderungen zu seinem Vorteil hervorzubringen, indem er die Dinge zu seinen Diensten ablenkt – freilich ein untauglicher, weil nicht auf Kenntnis der realen Kausalverhältnisse basierender Versuch. Aber das ändert nichts daran, daß die magische Einstellung zur Wirklichkeit eine notwendige, wenn auch nicht hinreichende Bedingung für den Triumphzug der Technik gewesen ist – hinzukommen mußte die vorurteilfreie Analyse der naturgesetzlichen Verfaßtheit der Wirklichkeit. (Es ist daher kein Zufall, daß die magische Tradition des Mittelalters einer der Faktoren ist, ohne die die rasche Entwicklung einer experimentellen Wissenschaft am Anfang der Neuzeit kaum erklärt werden kann.)

Was die Beziehung der eigentlichen Technik zur Natur angeht, so ist auch hier eine merkwürdige Ambivalenz unübersehbar. Einerseits ist die Technik ohne Einsicht in die Natur undenkbar – das gilt nicht erst für die moderne Technik –, und insofern läßt sich die Technik als Fortsetzung der Natur mit anderen, nämlich menschlichen Mitteln verstehen.[13] Denn erstens besteht ein nicht geringer Teil des Erfolgsgeheimnisses der Technik in der Nachahmung der Natur, und zweitens haben umgekehrt technische Modelle uns zahlreiche natürliche Vorgänge erst verstehbar gemacht. Die kybernetische Technik hat Begriffe wie den des Regelkreises erarbeitet, die in der Biologie, aber auch anderen Wissenschaften eine weitgehende Anwendung erfahren haben[14] – daß zwischen der Regelung der Temperatur eines Kühlschrankes und derjenigen der Körpertemperatur von Homöothermen systemtheoretische Analogien bestehen, ist heute jedem bekannt. Andererseits ist die Technik schon früh als eine Art Auflehnung gegen die Natur gedeutet worden, als etwas letztlich Frevelhaftes, und noch heute begegnet man leicht, und vielleicht wieder zunehmend, einer derartigen Einstellung. Meines Erachtens haben beide Ansichten etwas Richtiges am Phänomen Technik erfaßt. Wenn es zum rätselhaften Lebewesen „Mensch“ konstitutiv dazugehört, ein Produkt der Natur und zugleich etwas zu sein, was, als Geist, die Natur zu negieren vermag, ja geradezu den Gegenbegriff zu Natur ausmacht, dann muß die Technik als der Ausdruck des Menschen an dieser seiner Ambivalenz teilhaben. Aber wie ist diese Ambivalenz konkret zu verstehen? Die Möglichkeit von Technik liegt entscheidend im *funktionalen* Charakter der Naturgesetze begründet.[15] Als Funktion ist das Naturgesetz immer mehr als das, was gerade realisiert ist – denn das Argument der Funktion kann im Prinzip unendlich viele Werte annehmen, von denen aber nur einer wirklich sein kann: Die Spannung zwischen dem unveränderlichen Charakter des Naturgesetzes und der veränderlichen Natur des Arguments ist die grundlegende ontologische Bedingung der Möglichkeit von Technik. Denn diese Spannung gibt dem Menschen die Möglichkeit, unter völliger Respektierung der Naturgesetze durch die Änderung von Antezedensbedingungen das übliche Resultat von Naturgesetzen außer Kraft zu setzen – durch den Zusammenschluß mehrerer Naturgesetze lassen sich unerwünschte Folgen neutralisieren und erwünschte, weil zweckdienliche Folgen realisieren. Ein Punkt freilich ist hier von entscheidender Bedeutung. Wenigstens bisher ist es im Bereich des Organischen nicht gelungen, eine vergleichbare Rationalisierung und Funktionalisierung der herrschenden Kausalitäten zu erzielen, wie dies im Anorganischen möglich ist: Anorganische Stoffe sind berechenbarer als Organismen, die sich aufgrund ihrer größeren Komplexität und der ihnen eigentümlichen Beziehungen von Teilen und Ganzem einer isolierenden Betrachtungsweise und daher einem technischen Zugriff entziehen – um so mehr gilt dies von jenen hyperkomplexen „Metaorganismen“, als die man Ökosysteme ansehen kann. Die Technik tendiert daher zwangsläufig dazu, das Anorganische auf Kosten des Organischen zu begünstigen.[16] Bei den vom Menschen in Übereinstimmung mit den Naturgesetzen neugeschaffenen und insofern *natürlichen* Entitäten ist es daher keineswegs garantiert, daß sie sich in das *Ganze der Natur* einpassen – wenn man unter „Ganzes der Natur" hier die uns lebensweltlich vertraute Natur mit Einschluß der Pflanzen, der Tiere und unser selbst versteht. Daher ist es durchaus möglich, daß ein technisches Produkt unnatürlich ist, daß es die Natur im genannten Sinne gefährdet, obgleich es in einem anderen Sinne nahezu tautologischerweise natürlich sein muß – denn nichts, was es gibt, kann den Naturgesetzen widersprechen. (Eine tiefergehende Analyse des Problems der „Natürlichkeit" der Technik würde eine nähere Bestimmung des Verhältnisses von anorganischer und organischer Natur und damit eine Analyse des Teleologieproblems voraussetzen, was hier nicht möglich ist.)

II.

Auch wenn die Technik so alt wie der Mensch ist, kann kein Zweifel daran bestehen, daß die Technik der Neuzeit etwas qualitativ Neues darstellt – nicht umsonst spricht man von technischem Zeitalter, um auszudrücken, daß diese Ära durch nichts so bestimmt wird wie durch die Technik, die in ihr zu voller Entfaltung gelangt. Gehlen übertreibt nicht, wenn er dem Übergang zur Industriekultur an Bedeutung nur eine einzige andere Umwälzung der Weltgeschichte gleichstellt – die mit Seßhaftwerdung, Ackerbau, Viehzucht und Staatenbildung verbundene „neolithische Revolution".[17] Nach ihm haben beide Epochen zu einer radikalen Umwandlung nicht nur der Lebenswelt, sondern auch der Seele des Menschen geführt. In der Tat scheint mir das Wesen des technischen Zeitalters darin zu bestehen, daß das die frühere Geschichte charakterisierende Gleichgewicht zwischen Theoria, Poiesis und Praxis radikal gestört worden ist – die reine Schau der Welt ebenso wie die sich an moralischen Normen orientierenden zwischenmenschlichen Beziehungen werden zunehmend technischen Kriterien unterworfen und verkümmern dadurch ihrem Wesensgehalt nach.

Versucht man die Geschichte der Technik zu typisieren, so

sind die zwei wohl berühmtesten Einteilungen diejenigen von Ortega y Gasset bzw. von H. Schmidt. Ortega y Gasset unterscheidet zwischen der prähistorischen Technik des Zufalls, der griechisch-römischen Technik des Handwerkers und der neuzeitlichen Technik des Technikers: Erst in letzterer werde sich der Mensch der Technik als solcher, d.h. als innovativer Leistung bewußt; erst hier komme es zu einer Trennung des Technikers vom Arbeiter; erst hier werde die Maschine zum bestimmenden Moment der Technik.[18] Schmidt typisiert anders als Ortega nicht nach dem Träger der Technik, sondern nach deren Mitteln – er unterscheidet Technik des Werkzeuges, der Arbeits- und Kraftmaschine bzw. des Automaten. Das Ordnungskriterium ist eine zunehmende Entäußerung der menschlichen Arbeit – während das Werkzeug sowohl auf die physische Arbeit als auch auf den geistigen Aufwand seines Benützers angewiesen sei, übernehme die Maschine jene, der Automat auch diesen. „Mit jeder dieser drei Stufen schreitet die Objektivation der Zweckerfüllung mit technischen Mitteln fort, bis der Zweck, den wir uns gesetzt haben, durch den Automaten allein ohne unser körperliches und geistiges Zutun erreicht wird. Offenbar kann es keine Entwicklung der Technik über die Stufe der vollständigen Automatisierung hinaus geben. Die Technik erreicht in ihr ihre *methodische Vollendung* ...“[19] Ein weiteres Ordnungskriterium für die Geschichte der Technik könnte darin bestehen, daß sie aufgrund der oben erwähnten Eigentümlichkeit zunächst die anorganische Natur, dann die organische, schließlich die eigene Natur des Menschen zu verändern sucht. Da der Mensch auch sich selbst objektivieren und zu sich selbst Distanz einnehmen kann, läßt sich in dem Gedanken, einen einzelnen Menschen, ja sogar die menschliche Natur unter Zuhilfenahme von technischen Hilfsmitteln neu zu schaffen, durchaus eine notwendige Konsequenz, ja ein gewisser Zielpunkt des Programms der neuzeitlichen Technik erkennen.

Eine Neuschöpfung des Menschen wäre offenbar auf zwei Weisen denkbar. Einerseits könnte man sich gentechnologische Manipulationen vorstellen, die die menschliche Natur radikal verändern, aber immerhin noch an dem Genom ansetzen, das den Menschen als Organismus kennzeichnet. Andererseits wäre eine Simulation menschlicher Leistungen durch anorganische Entitäten wie Computer denkbar, die motorische, sensorische, schließlich denkerische Funktionen erfüllen. Ohne Zweifel ist die zweite Entwicklung noch beunruhigender. Denn während kaum jemand Organismen eine Innenseite abspricht, besteht das Beängstigende der modernen Computertechnologien gerade darin, daß Wesen, denen wir keine Innenseite zuzuschreiben geneigt sind, Wesen mit Innenseite immer ähnlicher werden können. Als letztes Resultat dieser Entwicklung könnte man sich – zumindest wenn man über eine bestimmte Leib-Seele-Theorie verfügt – zwei Wesen vorstellen, die in der Er-Perspektive ununterscheidbar sind, auch wenn die ethischen Pflichten ihnen gegenüber diametral entgegengesetzt wären: Das eine Wesen hätte Anspruch darauf, als Selbstzweck geachtet zu werden, das andere wäre eine Maschine, die man zerlegen könnte, um sie weiter zu perfektionieren.

Was hat dieser methodischen Vollendung der Technik zum Durchbruch verholfen? Klar ist, daß die Kopplung dreier Faktoren eine entscheidende Rolle gespielt hat – die Verbindung von moderner, exakter Naturwissenschaft, von Technik und von kapitalistischer Wirtschaftsform bildet den Hintergrund, vor dem sich die radikalen Veränderungen der modernen Lebenswelt erklären lassen.

Andererseits dürften die genannten Faktoren nur notwendige, nicht hinreichende Bedingungen für den Triumphzug der modernen Technik gewesen sein. Die Tatsachen, daß erstens wichtige Erfindungen wie Schießpulver, Kompaß und Buchdruck mit beweglichen Lettern in China schon sehr früh bekannt waren, ohne die aus Europa bekannten Anwendungen zu erfahren, daß in Mesoamerika sich das Rad zwar auf Spielzeugen findet, aber nicht technisch verwendet wurde, und daß zweitens die griechischen Wissenschaftler trotz bedeutendster theoretischer Leistungen sich fast nie um deren technische Anwendung gekümmert haben, deuten darauf hin, daß ohne die okzidentale Form der Rationalität, ohne die durch den jüdisch-christlichen Monotheismus mitbedingte scharfe Gegenüberstellung von Mensch und Natur das neuzeitliche Programm der Naturbeherrschung nicht entworfen worden wäre – es wäre zwar technisch möglich gewesen, aber man hätte in seiner Realisierung keinen Sinn gesehen. Die Frage, wie weit man die Technik sich entwickeln lassen will, ist selbst keine technische mehr, und jeder Leser der Texte der Gründerväter der modernen Naturwissenschaft und Technik muß überrascht sein, mit welcher Sicherheit etwa Bacon und Descartes ein wissenschaftlich-technisches Programm entwerfen, das zu ihrer Zeit noch gar nicht realisiert war, aber kurz darauf verwirklicht werden sollte. Es ist nicht so, daß Erfolge der modernen Naturwissenschaft bewiesen hätten, daß diese auch technisch anwendbar sei – die moderne Naturwissenschaft ist wenigstens zum Teil von Anfang an so konzipiert worden, daß sie technisch anwendbar ist.

Was ist der entscheidende Grund für die von Anfang an bestehenden Affinitäten zwischen moderner Technik und moderner Wissenschaft? In erster Linie ist gewiß das Experiment zu nennen, das der griechischen Wissenschaft fremd war, das aber die Natur auf technische Verwendbarkeit hin gleichsam präpariert: Isoliert es doch bestehende Gesetzmäßigkeiten und unterwirft sie damit der menschlichen Verfügungsgewalt. Auch wenn das Erkenntnisinteresse des reinen Wissenschaftlers ein anderes ist als das des Technikers, besteht kein Zweifel, daß er mit der Entwicklung der Wissenschaft in zunehmendem Maße von den Fortschritten der Technik abhängig wird. Ohne komplexe Apparaturen kann auch der reine Naturwissenschaftler seiner Forschung nicht mehr nachgehen, und insofern muß auch er ein, obgleich vermitteltes, Interesse zumindest an bestimmten Formen der technischen Verwertbarkeit seiner Erkenntnisse haben. Doch scheint mir die innere Verwandtschaft zwischen moderner Technik und moderner Wissenschaft einen noch tieferen Grund zu haben. Meines Erachtens muß man nämlich das Experiment als Ausdruck einer erkenntnistheoretischen Revolution deuten, die die ganze Neuzeit bestimmt und die von Vico mit den Worten „verum-factum“ auf den Begriff gebracht wurde.[20] Mit großer Klarheit wird die These, daß wir nur das wirklich erkennen könnten, was wir selbst gemacht hätten, schon von Cusanus formuliert; wir begegnen ihr u.a. bei Hobbes und Vico und schließlich bei Kant, dessen subjektiver Idealismus nichts als die letzte Konsequenz aus dieser Position ist. Es ist nicht schwer, zu erklären, warum diese Erkenntnistheorie gerade in der Neuzeit entstand – während der Antike die Natur nicht als Geschaffenes galt, betrachtet zwar das Mittelalter die Natur als Geschöpf, aber eben als Geschöpf Gottes. Die Emanzipation des neuzeitlichen Menschen von Gott konnte vollständig nur gelingen, indem er seine Rolle übernahm – als sein Ebenbild und Statthalter mußte er Herr, ja Schöpfer der Natur werden, und die Neuzurichtung der Natur im technisch verwertbaren Experiment ist der symptomatische Ausdruck dieser seiner Schöpfermacht. Allerdings ist es von äußerster Wichtigkeit anzuerkennen, daß das Programm der modernen Naturwissenschaft und Technik am Anfang Teil einer rationalen Welterschließung gewesen ist, die erstens ganzheitlich orientiert und zweitens normativ abgesichert war. Newton und Leibniz betreiben Wissenschaft, um in der Welt einen Ausdruck der Vernunft Gottes zu finden, und insofern als rationale Theologie; und noch bei Kant, bei dem die Emanzipation der Wissenschaft von der Theologie besiegelt ist, ist das wissenschaftliche Programm der ethischen Zielsetzung untergeordnet – die Moral gilt als eigene, auf Kausalerkenntnis irreduzible Sphäre, ja als der letzte Zweck des Menschen. Das Spezifische der modernen Technik seit dem 19. Jahrhundert scheint mir hingegen nur erklärbar zu sein, wenn man annimmt, daß seit dieser Zeit das Technische die Bindung an eine ganzheitliche Metaphysik ebenso abgestreift hat wie diejenige an die Ethik. Dies bedeutet keineswegs notwendig, daß die Technik unmoralischen Zielen dienstbar gemacht wird; aber mit dem Niedergang der Wertrationalität im Ethos der abendländischen Kultur ebenso wie in den die öffentliche Diskussion dominierenden Philosophien wird die Frage „Was soll ich tun?" immer mehr zurückgedrängt durch die Frage „Was ist machbar?"

Es wurde schon gesagt, daß die kapitalistische Produktionsweise den Siegeszug der modernen Technik mitbedingt hat.

Ohne das Vorhandensein von Kapital wären die großen Investitionen nicht möglich gewesen, deren technische Großprojekte bedürfen, und umgekehrt haben technische Erfindungen die Rationalisierung des Wirtschaftens erleichtert. Doch darüber hinaus scheint mir auch hier ein innerer Zusammenhang vorzuliegen – denn gegenüber traditionellen Formen des Wirtschaftens ist der Kapitalismus dadurch gekennzeichnet, daß der einzelne seinen Platz nicht mehr in einer vorgegebenen sozialen Ordnung hat, sondern seine Stelle in der Gesellschaft selbst schaffen muß: Das Wort „self-made man" deutet plastisch die Nähe zum verum-factum-Prinzip an. Freilich kann der einzelne sich selbst nur machen, wenn er auch seine Beziehungen zu anderen neu und rational ordnet, und daher ist der Gedanke der Sozialtechnologie eine unausweichliche und schon frühe Folge der Technikentwicklung. Einerseits muß technisches Handeln selbst geplant sein, damit es Resultate zeitigt – selbst im Bereich der Erfindungen, also derjenigen Phase der Technik, die sich wegen der ihr wesenseigenen Kreativität am ehesten der Planung entzieht, ist eine zunehmende Zurückdrängung der sog. Pioniererfindungen durch die Entwicklungserfindungen unübersehbar. Andererseits aber bedarf es der Sozialtechnologie, um mit den sozialen Folgen der technischen Entwicklung fertig zu werden, die immer komplexer werden und von dem Techniker selbst, der nur selten über anderweitige Kompetenzen verfügt, nicht übersehen werden können. Damit wird übrigens die Autonomie der Wissenschaft, die von der Antike bis zur frühen Neuzeit eines jener Merkmale war, die sie am höchsten auszeichneten, zunehmend unterhöhlt. Insofern die Wissenschaft auf Technik, die Technik auf Kapital angewiesen ist, gerät die Wissenschaft in immer größere Abhängigkeit von politischer und wirtschaftlicher Macht, die das erhabene Ideal reiner, als Selbstzweck erfahrener, als vollkommenster Akt der Freiheit genossener Theorie immer fragwürdiger werden läßt.

Was sind die Folgen der Technik? Bei dem folgenden Kategorisierungsversuch geht es mir nicht darum, einzelne materiale Resultate wie die größere Mobilität, die verlängerte Lebenserwartung, die Beseitigung von Armut und Elend zu erwähnen.

Es geht mir vielmehr um eine formale Typisierung, und wenn ich als konkrete Beispiele vornehmlich ambivalente Entwicklungen anführe, so deswegen, weil ich in diesem Kontext auf die Dialektik des technischen Fortschrittes hinweisen möchte, nicht weil mir jene positiven Resultate unbekannt oder unlieb wären.

Trivial, weil gewollt und vorgesehen, ist die Folge, daß die Technik Mittel zur Verfügung stellt, die man zu verschiedenen Zwecken benützen kann. Die verbreitete Vorstellung, die Technik sei ethisch neutral, basiert auf dieser Überzeugung: daß nämlich die Technik nur Mittel zur Verfügung stelle, die man zu guten oder bösen Zwecken verwenden könne. Wesentlich weniger trivial ist allerdings die Tatsache, daß die moderne Technik ihre Mittel nicht bloß anbietet – sie hat ein starkes Interesse daran, daß diese benützt werden, damit sich ihre Investitionen lohnen, und suggeriert daher die Notwendigkeit von deren Verwendung – was um so leichter ist, wenn die grundlegenden Werte einer Gesellschaft masseneudämonistischer Natur sind. Es besteht kein Zweifel, daß sie damit die Freiheitschancen, die sie durch die Bereitstellung neuer Mittel eröffnet, wieder beschränkt. Diese Beschränkung wird geradezu zum Zwang dort, wo die Technik Bedrohliches erfindet: Zumindest solange noch ein zwischenstaatlicher Naturzustand herrscht, bedeutet die Erfindung einer neuen Waffe für jeden Staat, der es sich wirtschaftlich und politisch leisten kann, eine Verpflichtung, diese anzuschaffen – denn ansonsten würde es ja der andere tun, und er würde von ihm abhängig. Ja, selbst bei beidseitiger Abrüstung bleibt das grundsätzliche Problem, daß das technische Wissen nicht mit abrüstbar ist, bestehen – der quälende Verdacht, daß heimlich wiederaufgerüstet werden könnte, ist nur in Ausnahmefällen zu beseitigen.

Die bisher genannten Folgen haben unmittelbar mit dem technischen Produkt zu tun. Doch nicht minder sind die Nebenfolgen der Technik zu berücksichtigen. Die erste Gruppe dieser Nebenfolgen ist ökologischer Natur – ihre besondere Bedeutung ergibt sich aus der Spannung, die zwischen der Technik und dem Prinzip des Organischen besteht. Daß diese

Folgen lebensbedrohlich werden können, ist offenkundig – gerade weil sie langfristig wirken, zwingen sie denjenigen, der sie verursacht, keineswegs zu einer sofortigen Kurskorrektur, die daher möglicherweise zu spät begonnen wird. Die zweite Gruppe der Nebenfolgen ist sozialer, wirtschaftlicher und politischer Natur. Da die moderne Technik auf Massenkonsum angelegt ist, verändert sie das Verhalten großer Bevölkerungsteile – und zwar in einer Weise, die kaum vorhersehbar, geschweige denn kontrollierbar ist. Sicher sind viele der durch die Technik ermöglichten sozialen Entwicklungen positiv zu sehen und als fortschrittlich zu bezeichnen, doch darf man nicht übersehen, daß der mit der modernen Technik wesensnotwendig einhergehende Abbau des theoretischen und des praktischen Verhältnisses eigentümliche Probleme erzeugt. So schafft die Technik z. B. Freizeit in einem weltgeschichtlich unbekannten Ausmaße, ohne doch aus sich heraus eine Antwort auf die Frage geben zu können, wie man diese Freizeit sinnvoll ausfüllen solle; sie führt zu einer steigenden Komplexität der Welt, die immer weniger Menschen zugänglich ist, was eine nicht zu unterschätzende Gefahr für die Demokratie darstellt.[21] Auf der einen Seite kann nicht bestritten werden, daß Demokratie und Technik die stärksten Affinitäten besitzen – der Gleichheitsgedanke, der den Übergang von der alten aristokratischen und feudalen Gesellschaft zu den modernen Demokratien zu einer moralischen und politischen Notwendigkeit gemacht hat, ist einesteils seinem Wesen nach mit der für die neuzeitliche Wissenschaft typischen Überordnung der Quantität über die Qualität wesensverwandt; andernteils hat allein die moderne Technik allen Menschen der Ersten Welt jene Befriedigung von Grundbedürfnissen ermöglicht, ohne die die Demokratie notwendig eine Illusion bleiben muß. Auf der anderen Seite sind die in Tocquevilles bis heute nicht überholter Analyse aufgezeigten Gefahren der Massendemokratie durch die Technik potenziert worden. Daß die neue Art von Despotismus, die als Totalitarismus große Teile der industrialisierten Welt in unserem Jahrhundert zeitweise unterjocht hat, nur durch moderne Technologien möglich geworden ist, liegt auf der Hand; und daß den zunehmenden Unübersichtlichkeiten der Risikogesellschaft eine Gemeinschaft freier, mit gesundem Menschenverstand ausgestatteter Laien wirklich gewachsen sein könnte, ist zwar eine Hoffnung, die man nicht aufgeben darf, aber leider nicht garantiert.

Als besonders eindringliches Beispiel für die politischen Folgen einer technologischen Innovation kann das Phänomen des totalen Krieges angeführt werden. Die Mechanisierung der Waffen ebenso wie diejenige der Transporte und Kommunikationswege haben Kriege von einer Intensität möglich gemacht, wie sie bis zum 19. Jahrhundert unvorstellbar waren – Kriege, an deren Vorbereitung ganze Bevölkerungen mitwirken, die von ganzen Bevölkerungen gegen ganze Bevölkerungen für globale Ziele geführt werden, sind in unserem Jahrhundert eine Realität geworden. Damit aber ist die Hegung des Krieges, insbesondere die strenge Unterscheidung von Kombattanten und Zivilisten, und somit eines der wichtigsten Kriterien für einen gerechten Krieg, nahezu illusorisch geworden. Und selbst wenn die Waffen schweigen, bleibt das Wesen der Außenpolitik durch die stets mögliche Gefahr des totalen Krieges bestimmt: Das Phänomen des Kalten Krieges mit den Stellvertreter- und Partisanenkriegen in der Dritten Welt, der zunehmenden Bedeutung der Geheimdienste, den Propaganda- und Wirtschaftskriegen ist im wesentlichen ein Resultat der Entwicklung der Atombombe – eine technische Entdeckung hat die Natur der Außenpolitik für immer verändert. Das Gefährliche dieser Situation besteht darin, daß die genannte Veränderung der Außenpolitik keineswegs automatisch deren Anpassung an die Erfordernisse der Gegenwart impliziert – wegen des unterschiedlichen Komplexitätsgrades der einzelnen Sphären des menschlichen Geistes entbehrt es nicht einer gewissen Notwendigkeit, daß die Technik zwar eine Einheit der Welt auf wirtschaftlichem, aber noch nicht auf politischem Gebiet durchzusetzen vermocht hat. Diese Asynchronie aber der verschiedenen Sphären ist es eigentlich, die das Überleben der Menschheit in Frage stellt.

Dies gilt besonders für die dritte Gruppe der Nebenfolgen der Technik. Mit den sozialen Strukturen verändert die Technik auch unsere Weltwahrnehmung und unsere Wertvorstellungen. Ja, ihr Triumphzug auf Kosten so vieler Traditionen und überlieferter Wertordnungen hat ganz offenkundig einem großen Teil der gebildeten Menschheit die Überzeugung aufgedrängt, Wahrheit gebe es nur im Bereich der Zweckrationalität, deren wirkungsmächtigster Ausdruck die moderne Technik ist. Die Frage, was als Mittel zu einem Zwecke diene, läßt sich kausalwissenschaftlich beantworten – nicht aber die Frage, was ein legitimer Zweck sei. Die Suggestion, daß diese Frage ebendeswegen, weil sie mit Methoden der Naturwissenschaft und der Technik nicht gelöst werden kann, überhaupt nicht rational beantwortet werden könne, scheint mir persönlich das bedrohlichste Resultat der Technik – sie rechtfertigt, daß Habermas von Technik und Wissenschaft als „Ideologie" redet.[22] Denn mag die Technik als Mittel wertneutral sein – die Verabsolutierung der technischen Rationalität auf Kosten der Wertrationalität ist selbst nicht mehr wertneutral, sondern als unsittlich zu bezeichnen. Denn wenn das Prinzip der Technik, das Prinzip des Machens,[23] sich aus seiner dienenden Stellung befreit und zum einzigen Prinzip des menschlichen Denkens, Handelns und Fühlens avanciert, dann muß der Begriff eines Unantastbaren, nicht zu Machenden, vielmehr allem Handeln Zugrundeliegenden, kurz der Begriff des Sittengesetzes, seinen Sinn verlieren, dann ist insbesondere die Erfahrung des anderen Menschen als Selbstzweck, wie sie das Sittengesetz gebietet, nicht mehr möglich.[24]

III.

Die Gefahren, die ich bisher aus dem Begriff der Technik entwickelt habe, deuten schon darauf hin, warum die Philosophie bei dem Versuch einer Bändigung der Technik eine besondere Aufgabe hat. Denn die Philosophie hat es mit dem Ganzen des Seins und der Erkenntnis zu tun, und nur ein ganzheitlicher Zugang zur Technik hat Aussichten, das Nebenfolgenproblem in den Griff zu bekommen. Ohne Wissen auf verschiedensten

Gebieten läßt sich die Technik nicht wirklich erfassen; und auch wenn die Philosophie sich viele Kenntnisse erarbeiten muß, die sie in der Vergangenheit verschmäht hat, um das Technikproblem adäquat analysieren zu können, scheint sie doch wegen ihres mehr als einzelwissenschaftlichen Zugangs zur Welt Aussichten auf Erfolg zu haben. Zweitens gilt diese ihre Sonderstellung mit Bezug auf die normative Frage. Denn gewiß ist die Technik zum guten Teil selbst ein technisches Problem – ohne weitere Fortschritte in der Technik werden sich etwa umweltverträglichere Produkte nicht erzielen lassen, ohne Innovationen in den Kommunikationstechniken dürfte die Informationsselektion, ohne die heute weder Wissenschaft noch auch Philosophie betrieben werden können, nicht das erforderliche Maß erreichen. Aber wenn die zuletzt angedeutete Diagnose stimmt, daß die Emanzipation der Zweckrationalität von der Wertrationalität die gefährlichste Nebenfolge der Technik ist, dann wäre es ein verhängnisvoller Irrtum, ja eine Perennierung der begangenen Fehler, zu glauben, daß das Problem der Technik ausschließlich mit technischen Mitteln zu lösen sei. Die normative Grundfrage „Was soll ich tun? Was gehört zu einem sinnvollen Leben wirklich dazu?" ist zwar irreduzibel auf die Kategorien technischer Rationalität; sie muß aber nichtsdestotrotz mit Energie gestellt werden, und dazu ist Philosophie vonnöten. Diese Frage mit Beharrlichkeit zu stellen ist nicht nur ein theoretisches Desiderat – ohne eine Umorientierung mancher der herrschenden Wertvorstellungen dürften die praktischen Veränderungen nicht zu erzielen sein, die nötig sind, damit die Technik wirklich dem Menschen dient und ihn nicht vielmehr der Eigendynamik ihrer Entwicklung opfert.

Drittens ist aber die Philosophie bei der Lösung des Technikproblems deswegen besonders gefragt, weil sie ja selbst zu seiner Entstehung beigetragen hat – die Wurzeln der modernen Technik im verum-factum-Prinzip der neuzeitlichen Philosophie habe ich oben gestreift. Dieser ihrer Mitverantwortung für den Triumphzug der technischen Rationalität kann die Philosophie in der Tat nur gerecht werden, wenn sie ihrer eigenen Geschichte und Gegenwart gegenüber Selbstkritik walten läßt.

Allerdings möchte ich abschließend vor einem Fehlschluß warnen, der zunehmend begangen wird und dessen erster Verfechter Heidegger gewesen ist. So richtig Heideggers zu seiner Zeit sehr originelle Einsicht ist, daß die abendländische Rationalität eine notwendige Bedingung für die Entstehung der modernen Technik mit ihren Folgeproblemen ist,[25] sosehr übersieht er doch, daß sie nur notwendige, nicht hinreichende Bedingung für die Emanzipation der technischen Rationalität von der Wertrationalität ist – diese Emanzipation ist das eigentlich Bedrohliche, nicht die abendländische Philosophie schlechthin, *gegen* deren letzten Sinn jene Emanzipation stattgefunden hat. Heidegger übernimmt nur die Versicherung der Zweckrationalität, sie sei die eigentliche Vernunft, wenn er mit jener auch diese verwirft. Während die abstrakte Aufklärung den Triumph der Technik als Ausdruck des Sieges der Vernunft gedeutet hat, lehnen Heidegger und seine zahlreichen Epigonen die ganze philosophische Entwicklung seit Platon ab, weil sie notwendig zum technischen Zeitalter führe. Mir hingegen scheint erst durch die weltanschauliche Loslösung der Wissenschaft von der Philosophie als einem Projekt ganzheitlicher Welterschließung und durch die Abkopplung der Idee des Wahren von der Idee des Guten das Technikfolgenproblem in seiner ganzen Enormität entstanden zu sein, und eine Therapie sehe ich in der Institutionalisierung eines Wissens, das nicht bloß spezialistisch ist, also in der Ausbildung von Generalisten, die neben empirischem Wissen auf verschiedenen Gebieten auch die Fähigkeit besitzen, mit normativen und evaluativen Fragen umzugehen.

Geradezu absurd scheint mir jedenfalls die Forderung, hinter die abendländische Rationalität zurückzukehren und die normalen Standards rationaler Argumentation und methodischen Ausweisens der eigenen Behauptungen über Bord zu werfen. Ohne eine rationale Auseinandersetzung mit der Technik, die auf die Aufstellung normativer Richtlinien für das menschliche Handeln nicht verzichtet, werden die Probleme, die sie stellt, nicht bewältigt werden können; Appelle zur „Gelassenheit" (im Heideggerschen Sinne) sind nicht das, was die Menschheit in der gegenwärtigen Situation braucht. Man mag es bedauern, in einer Zeit leben zu müssen, die Gelassenheit nicht gestattet – aber vielleicht ist die Mühe der Verantwortung, die unserer Generation aufgetragen ist,[26] kein zu hoher Preis für das Gefühl, Zeitgenosse einer Ära zu sein, in der es sich weisen wird, ob der Mensch Herr der von ihm geschaffenen Technik bleiben oder mit ihr in einen Abgrund stürzen wird.

Versuch einer ethischen Bewertung des Kapitalismus

Hector: Brother, she is not worth what she doth cost
The holding.
Troilus: What is aught, but as 'tis valued?
Hector: But value dwells not in particular will;
It holds his estimate and dignity
As well wherein 'tis precious of itself
As in the prizer: 'tis mad idolatry,
To make the service greater than the god;
And the will dotes, that is attributive
To what infectiously itself affects,
Without some image of the affected merit.

William Shakespeare: Troilus and Cressida,
Act II, Scene II.

Der Titel dieses Aufsatzes könnte aus zwei Gründen zum Widerspruch reizen. Einerseits ließe sich, etwa von einem systemtheoretischen Standpunkt aus,[1] sagen, daß das Wesen der kapitalistischen Wirtschaft und insbesondere der kapitalistischen Wirtschaftstheorie seit der Neoklassik gerade dadurch gekennzeichnet sei, daß ethische Fragen ausgeblendet würden; den Kapitalismus unter ethische Fragestellungen zu zwingen belege von vornherein eine vollständige Unfähigkeit, die Pointe dieser Wirtschaftsform zu verstehen. Immerhin ließe sich leicht dagegen einwenden, es sei eine Illusion, wenn man glaube, die normative Frage ausklammern zu können, die aus logischen wie existenziellen Gründen gleichermaßen unabweisbar ist; zudem hat in den letzten Jahren sowohl im deutschsprachigen als auch im angelsächsischen Bereich eine zunehmende Reflexion auf die ethischen Rahmenbedingungen der Marktwirtschaft stattgefunden – und zwar nicht nur in der Philosophie, sondern durchaus auch innerhalb der Nationalökonomie selbst: Ich erinnere an grundlegende Arbeiten von Peter Koslowski und Amartya

Sen.[2] Allerdings ist einzuräumen, daß es zumindest für eine bestimmte Phase der kapitalistischen Wirtschaft und Wirtschaftstheorie konstitutiv war, die Emanzipation des Ökonomischen vom Ethischen voranzutreiben, und auch an eine Philosophie, die diesen Emanzipationsversuch für illusorisch, ja verhängnisvoll hält, ist die Forderung zu stellen, den weltgeschichtlichen Sinn dieses Versuchs zu verstehen.

Mit dieser Formulierung, die das Problem des Kapitalismus in eine geschichtsphilosophische Perspektive stellt, fordere ich den zweiten Einwand heraus, der gegen den Titel des Aufsatzes erhoben werden könnte. Der Begriff „Kapitalismus" ist bekanntlich nicht unumstritten: Auch wenn er sich schon Anfang des 19. Jahrhunderts findet, ist es doch im wesentlichen Marx, der den Begriff so geprägt hat, daß er über die streng wirtschaftliche Bedeutung hinaus eine Reihe von Konnotationen erhalten hat, die die Mehrzahl der gegenwärtigen Wirtschaftstheoretiker wieder entfernt haben möchte. Zu den problematischen Konnotationen zählen nicht in erster Linie pejorativ-wertende – denn daß deren Eliminierung zumindest in der Anfangsphase einer jeden wissenschaftlichen Untersuchung zu fordern ist, ist in der Tat trivial, wenn das Resultat der Untersuchung nicht präjudiziert werden soll. Ich beziehe mich vielmehr darauf, daß seit Marx „Kapitalismus" immer wieder als ein Begriff benützt wird, der eine bestimmte wirtschafts-, ja sozialgeschichtliche *Epoche* bezeichnet, die zumindest von vorangegangenen, aber häufig eben auch von einer folgenden abgesetzt wird. Dies ist keineswegs selbstverständlich; die Freiburger Schule etwa vertritt einen typologischen, nicht historischen Kapitalismusbegriff, nach dem die stets und überall identische Aufgabe, mit knappen Ressourcen wirtschaftlich umzugehen, im Lauf der ganzen Geschichte entweder zentral- oder marktwirtschaftlich gelöst worden sei. Nun will ich keineswegs bestreiten, daß es Sinn macht, etwa auch in der Antike von markt- bzw. planwirtschaftlichen Phasen zu sprechen; ich will aber doch im folgenden daran festhalten, daß die marktwirtschaftliche Ordnung der Neuzeit sich durch einige noch anzugebende spezifische Strukturmerkmale von der antiken unterscheidet, und allein die neuzeitliche Marktwirtschaft mit „Kapitalismus" bezeichnen.[3] Ich widme mich also den ethischen Problemen, die die marktwirtschaftliche Ordnung in der *Neuzeit* aufwirft, und zwar will ich mich insbesondere auf Fragen konzentrieren, die seit der Entwicklung des Industriekapitalismus aktuell geworden sind.[4]

Mit dem Festhalten an „Kapitalismus" als einem Epochenbegriff ist natürlich nicht eine Übernahme der marxistischen Kapitalismuskritik verbunden – die Werke Sombarts, Webers und Schumpeters beweisen zur Genüge, daß man auch auf nichtmarxistischer Grundlage der Ansicht sein kann, daß ohne die Entfaltung bestimmter typisch neuzeitlicher Kategorien und Werte es zum (modernen) Kapitalismus nicht gekommen wäre. (Außerdem ist auch heute noch, trotz der offenkundigen Unhaltbarkeit der Marxschen Werttheorie, anzuerkennen, daß das „Kapital" ein bedeutendes Buch ist, und zwar sowohl wegen der soziologisch-historischen Betrachtung der Wirtschaft als auch wegen des Versuchs einer begrifflichen Rekonstruktion der Kategorien der Nationalökonomie.[5]) Doch während Werner Sombart[6] und Joseph A. Schumpeter[7] den Kapitalismus nicht nur von vorangegangenen, sondern auch von einer zukünftigen, „sozialistischen" Epoche abgrenzen, scheint mir, und zwar nicht erst seit dem Zusammenbruch des realen Sozialismus, Webers Skepsis weitaus angebrachter. Wir wissen nicht, was auf den Kapitalismus folgen wird – und zwar schon deswegen nicht, weil wir nicht wissen, ob überhaupt etwas auf ihn folgen wird: Der Sozialismus hat seinen Bankrott hinter sich, die gegenwärtige Form des Kapitalismus hat ihn vielleicht vor sich. In der Tat bin ich der Überzeugung, daß auch die spezifisch neuzeitliche Form des Kapitalismus destruktive Momente aufweist, die die Menschheit auf eine Katastrophe zutreiben können – wenn, und nur wenn, es ihr nicht gelingt, aufgrund einer neuen Wirtschaftsethik die beiden entscheidenden Probleme des späten 20. und des kommenden Jahrhunderts in den Griff zu bekommen: die ökologische Frage und das Dritte-Welt-Problem.

Jedenfalls scheint mir, daß Diskussionen über die Ethik des Kapitalismus fruchtbarer werden, wenn sie nicht – wie häufig im angelsächsischen Bereich – die Ökonomie als völlig autonome Wissenschaft behandeln, die sozusagen erst nachträglich philosophischen Reflexionen unterworfen wird. Wissenschaftstheoretisch bin ich der Ansicht, daß die Wirtschaftswissenschaften (die nicht auf Wirtschafts*theorie* reduziert werden dürfen) ihren Platz innerhalb der Sozialwissenschaften haben, auch wenn sie sich durch einen außerordentlichen Grad der Mathematisierung von den anderen Sozialwissenschaften unterscheiden. Aber die Herausbildung dieser kalkulierenden forma mentis in der Theorie über den homo oeconomicus sowie in dessen praktischem Verhalten ist erstens ein soziales Faktum und ist zweitens geschichtlich geworden: Wie jede Sozialwissenschaft kann auch die Wirtschaftswissenschaft ohne einen Bezug zu den Geschichtswissenschaften ihrem Gegenstand nicht gerecht werden.[8] Sowenig die Historische Schule eine Theorie zu entwickeln vermocht hat, die der Komplexität des gegenwärtigen wirtschaftlichen Geschehens gerecht wird, sowenig darf m. E. ihr Bewußtsein über die Verschiedenheit wirtschaftlicher Formen und über die sozialen, politischen und geistig-moralischen Voraussetzungen wirtschaftlicher Systeme unterschritten werden, wenn es um die Ethik des Kapitalismus geht. Gewiß kann eine sozialwissenschaftliche Analyse von den Wertvorstellungen, die Institutionen zugrunde liegen – wie sie vorbildlich von Max Weber praktiziert wurde – das normative Problem nicht lösen; Ethik läßt sich nicht auf Sozialwissenschaften reduzieren. Aber *ohne* eine solche Analyse bleibt die ethische Wertung eines sozialen Subsystems in der Regel abstrakt. Abstrakt bleibt sie aber auch, wenn sie den normativen Gehalt nur der tragenden Institutionen eines Subsystems bzw. ihrer unmittelbaren Konsequenzen bewertet – und zwar ausschließlich im Kategorienrahmen des entsprechenden Subsystems. Das Großartige, aber auch Furchterregende an einem Phänomen wie dem Kapitalismus ist nämlich, daß er nicht nur wirtschaftliche Konsequenzen hat – er ist einerseits aus einer Verschiebung in unserem Kategorien- und Wertesystem hervorgegangen, er hat andererseits aber auch einen Wandel in unseren ethischen Vorstellungen verursacht.[9] Von dieser kulturellen Folgelast des Kapitalismus abzusehen hieße, das ethische Problem, das er darstellt, ungebührlich zu vereinfachen. Ich will daher folgendermaßen vorgehen. Erstens möchte ich – zunächst noch rein deskriptiv – die geistigen und moralischen Weichenstellungen darstellen, die den Durchbruch des neuzeitlichen Kapitalismus ermöglicht haben (I). Zweitens will ich das ethisch Positive (II), drittens das ethisch Negative und Bedenkliche an den Institutionen und den wirtschaftlichen und außerwirtschaftlichen Folgen des Kapitalismus hervorheben (III).

I.

Nach einer verbreiteten Definition ist der Kapitalismus durch drei Merkmale gekennzeichnet: Privateigentum u.a. an Produktionsmitteln, Steuerung des Wirtschaftsgeschehens über den Markt sowie schließlich Gewinnmaximierung als Wirtschaftszweck.[10] Während die beiden ersten Merkmale z.T. auch auf manche antike Wirtschaftsordnungen zutreffen, ist das dritte Moment das spezifisch neuzeitliche: Allein letzteres führt dazu, daß sich „das Ökonomische" als autonomes Subsystem bildet.[11] Nicht daß es die „auri sacra fames"[12] nicht auch in der Antike gegeben hätte – Platons[13] und Aristoteles'[14] Polemik gegen die zum Selbstzweck gewordene Gewinnsucht setzt offenbar das Vorhandensein einer entsprechenden Mentalität voraus. Aber diese Mentalität war in Antike und Mittelalter nur bei einigen gegeben – das Charakteristische am neuzeitlichen Kapitalismus besteht dagegen darin, daß sich immer mehr die Überzeugung verbreitet, das legale Streben nach Gewinnmaximierung sei nicht nur nichts Ehrenrühriges, sondern etwas sittlich Erlaubtes, ja (im Calvinismus) sogar etwas moralisch Gebotenes.[15] Allein diese Änderung der Perspektive erklärt das allgemeine Sich-Durchsetzen jener spezifisch neuzeitlichen Arbeitsmoral, ohne das selbst die größte Habsucht des begabtesten Abenteuerkapitalisten keine Möglichkeit besäße, die Welt ihren wirtschaftlichen Zielen zu unterwerfen. Nur wenig zeigt deutlicher die innere Ambivalenz des Kapitalismus als der Kontrast zwischen zwei klassischen historischen Werken zur Genese des Frühkapitalismus – ich meine natürlich Max Webers „Die protestantische Ethik und der Geist des Kapitalismus" (1904/05)[16] und Werner Sombarts „Luxus und Kapitalismus" (1912).[17] Denn jene asketischen und mit ihrem Geld wie ihrer Zeit gleichermaßen sparsamen Calvinisten, die sich durch ihre rastlose Berufsarbeit und den wirtschaftlichen Erfolg die Sicherheit des Gnadenstandes erkämpfen wollten, haben ebenso wie die ihre Mätressen mit den absurdesten Luxusgütern verwöhnenden Adligen und nobilitierten Bürger zum weltgeschichtlichen Erfolg des neuen Wirtschaftssystems beigetragen. Askese und äußerste Disziplin bei der Produktion, Verschwendung und Luxus bei der Konsumtion – dieser Widerspruch, den D. Bell als für die Gegenwart konstitutiv herausgearbeitet hat,[18] trifft schon auf die heroische Zeit des Frühkapitalismus zu. Ich komme auf seine moralische Bewertung noch zurück.

Über das bloß Wirtschaftliche hinausgehend, scheint mir schwerlich bestreitbar, daß die Mentalitätsänderung, die zum Kapitalismus geführt hat, Teil eines allgemeinen geistigen Umbruchprozesses ist, den Max Weber als „Rationalisierung" bezeichnet hat.[19] Ohne die Herausbildung eines souveränen Staates, wie es ihn im Mittelalter aus religiösen Gründen nicht geben konnte, ohne die Rationalisierung des Rechtssystems hätte wirtschaftliches Handeln nicht jene allgemeine Berechenbarkeit gewonnen, die für den neuzeitlichen Kapitalismus so kennzeichnend ist. Der allmähliche Sieg des Prinzips der formellen Rechtsgleichheit, die Emanzipation der Person von feudalen Abhängigkeiten und die – fast – uneingeschränkte Geltung der Idee der Vertragsfreiheit gaben dem Kapitalismus Entfaltungsmöglichkeiten, die durch den Triumph demokratischer Ideale noch vergrößert wurden, zu denen das Marktprinzip offenbare Affinitäten besitzt. Daß der Übergang vom Früh- oder Handels- zum Hoch- oder Industriekapitalismus[20] undenkbar gewesen wäre ohne die Verbindung des modernen Kapitalismus mit der neuzeitlichen Wissenschaft und Technik, liegt auf der Hand; allein diese Triade hat jene „Superstruktur"[21] der Moderne erzeugt, die die menschliche Kultur, ja die biologische

Situation auf diesem Planeten so revolutioniert hat wie kein anderes Ereignis der Menschheitsgeschichte. Da ich das an anderer Stelle schon ausgeführt habe,[22] darf ich mich hier mit dem Hinweis begnügen, daß die Kombination von Kapitalismus, moderner Wissenschaft und Technik allein deswegen so erfolgreich war, weil alle diese drei Dinge von *einem* Geiste, nämlich dem der Moderne, durchtränkt sind: Die Hochschätzung des Gemachten gegenüber dem Präexistenten, die Bevorzugung des Unendlichen gegenüber dem Endlichen, schließlich das Programm, Qualitäten in Quantitäten zu verwandeln, kennzeichnen die moderne Wissenschaft, Wirtschaft und Technik gleichermaßen und trennen sie durch einen tiefen Graben von der Antike.

Ambitionierter, weil sowohl tiefergehend als auch schwerer zu begründen, aber nichtsdestotrotz richtig ist m.E. die These, daß der neuzeitliche Kapitalismus einen neuen Menschentyp teils voraussetzt, teils begünstigt, der nicht nur andere Werte hat und anders denkt, sondern der auch anders empfindet als der antike und mittelalterliche – einen Menschentyp, den zwei so verschiedene Wirtschaftsphilosophen wie Marx und Sombart übereinstimmend „Bourgeois" nennen.[23] Was macht das Wesen des Bourgeois aus? In meinen Augen ist das bürgerliche Selbstbewußtsein nichts als das notwendige Resultat der Emanzipation der neuzeitlichen Subjektivität von Gott als dem Grundbegriff allen Denkens im Mittelalter.[24] Ich bin in meinen Moskauer Vorlesungen über das Wesen der neuzeitlichen Metaphysik[25] anhand der Entwicklung der Philosophie des 17. und des 18. Jahrhunderts den wichtigsten bewußtseinsgeschichtlichen Weichenstellungen nachgegangen, die der Genese der modernen Subjektivität zugrunde liegen; offenbar handelt es sich um drei, von denen besonders die zweite in diesem Zusammenhang relevant ist. Alle drei haben mit der Zerstörung einer ursprünglichen Einheit zu tun und leiten einen kategorialen Ausdifferenzierungsprozeß ein, der den entsprechenden Vorgang der Ausgliederung und Emanzipation von sozialen Subsystemen zumindest erleichtert hat. Es handelt sich erstens um Descartes' Entgegensetzung von Physischem und Psychischem, Außen-

und Innenseite, zweitens um Hobbes' Versuch einer rein egoistisch-strategischen Moralbegründung (gegen die naive Ungeschiedenheit von Egoismus und Altruismus in der klassischen Moralphilosophie)[26] und drittens um Kants dualistische Theorie von Sein und Sollen. Auch wenn Hobbes' „Leviathan" primär staatsphilosophische Ziele verfolgt, scheint mir doch offensichtlich, daß in diesem Werk die entscheidenden anthropologischen und ethischen Voraussetzungen der kapitalistischen Wirtschaft und insbesondere der späteren Wirtschaftstheorie mit größter Klarheit ausgearbeitet wurden. In gewisser Hinsicht läßt sich sagen, daß Hobbes viel moderner ist als Adam Smith. Denn während Smiths Wirtschaftstheorie ihre Grundlage in einer ethischen Theorie hat, die neben egoistischen und unsozialen auch soziale Affekte und Sympathiegefühle annimmt,[27] geht Hobbes erstens von einem absoluten Egoismus als Grundmotiv menschlichen Handelns aus: Staat und Wirtschaft sollen auf den rationalen Eigennutz zurückgeführt werden; und nicht umsonst hat sich der Begründer des englischen Utilitarismus, der die ethische Grundlage der Neoklassik abgegeben hat, Bentham, auf Hobbes berufen. Und zweitens hat Hobbes – der mit schonungsloser Klarheit menschliche Arbeit als eine Ware neben anderen interpretiert[28] – die spätere neoklassische Elimination des Wertbegriffes aus der Nationalökonomie schon vorweggenommen. Offenbar ist der Begriff des Wertes von den Grundbegriffen der Volkswirtschaftslehre derjenige, der am meisten mit der Philosophie zu tun hat;[29] denn er ist ein normativer Begriff, der uns gestatten soll, faktische Preise als gerecht oder ungerecht zu qualifizieren. Seit Aristoteles' „Nikomachischer Ethik"[30] nahm die ganze Tradition[31] an, daß ein solcher normativer Begriff sinnvoll, ja unabdingbar sei, auch wenn seine konkrete Ausführung durchaus umstritten blieb. Auch in der Klassik ist der Wertbegriff fundamental[32] – bekanntlich verfügen Adam Smith und David Ricardo (mit gewissen Einschränkungen) sowie natürlich besonders Karl Marx über eine Arbeitswertlehre, die den Schwerpunkt auf die Produktion legt und daher die klassische Wertantinomie nicht zu lösen vermag. Die Grenznutzenschule in ihren drei Varianten –

der Wiener, der Lausanner und der angloamerikanischen – geht hingegen von den subjektiven Bedürfnissen, also der Konsumseite, aus, die freilich in der Gleichgewichtstheorie mit der Produktionsseite vermittelt wird. Während anfangs durchaus der Anspruch erhoben wurde, mit diesem neuen Ansatz das Wertproblem in den Griff bekommen zu haben, geht die spätere Neoklassik seit Gustav Cassel zunehmend davon ab, den Wertbegriff unabhängig von einer deskriptiven Theorie des Zustandekommens der Preise einzuführen. Damit schließt sie sich einer immer mächtigeren Tendenz der Sozialwissenschaften des 20. Jahrhunderts an, die die Wertfreiheit und damit die Loslösung von der Philosophie fordert[33] – ob zu Recht, werden wir noch sehen.

Worauf es mir in diesem historischen Abriß allein ankommt, ist, daß der erste Denker, der einen normativen Wertbegriff für überflüssig hält, Hobbes ist. So wie er in der Rechtsphilosophie (trotz minimaler Reste einer Naturrechtskonzeption) die ethische Frage „Was ist ein gerechtes Gesetz?" nach Art des Gordischen Knotens mit der Antwort „das durch den Souverän erlassene Gesetz" löst, so erklärt er per definitionem jenen Preis für gerecht, der sich auf dem Markt durchsetzt. Nicht der normative Begriff des Wertes ist die Grundlage des Preises, sondern umgekehrt; und zwar gilt dies sogar mit Bezug auf den Menschen: „The *Value,* or WORTH of a man, is as of all other things, his Price; that is to say, so much as would be given for the use of his Power: and therefore is not absolute; but a thing dependant on the need and judgement of another. ... And as in other things, so in men, not the seller, but the buyer determines the Price."[34] Ich denke, man muß diesen Satz zweimal lesen, um zu begreifen, welche Revolution er darstellt – nicht mehr die Ökonomie ist auf die Ethik gegründet, sondern es ist die grundlegende ethische Kategorie des Wertes, die auf die Preisbildungsprozesse des Marktes zurückgeführt wird. Mit Hobbes beginnt also jene Mentalität, die m. E. eines der moralisch unerfreulichsten Resultate des Kapitalismus darstellt und die glänzend als „knowing the value of nothing and the price of everything" charakterisiert worden ist,[35] ja, schlimmer noch:

bei der mit der Kenntnis des letzteren die Überzeugung verbunden ist, daß sich eine darüber hinausgehende Frage nach dem Wert gar nicht mehr stelle. (Daraus folgt natürlich, daß im Prinzip alles käuflich ist.) Natürlich ist es nicht der Kapitalismus als solcher, der für diese Elimination des Wertbegriffs verantwortlich ist – ebensowenig wie die moderne Naturwissenschaft als solche schon den Szientismus impliziert. Aber da wirtschaftliches Handeln, und zwar besonders seit der Entwicklung strategischer Rationalität, wesentlich durch theoretische Annahmen über das Verhalten des anderen mitbestimmt wird, da insofern die Wirtschaftswissenschaften Wirtschaftsformen nicht nur beschreiben, sondern auch gestalten, scheint es mir durchaus angemessen, die sich bei Hobbes ankündigende, in der späteren Neoklassik vollzogene Elimination des Wertbegriffs zur Wirkungsgeschichte des Kapitalismus zu zählen.

II.

Ich habe schon zu verstehen gegeben, daß ich nicht der Ansicht bin, das Ethische sei *eine* Kategorie neben anderen, etwa derjenigen des Ökonomischen;[36] denn auf diese Weise wäre der Anspruch der Moral gleichsam nur ein regionaler, und es wäre keineswegs garantiert, daß man andere Sphären des Sozialen, wie etwa die Sexualität, die Wirtschaft, den Staat, die Religion, nach moralischen Kriterien beurteilen dürfe. Ich bin vielmehr der Ansicht, daß jede menschliche Handlung – und zwar sowohl jede individuelle als auch jede kollektive – der Beurteilung durch das Sittengesetz unterliegt, wobei es natürlich sehr, sehr viele gibt, die sittlich indifferent sind: Aber auch dies ist ein moralisches Urteil. Die Unhintergehbarkeit des Moralischen läßt sich leicht damit begründen, daß jede Polemik gegen die Moralisierung bestimmter sozialer Sphären selbst ein moralisches Urteil darstellt; damit ist freilich noch keineswegs entschieden, *was* als moralisch zu gelten habe. Insbesondere ist eines der Grundprobleme der Ethik, das für die Würdigung des Kapitalismus von besonderer Wichtigkeit ist, die genaue Bestimmung des Verhältnisses von *Egoismus* und *Altruismus* bzw. von *strategischem* und *kommunikativem* Verhalten.[37] Nicht minder wichtig bei moralischen Beurteilungen ist die genaue Unterscheidung zwischen dem, was an einer Handlung oder an einer Institution an sich *werthaft* und was an ihr *nützlich* ist, also Konsequenzen hat, die als an sich werthaft gelten können. Drittens ist bei einem so komplexen sozialen Phänomen wie dem Kapitalismus genauestens zwischen *Handlungs-* und *Systemrationalität* zu unterscheiden: Es gibt zweifelsohne eine eigene Systemlogik, und es wäre äußerst naiv, so zu tun, als ob die ethischen Forderungen, die wir an Handlungen zu stellen haben, vollständig von der geschichtlich gerade geltenden Systemlogik absehen dürften.[38] Selbst wenn wir diese Systemlogik für ethisch fragwürdig halten, ist dem einzelnen, der eine Pflicht zur Selbsterhaltung hat, nicht ohne weiteres zuzumuten, der Systemlogik zu widersprechen, ja, auch und gerade wenn er das moralisch edle Ziel hat, positive Veränderungen durchzusetzen, könnte die abstrakte Negation der Systemlogik äußerst kontraproduktiv sein. Schließlich kann eine adäquate Würdigung des Kapitalismus m. E. nur erfolgen, wenn wir anerkennen, *daß er nur funktioniert, wenn er von einem bestimmten rechtlichen, sozialen und politischen Rahmen getragen wird.* Hobbes' Versuch, sogar den Staat auf den rationalen Eigennutz zurückzuführen, scheint mir manifesterweise absurd; denn mit diesem Ansatz läßt sich das elementare Rechtsprinzip „pacta sunt servanda“ nie und nimmer begründen. Aber wenn es eine Ordnung gibt, nämlich die des Öffentlichen, Politischen, die von mehr als egoistischen sittlichen Gefühlen getragen wird, dann mag es sinnvoll sein, eine Autonomisierung des rationalen Eigennutzes in einem eigenen Subsystem zuzulassen – sofern, und nur sofern, dafür Sorge getragen wird, daß dieses Subsystem und die es tragende Mentalität sich nicht als das Ganze mißverstehen.[39]

Was ist am Kapitalismus positiv zu bewerten? Nun, um mit dem klassischen Argument zu seinen Gunsten zu beginnen, so ist unbezweifelbar, daß kein anderes Wirtschaftssystem es vermocht hat, so vielen Menschen so viel Wohlstand zu verschaffen. Dieses Argument zeichnet eine *Folge* der kapitalistischen Wirtschaftsordnung aus, freilich eine sehr unmittelbare; denn ein wesentlicher Zweck wirtschaftlichen Handelns ist sicher die Erzeugung von Wohlstand. Die Geltung des Arguments hängt natürlich erstens davon ab, welchen Wert man dem Wohlstand zuzuschreiben bereit ist. Selbst wenn man den Wohlstand nicht für den höchsten Wert hält, wird freilich keiner bestreiten wollen, daß er ein Wert ist: Nicht nur sind vorkapitalistische, aber auch sozialistische Wirtschaftsordnungen immer wieder von furchtbaren Hungersnöten heimgesucht worden, die das elementarste Gut, das menschliche Leben, bedroht, ja vernichtet haben; auch geistiges Leben setzt eine gewisse Freiheit von Subsistenzsorgen voraus (wobei es allerdings keineswegs so zu sein scheint, daß die Höhe einer Kultur direkt proportional zu dem Grad des Wohlstandes ist; ganz im Gegenteil dürfte ab einem gewissen Punkt großer Reichtum, zumindest wenn er nicht verbunden ist mit einer schon in der Jugend erworbenen Kultur des Umgangs mit ihm, der geistigen und moralischen Entfaltung, ja vermutlich sogar der Entwicklung tieferer Glücksgefühle abträglich sein).

Zweitens spielt bei dem Argument eine Rolle, ob man in der Tradition des Utilitarismus oder einer durch Kant beeinflußten Theorie der Gerechtigkeit denkt. Für den Utilitarismus ist bekanntlich das Maximum an Wohlbefinden das höchste Ziel, unabhängig von der Frage der Verteilung, während die – utilitaristisch nicht zu rekonstruierende – Idee der Gerechtigkeit besonders an möglichst gleichmäßiger Verteilung interessiert ist. In der Geschichte des Kapitalismus kann man allgemein feststellen, daß ein Übergang von utilitaristischen zu Gerechtigkeitskriterien stattgefunden hat – während in einer Anfangsphase dem Wachstum der Produktion der unbedingte Vorrang gegeben wurde und die Verschärfung sozialer Disparitäten (mit dem Risiko politischer Polarisierungen) durchaus in Kauf genommen wurde, hat seit der Ende des letzten Jahrhunderts einsetzenden Entwicklung hin zum Sozialstaat das Problem der gerechten Verteilung, zumindest im Inneren der Industriestaaten, an Bedeutung gewonnen.

Was das moralphilosophische Problem der Wahl zwischen Utilitarismus und Gerechtigkeitsidee angeht, so scheint mir, daß John Rawls den entscheidenden Kompromiß in dieser Frage erzielt hat: Nach ihm ist der Grundsatz der Gerechtigkeit durch einen zweiten zu ergänzen, nach dem wirtschaftliche Ungleichheiten dann moralisch vertretbar sind, wenn sie für jedermann vorteilhaft sind.[40] Es liegt auf der Hand, daß sich mit diesem Argument eine soziale Marktwirtschaft auszeichnen läßt; denn die Marktwirtschaft erwirtschaftet ceteris paribus – dies läßt sich wohl als empirisches Faktum aufstellen – ein größeres Bruttosozialprodukt als die Planwirtschaft, und die soziale Marktwirtschaft bemüht sich dann um Berücksichtigung von Gerechtigkeitsprinzipien bei der Distribution. Allerdings gebe ich mich keinen Illusionen darüber hin, daß konkrete wirtschaftspolitische Maßnahmen im Sinne der Wohlfahrtsökonomik einfach zu begründen seien; sowohl das Problem des Vergleichs des Wertes der einzelnen Güter als auch die Tatsache, daß fast jede wirtschaftspolitische Maßnahme einen Teil der Bevölkerung benachteiligt, werfen Schwierigkeiten auf, auf die hier allerdings nicht einzugehen ist.[41]

Da Gerechtigkeit die Gleichbehandlung von Gleichen fordert, führt das Kriterium der Gerechtigkeit auf die alte Frage, worin denn die normativ relevante Gleichheit bestehe. Denn offenbar entspricht es tiefeingewurzelten Überzeugungen, daß größere Leistung auch mehr wirtschaftliche Verfügungsrechte legitimiere (u.a., aber nicht nur deswegen, weil größere Leistung einen vernünftigeren Gebrauch dieser Rechte wahrscheinlicher macht). Freilich ist persönliche Leistung nur einer der Faktoren, aus denen Verfügungsrechte entstehen; bei der bestehenden Erbordnung spielt auch Vererbung eine Rolle; schließlich kann auch die Bedeutung des Glückes schwerlich bestritten werden. Was das Problem des Erbrechts angeht, so sei hier nur am Rande erwähnt, daß das geltende Erbrecht nicht ohne weiteres mit den zwei Grundsätzen Rawls' kompatibel sein dürfte und daß mit der zunehmenden Verdrängung des Eigentümer- durch den Managerkapitalismus sowie dem Niedergang der Institution der Familie auch utilitaristische Argumente (wie der Verweis auf die Bedeutung der Familienkultur in Unternehmen) an Bedeutung verlieren.

Das Problem der Gerechtigkeit führt uns auf einen zweiten Typ von Argumenten für den Kapitalismus – ich meine die Ansicht, daß allein diese Wirtschaftsform Gleichheit und Freiheit garantiere, daß sie daher an sich, unabhängig von ihrem wirtschaftlichen Erfolg, die einzig moralisch legitime sei.[42] In der Tat kann schwerlich bestritten werden, daß die Freiheit der Person ein großer Wert ist und daß zu ihr auch die Verfügung über das Eigentum gehören muß, da nur im Eigentum die Person objektive Wirklichkeit erhält. Aber ist Freiheit der höchste oder gar der einzige Wert? Gerade da der Kapitalismus gegenüber vorangegangenen Gesellschaftsformen, insbesondere dem Feudalismus, die Gleichheit aufs höchste herausstreicht, liegt es nahe, darauf zu verweisen, daß die Gleichheit der Freiheit dadurch bedroht wird, wenn zu krasse wirtschaftliche Unterschiede zugelassen werden; eben dies ist aber dort der Fall, wo der Markt alleine über die Verteilung von Verfügungsrechten entscheidet (zumal diese, wie oben gesagt, nicht alleine von der Leistung abhängen). Die Forderung, periodisch die Ausgangsverteilung von Vermögen zu korrigieren, um wirkliche Chancengleichheit zu garantieren, ist nicht von der Hand zu weisen; sie drängt sich um so mehr auf, wenn sich auf weltwirtschaftlichem Maßstabe etwa durch die Verschuldungspolitik korrupter Regierungen der Dritten Welt, die mehr im Interesse der reichen Industrienationen als der eigenen Völker erfolgt ist, auf Jahrzehnte hinaus Ungleichgewichte gebildet haben, die die Unterstellung von Chancengleichheit geradezu als Hohn erscheinen lassen.

Insbesondere stellt sich aber folgendes Problem. Offenbar ist im Kapitalismus derjenige begünstigt, der die Logik der kapitalistischen Rationalität internalisiert hat. Wem die kapitalistische Arbeitsmoral zur zweiten Natur geworden ist, der hat auf dem Markt unzweifelhafte Vorteile. Sicher läßt sich die Ansicht vertreten, daß diese Vorteile gerecht seien und daß es eben darauf ankomme, möglichst alle Menschen diese Arbeitsmoral erringen zu lassen; aber es wäre naiv zu bestreiten, daß dieser Prozeß der Erringung der neuzeitlichen Arbeitsmoral äußerst langwierig, schmerzhaft und voraussetzungsvoll ist. Alleine in Europa hat er viele Opfer gekostet – um von der Dritten Welt zu schweigen, wo die religiös-weltanschaulichen Voraussetzungen fehlen, die das Christentum, besonders der Protestantismus mitbrachten, um diesen Prozeß einigermaßen rasch abzuschließen. Das gegenwärtige weltwirtschaftliche Ungleichgewicht hat mit diesem Problem zu tun; und bei der kulturellen Asynchronie, die die gegenwärtige Welt kennzeichnet, ist es eine teils naive, teils zynische Illusion, zu unterstellen, daß sich nach einer kurzen Phase der Polarisierung von Nord und Süd Ungleichheiten einebnen würden. In den europäischen Staaten und in USA haben sich Ungleichheiten abgeschliffen, weil es eine staatliche Instanz gab, die sich darum bemühte; aber da wir heute zwar eine Weltwirtschaft, aber keine globale Wirtschaftspolitik, sondern nur zum Teil miteinander abgesprochene nationale Wirtschaftspolitiken haben, gibt es kaum Anhaltspunkte für die Annahme, die globale Entwicklung des Kapitalismus werde auf Weltmaßstab zu einem analogen Resultat führen. Im Gegenteil: Das unkontrollierte Anwachsen von Bedürfnissen, die nur der Kapitalismus befriedigen kann, ohne die Entstehung einer entsprechenden Arbeitsmoral, die einen in die Lage versetzte, sie zu befriedigen, kann nur zur Aufgabe persönlicher Würde führen, zur Prostitution im weiteren und engeren Sinne des Wortes.

In der Tat ist offenkundig, daß der Mechanismus des Marktes nur dann zu allgemeinem Wohlstand führen kann, wenn bestimmte institutionelle Rahmenbedingungen und eine sie tragende Mentalität gegeben sind. Insbesondere setzt der Kapitalismus eine Hochschätzung der Arbeit als Selbstzweck voraus, die durchaus nicht selbstverständlich ist und die aus zweierlei Gründen positiv zu bewerten ist. Einerseits hat sie den modernen Menschen befähigt, Ziele – und zwar nicht nur wirtschaftlicher Art – rasch und effizient zu erreichen, und darin ist durchaus auch dann etwas Nützliches zu sehen, wenn man der Ansicht ist, daß das moralisch Wesentliche die Bestimmung der Ziele ist. Zweitens ist die Herausbildung eines bestimmten Arbeitsethos Hand in Hand gegangen mit der Entwicklung von Tugenden wie Rechtlichkeit, Verantwortlichkeit, Selbstdisziplin, der Fähigkeit, die Folgen des eigenen Handelns vorauszusehen, die durchaus als Selbstzweck anzusehen sind, weil sie die Herrschaft des Menschen über die eigene Natur verstärken.[43]

Aber das eigentlich ethisch Faszinierende am Kapitalismus ist, daß das Resultat seiner spezifischen Systemrationalität moralisch erfreulicher ist als die Handlungen der einzelnen. Eben dies ist ja die Pointe der „invisible hand", die gewissermaßen eine säkularisierte Fassung der göttlichen Vorsehung darstellt, daß aus dem allgemeinen Streben nach Eigennutz das Gemeinwohl hervorgeht. Zwar habe ich schon zu verstehen gegeben, daß dieser Zusammenhang nicht unmittelbar gilt, sondern von dem Vorhandensein bestimmter rechtlicher, kultureller und politischer Rahmenbedingungen abhängt;[44] aber daß er unter gewissen Voraussetzungen besteht, kann nur der ideologisch Verblendete bestreiten. Doch wie ist dieser Zusammenhang moralisch zu bewerten? Zunächst einmal ist, unabhängig vom Gesamtresultat, festzuhalten, daß es durchaus eine moralische Pflicht ist, für sich selbst zu sorgen – schon allein deshalb, weil man andernfalls, zumal in einem Sozialstaat, die Sorge dafür anderen aufbürdet. Es ist ferner anzuerkennen, daß, wenn man in einem System lebt, in dem Ausgleichsmechanismen dafür sorgen, daß das allgemeine Streben nach Eigennutz das Gemeinwohl fördert, es nicht unmoralisch ist, wirtschaftlich egoistisch zu handeln – freilich wenn und nur wenn man bereit ist, sich für die Änderungen jener Rahmenbedingungen einzusetzen, die das Aufgehen des Eigennutzes im Gemeinwohl verhindern. Ja, wenn die Beseitigung des wirtschaftlichen Egoismus den Menschen zu einer Apathie verdammte, die dem Gemeinwohl abträglicher wäre als eine marktwirtschaftliche Ordnung, dann wäre es zutiefst unmoralisch, die Abschaffung dieses Motivs anzustreben (selbst dann, wenn dies ohne Gewalt gelingen könnte). Die planwirtschaftliche Weigerung, anzuerkennen, daß es in der sozialen Wirklichkeit eine Vernunft geben mag, die die Intentionen der Handelnden übertrifft, hat viel mit dem Herrschaftswillen der neuzeitlichen Subjektivität zu tun, die nur jenes Seiende gelten läßt, das sie selbst gemacht hat; ihr geht die Demut ab, die anerkennt, daß nicht der eigene partikulare oder auch kollektive Wille das Absolute sein kann, sondern daß dieses vielmehr daraus erwächst, daß sich die einzelnen Willen aneinander abschleifen. Meines Erachtens ist es hingegen beruhigend, daß man sich in der Marktwirtschaft nicht so wie in der Planwirtschaft auf den guten Willen der einzelnen verlassen muß, um ein moralisch respektables Ergebnis zu erzielen; die Tatsache, daß institutionalisierte Marktmechanismen einem viele Entscheidungen für das Moralischsein abnehmen, weil der Markt Fehler unmittelbar bestraft, stellt eine ungeheure Entlastung des Menschen dar und sollte keinesfalls nur als Verlust der Autonomie bewertet werden.

Unbestreitbar ist ferner, daß der Markt Momente demokratischer Strukturen aufweist – mit der Konsumentscheidung hat jeder Bürger einen Einfluß auf die Produktion, der ihm in einer Planwirtschaft versagt ist; auch die persönlichen Abhängigkeiten sind in einer Konkurrenzwirtschaft, wo es im Prinzip eine Alternative zu dem Arbeitgeber gibt, sicher erträglicher als in einer bürokratischen Planwirtschaft. Ja, aufgrund des Concorcet- oder Arrowparadoxons läßt sich durchaus sagen, daß der „dollar vote“ dem einzelnen eine differenziertere Möglichkeit der Willenskundgebung gewährt als politische Abstimmungen. Damit will ich nicht im mindesten unterstellen, das Politische lasse sich nach dem Muster des Ökonomischen denken; ich habe vielmehr schon gesagt, daß die Autonomisierung des Ökonomischen nur dann Chancen hat, dem Gemeinwohl zu dienen, wenn es ein Bewußtsein des Öffentlichen gibt, das den rationalen Eigennutz transzendiert. Aber ich denke, Koslowski hat recht, wenn er betont, es sei äußerst naiv, wenn sich die Kritik am Markt mit einem blinden Vertrauen in die Fähigkeit einer rein formalen Demokratie verbindet, die entscheidenden Probleme zu lösen.[45] Denn eines der tragenden Prinzipien der Demokratie – die Möglichkeit eines jeden, den eigenen Willen kundzugeben – ist im Markt noch besser verwirklicht.[46]

III.

Ich habe bisher versucht, die entscheidenden Vorteile des Kapitalismus herauszuarbeiten: wirtschaftliche Effizienz, Respekt der Freiheit und Gleichheit des einzelnen, Bildung bestimmter Tugenden, Formierung einer von der Willkür des einzelnen unabhängigen überlegenen Systemrationalität, Affinität zu demokratischen Prinzipien. Was sind die Mängel dieses Systems?

Um mit dem nächstliegenden Problem, dem des Wohlstandes, zu beginnen, so ist die Vermutung gut begründet, daß nur bestimmte rechtliche und politische Rahmenbedingungen eine kapitalistische Gesellschaft vor einer starken Polarisierung in Arm und Reich bewahren können. Der vom Marxismus vorhergesagte Übergang vom Konkurrenz- zum Monopolkapitalismus ist nicht eingetreten – aber nicht deswegen nicht, weil der Markt als solcher eine derartige Entwicklung nicht zugelassen hätte, sondern weil der Staat durch Wettbewerbs- und Kartellgesetzgebung eine solche Entwicklung unterbunden hat; allein dadurch hat der Wegfall eines der stärksten Argumente für den Markt – ich meine die offenkundigen Vorteile einer allgemeinen Konkurrenz für den Verbraucher – verhindert werden können. Auch die Tatsache, daß eine Verelendung der Arbeiterklasse nicht stattgefunden hat, ist nicht dem Markt als solchem zuzuschreiben, sondern der Organisation der Arbeiter in Gewerkschaften und ihrem politischen Kampf. Allerdings scheint mir die soziale Frage mit Bezug auf die Arbeiter der Industriegesellschaft heute gelöst, und eine Kapitalismuskritik, die ihre Hauptaufmerksamkeit diesem Problem widmet, lenkt nur von den eigentlichen Fragen ab.

Was sind diese? Erstens ist das Problem der Arbeitslosigkeit zu erwähnen, das zu Folgen führen kann, die nicht zu Unrecht als Neue Soziale Frage bezeichnet worden sind.[47] So komplex auch die Ursachen für das Phänomen der Arbeitslosigkeit sind und sosehr anzuerkennen bleibt, daß seine härtesten Konsequenzen durch den Sozialstaat abgemildert werden können, so wenig läßt sich bestreiten, daß hier ein Problem liegt, das eine grundsätzliche Grenze des Kapitalismus aufweist (und zwar ganz unabhängig von der Frage der Konjunkturzyklen). Denn einerseits ist der Kapitalismus durch eine äußerste Hochschätzung der Arbeit – und zwar ausschließlich der Erwerbsarbeit – gekennzeichnet, wie sie allen anderen Kulturen fremd war, die nahezu sämtlich der Muße einen größeren Wert zuschrieben; andererseits ist aber der Kapitalismus die einzige Wirtschaftsform, die – zumal nach der Verbindung mit der Technik – eine Welt in Aussicht stellen könnte, in der immer weniger physische Arbeit notwendig sein wird, ohne daß doch deswegen die Befriedigung der Grundbedürfnisse des Menschen in Frage gestellt würde. Zwar bin ich der Überzeugung, daß eine derartige Welt keineswegs bevorsteht – ganz im Gegenteil werden die ökologische Frage und das Dritte-Welt-Problem schon bald zu einer zumindest äußerst schwierigen Phase der Weltgeschichte führen, was Spekulationen über ein mögliches Schlaraffenland geradezu geschmacklos erscheinen läßt. Und dennoch ist offenkundig, daß – wenn es der Menschheit gelingen sollte, die ökologische Krise zu meistern – das Problem der Freizeitgesellschaft sich machtvoll aufdrängen wird: und zwar als notwendiges Resultat der ungeheuren Entfaltung der Produktion durch den Kapitalismus. Gleichzeitig aber wird der Kapitalismus durch seine extreme Förderung der Sphäre des Privaten die Fähigkeit der traditionellen Kultur, auf sinnerfüllende Weise Muße gemeinsam zu gestalten, vermutlich noch mehr zerstört haben, als er es bisher getan hat; und die Gefahr ist durchaus real, daß er – nachdem er sein Ziel erreicht hat, die Menschheit durch die größte Arbeitsanstrengung der Geschichte von der Arbeit zu befreien – den Menschen in eine sinnentleerte Welt stößt, die mit dem Rhythmus von Arbeit und Freizeit auch jeden Reiz verlieren wird.[48] Die Komplementarität von Workoholic und Konsumtrottel ist jetzt schon als Charakteristikum der Industriegesellschaften ersichtlich, und während am Anfang der Neuzeit, wo sie zum ersten Mal aufscheint, aufgrund der sittlichen und religiösen Bindekräfte der damaligen Kultur die betreffenden Menschen noch nicht völlig würdelos sind, mag eine Welt aus „Fachmenschen ohne

Geist, Genußmenschen ohne Herz"[49] tatsächlich das letzte Wort des Kapitalismus sein.

Ich weiß nicht, ob es tröstlich ist, daß vor diese Perspektive vollständigen Sinn- und Wertverlustes sich zunächst einmal zwei sehr reale Probleme drängen: einerseits das ökologische, andererseits das Dritte-Welt-Problem (welch letzteres ich oben schon gestreift habe). Diese Probleme sind äußerst ernst – es kann durchaus sein, daß sie das Überleben von Homo sapiens sapiens auf diesem Planeten unmöglich machen – und von solcher Komplexität, daß sie selbstverständlich nicht in diesem Rahmen behandelt werden können. Gesagt werden muß aber doch, daß es ohne den Kapitalismus, d. h. ohne den Industriekapitalismus und insbesondere seine Verbindung mit masseneudämonistischen Idealen, nicht zu der ökologischen Krise gekommen wäre. Sowenig ich glaube, daß eine rationale Bewältigung des ökologischen Problems anders als auf marktwirtschaftlichem Wege möglich ist,[50] sosehr muß doch daran festgehalten werden, daß die gegenwärtigen Rahmenbedingungen des Industriekapitalismus die Naturzerstörung vorantreiben wie keine andere Wirtschaftsform der Vergangenheit. Insbesondere ist es die schon von A. Marshall[51] und A. Pigou[52] analysierte Externalisierung von Kosten, die hier die entscheidende Rolle spielt. Das Abwälzen von Kosten auf andere – das können der Nachbar, die eigenen Angestellten, das eigene Unternehmen, aber eben auch der Staat und die kommenden Generationen sein – ist ein Grundgesetz egoistischen wirtschaftlichen Handelns, und es ist ein elementares Gebot der Ethik, zu fordern, daß diese Tendenz gestoppt wird – was freilich mehr Aufgabe des Staates als der Wirtschaft ist. Das Verursacherprinzip muß zur Geltung gebracht werden; ja, schon in den Preisen müssen die Kosten enthalten sein, die der Staat bzw. spätere Generationen erbringen müssen, um die Umwelt wiederherzustellen.

In der Tat scheint mir, daß es zu einer durch Umweltsteuern mitbedingten Veränderung unseres Preissystems[53] keine Alternative gibt, wenn wir die gegenwärtige Zerstörung der Umwelt stoppen und eine ökologisch-soziale Marktwirtschaft einführen wollen, die das ethische Gebot der Stunde ist, auch wenn sie unvermeidlich den Konsum einschränken und deswegen als unsozial verschrieen werden wird. Denn trivialerweise muß das Lebensrecht kommender Generationen als höherrangig gelten gegenüber dem Recht auf schrankenlosen Konsum der gegenwärtigen Menschen, und wenn die soziale Marktwirtschaft ihre ethische Legitimation daraus bezieht, daß sie im Gegensatz zum Laissez-faire-Kapitalismus die sozial Schwächeren schützt, dann ist die Forderung nach einem wirtschaftspolitischen Schutz der Allerschwächsten, nämlich der kommenden Generationen, nur eine logische Folge des ethischen Prinzips der sozialen Marktwirtschaft.

Worauf ich abschließend noch eingehen möchte, ist freilich, daß eine ethische Legitimation von Preiserhöhungen m.E. nur möglich ist, wenn wir mit der späteren neoklassischen These radikal brechen, der gerechte Preis sei per definitionem derjenige, der sich auf dem Markt durchsetze, und die Suche der traditionellen Philosophie und Nationalökonomie nach dem Wertbegriff wiederaufnehmen. Daß die Arbeitswertlehre nicht ausreichend, ja in Anbetracht der ökologischen Probleme völlig verfehlt ist, versteht sich von selbst; denn sie kann nicht erklären, warum knappe Naturgüter teuer sind: Sind sie unbearbeitet, ist ihr Wert nach dieser Theorie vielmehr gleich Null. Ebensowenig scheint mir aber die marginalistische Werttheorie hinlänglich, um eine der ökologischen Kreise angemessene Wirtschaftsphilosophie zu begründen: Denn sie geht von den Bedürfnissen der gerade Lebenden aus und verfügt über keine Möglichkeit, die legitimen Bedürfnisse kommender Generationen zu berücksichtigen. Zudem ist klar, daß der für die Neoklassik zentrale Begriff der Präferenzordnung äußerst fragwürdig ist: Nicht nur sind Präferenzen keine unhintergehbaren Fakten, sondern werden durch die Wirtschaft selbst gemacht (ich denke nur an die Werbung); darüber hinaus setzt die Neoklassik zu Unrecht voraus, daß es nur einen rein deskriptiv-psychologischen Begriff von Präferenzordnung geben könne. Dagegen gehe ich davon aus, daß es eine objektive Werthierarchie gibt, die sich nicht aus den faktischen Präferenzordnungen der Individuen zusammensetzt, sondern ihr vorausgeht und uns zu beurteilen erlaubt, inwiefern die einzelnen Individuen wertvoll sind: Ihr Wert hängt vom Grad der Annäherung ihrer Präferenzordnung an die objektive Werthierarchie ab. Natürlich gibt es viele Güter, bei denen die Faktizität des Geschmacks alleine entscheidet; aber etwa bei Kunstwerken schiene es mir ein Akt geistiger Selbstaufgabe, nach Hobbes' Art den objektiven Wert auf den sozialen und wirtschaftlichen zurückzuführen. Es mag ja durchaus sein, daß in der Präferenzordnung der Masse Mick Jagger höher steht als Beethoven; und dieses Faktum erklärt in der Tat die Konzertpreise der Rolling Stones. Aber daraus ableiten zu wollen, daß Jagger besser sei als Beethoven, wäre offenbar grotesk; und eine Aufgabe staatlicher Kulturpolitik muß sein, dafür zu sorgen, daß von der Masse unerkannte Talente, die ihrer Zeit weit voraus sind, wenigstens die Möglichkeit erhalten, ihre Fähigkeiten zu entfalten, die kommenden Generationen zugute kommen mögen.

Ja, darüber hinausgehend scheint es mir eine Aufgabe sowohl des Staates als auch, mit Einschränkungen, der einzelnen Unternehmen zu sein, die Präferenzordnungen der Kunden möglichst auf das Vernünftige hin zu orientieren: Denn, um zum Ökologieproblem zurückzukehren, allein die Erhöhung von Preisen bei umweltschädlichen Produkten dürfte nicht ausreichen, um das Konsumentenverhalten radikal zu verändern; der Konsument selber muß darüber hinaus seine Präferenzordnung korrigieren. Man mache sich ja nichts vor: An der ökologischen Krise sind keineswegs nur die Produzenten schuld, wie uns diejenigen weismachen wollen, die nach den Kosten nun auch die Verantwortung externalisieren; auch der kleinste Konsument, also jeder von uns, entscheidet durch sein Kaufverhalten mit, wie stark die Umwelt belastet wird. Das ist die Last der demokratischen Momente der Marktwirtschaft. Aber es ist auch ihre Größe, und es liegt an uns, wieweit wir sie ins Positive wenden.

Die Dritte Welt als ein philosophisches Problem[1]

Der Titel dieses Aufsatzes mag aus zwei Gründen befremden. Erstens kann man bestreiten, daß der Begriff „Dritte Welt“ sinnvoll ist. Nach der Auflösung des Warschauer Paktes scheint es nur zwei Welten zu geben – die Welt der Armen und diejenige der Reichen; und die entscheidende Frage der nächsten Jahre scheint darin zu bestehen, ob die osteuropäischen Staaten und die Nachfolgestaaten der ehemaligen Sowjetunion Teile der Ersten oder der – immer noch sogenannten – Dritten Welt werden (die freilich dann „Zweite Welt“ genannt werden sollte). Zudem ist der Gebrauch des Wortes „Welt“ äußerst fragwürdig; denn er setzt voraus, daß die verschiedenen Welten autonom sind, und verleugnet die Tatsache, daß alle Menschen in einer und nur einer zusammenhängenden Welt leben. Schließlich erfüllen die verschiedenen Ordinalzahlen nicht nur eine Bezeichnungsfunktion. Sie suggerieren, daß die verschiedenen Welten einen verschiedenen Platz in einer Wertehierarchie einnehmen: Die Erste Welt ist der Dritten überlegen, und es ist das Ziel der Dritten Welt, sich der Ersten anzunähern. Dies wird jedenfalls durch die Ausdrücke „Entwicklungsländer“ und „entwickelte Länder“ vorausgesetzt.

Doch selbst wenn es uns gelingen könnte, einen besseren Begriff für jene komplexe Realität zu entwickeln, auf die wir uns gewöhnlich mit dem Wort „Dritte Welt“ beziehen, so würde eine zweite Frage sich erheben: Warum stellt diese Realität ein Problem für die Philosophie dar? Man kann leicht zugestehen, daß Wirtschaftswissenschaftler, Soziologen, Politikwissenschaftler, Anthropologen und – in zunehmender Zahl – Naturwissenschaftler, besonders Geographen und Biologen mit ökologischen Interessen, sich mit dieser Realität auseinanderzusetzen haben; aber warum Philosophen? In der Tat ignoriert die Mehrzahl der gegenwärtigen Philosophen dieses Problem und zieht es vor, subtile Theorien auszuarbeiten, die wenig zu einem Begreifen der Welt beitragen, in der wir leben. Natürlich ist diese Klage noch kein Argument; es könnte das Schicksal der Philosophie sein, der modernen Welt weniger und weniger zu sagen zu haben, einer Welt, die in der Tat viel komplexer ist als diejenige aller vergangenen Kulturen.

In einem gewissen Sinn beantwortet freilich gerade die Tatsache, daß wir die erste Frage stellen können, unsere zweite Frage. Die Klärung von Begriffen ist eine klassische philosophische Aufgabe; indem wir den Ausdruck „Dritte Welt" verwenden, setzen wir eine Menge höchst fragwürdiger Dinge voraus; die entsprechende Einsicht erzeugt Unbehagen, und dieses Unbehagen ruft nach Philosophie. Seit Platon ist die Philosophie immer wieder als die allgemeine Metawissenschaft verstanden worden, als jene Disziplin, die von den allgemeinen Begriffen und Voraussetzungen handelt, von denen die Einzelwissenschaften ausgehen, gewöhnlich ohne jede Reflexion auf deren Geltung; deswegen bin ich der festen Überzeugung, daß der Fortschritt der Natur- und Geisteswissenschaften die Philosophie niemals überflüssig machen wird. Im Gegenteil: Die Überwindung der Grenzen zwischen den verschiedenen Wissenschaften wird die Philosophie noch nötiger machen; wir erkennen mehr und mehr, daß, um ein Problem wie das der Dritten Welt angemessen behandeln zu können, verschiedene Disziplinen zusammenarbeiten müssen; und obwohl wir immer noch einer Wissenschaftstheorie für interdisziplinäre Arbeit entbehren, kann die Philosophie, wenn sie verstanden wird als die Wissenschaft der Prinzipien der verschiedenen Wissenschaften, am ehesten eine solche Theorie entwickeln. Die Bedeutung der Philosophie ist besonders offenkundig, wenn wir auf die normativen Voraussetzungen der Natur- und Geisteswissenschaften reflektieren; normative Sätze sind ja weder analytisch noch empirisch, und deswegen kann nur die Philosophie hoffen, rational derartige Sätze begründen zu können. Wir haben schon gesehen, daß das Wort „Dritte Welt" voller verborgener normativer Konnotationen ist; und noch mehr bedürfen wir der Philosophie, wenn wir die ausdrücklich normative Frage beantworten wollen, was angesichts des ethischen und politischen Problems, das die Dritte Welt darstellt, getan werden solle. Denn es ist klar, daß die zunehmende Kluft zwischen Erster und Dritter Welt einige der schwierigsten moralischen Fragen der modernen Welt zur Folge hat. Nicht nur widerspricht diese Kluft den elementarsten Vorstellungen von Gerechtigkeit; zusammen mit der ökologischen Krise[2] und der Existenz von Massenvernichtungsmitteln bedroht sie das Überleben der Menschheit. Fast alle traditionellen Fragen moralischer Natur erscheinen seltsam obsolet, wenn sie mit diesen drei Problemen konfrontiert werden – denn wenn es uns nicht gelingt, sie zu lösen, werden zukünftige Generationen sich schwerlich über irgendwelche moralische Probleme den Kopf zerbrechen können. Es spricht nicht nur gegen die Anpassungsfähigkeit unserer westlichen Gesellschaft, daß es uns nicht gelungen ist, neue Normen, die die Ökologie und die Dritte Welt betreffen, in das System von Regeln zu integrieren, das unser Verhalten bestimmt. Es spricht auch, zumindest bis zu einem bestimmten Grad, gegen das Forschungssystem an unseren Universitäten, daß wir in unserer moralischen Reflexion unsere neuen Aufgaben bisher in einer überzeugenden Weise noch nicht erörtert haben.

Im folgenden werde ich erstens versuchen, die historische Genese des Dritte-Welt-Problems zu analysieren; denn es scheint mir, daß ohne geschichtsphilosophische Reflexion die meisten moralischen und politischen Untersuchungen abstrakt und oft unfruchtbar bleiben. Wir müssen das theoretische Wesen derjenigen Probleme kennen, die wir unter einem ethischen Gesichtspunkt erörtern; und das Wesen von Kulturen kann ohne Kenntnis ihrer Geschichte nicht erfaßt werden. Dieser historische Zugang hat im Fall der Dritten Welt den zusätzlichen Vorteil, daß schon im 16. Jahrhundert ein erstaunliches theoretisches Niveau mit Bezug auf die relevanten normativen Probleme erreicht worden ist: Bei der Lektüre der großen Texte von Vitoria und Las Casas stoßen wir auf Argumente, die uns bei der Lösung unserer gegenwärtigen Probleme helfen können. Zweitens werde ich versuchen, die verschiedenen moralischen

Fragen, die unser Verhältnis zur Dritten Welt aufwirft, zu diskutieren; ich werde mich auf ökonomische, politische und kulturelle Aspekte konzentrieren. Freilich werde ich nicht in der Lage sein, definitive Antworten zu geben; ich werde mich damit begnügen, einige präzise Fragen zu stellen.

I.

Die Situation, die der Gegensatz zwischen der sogenannten Ersten und der Dritten Welt darstellt, scheint, auf den ersten Blick, nichts Neues in der Weltgeschichte zu sein. Spätestens seit der Entstehung von Hochkulturen, die sich nicht überall gleichzeitig in der Welt ereignete, können wir von der „Asynchronie" der menschlichen Welt sprechen: Es gibt einige Kulturen, die „entwickelter" als andere sind, und es ist der verschiedene Entwicklungsgrad, der die Hauptursache für die enormen ethischen Schwierigkeiten darstellt, die die Beziehungen zwischen diesen Kulturen implizieren. Es ist wichtig hervorzuheben, daß diese „Asynchronie" eine fast notwendige Eigenschaft menschlicher Geschichte ist; wenigstens ist es viel wahrscheinlicher, daß verschiedene Kulturen in unterschiedlichen Religionen sich mit unterschiedlicher Geschwindigkeit entwickeln würden, als daß sie sich gleichzeitig entwickelt hätten. Asynchronie ist daher nichts Zufälliges, sondern gehört zur conditio humana.

Wenn ich den Ausdruck „entwickelter" gebrauche, setze ich damit noch nicht voraus, daß diese Entwicklung notwendig gut ist, daß sie notwendig zu einer höheren Seinsform führt: Diese sehr schwierige Frage kann nur später erörtert werden.[3] Ich meine damit einfach, daß Kulturen sich wandeln und daß es Gesetze dieses Wandels gibt: Gewisse Stufen kommen notwendig nach anderen. Die neue Stufe einer Kultur ist durch einige Eigenschaften charakterisiert, die vorher nicht existierten und die einen Schritt vorwärts darstellen im Prozeß der Rationalisierung[4] – wie auch immer die letzte Bewertung dieses Prozesses ausfallen möge.

Auch wenn wir von Rationalisierung mit Bezug auf verschiedene kulturelle Subsysteme sprechen können, halte ich es für nützlich, wenn wir hier unsere Unterscheidungen auf die grundlegende Dichotomie zwischen Zweck-(instrumenteller) und Wertrationalität beschränken. Die erste Rationalität zielt darauf ab, Wege zu finden, um unsere Zwecke zu realisieren, was auch immer ihre Natur sein mag; sie gipfelt in der unglaublichen Macht über Natur und Gesellschaft, die die moderne Wissenschaft und Technik (einschließlich der Sozialtechnologien) der Menschheit verleihen. Der zweite Typ von Rationalität versucht, Kriterien zu finden, um unsere Zwecke zu rechtfertigen; und ich setze hier voraus (erneut ohne schon diese Entwicklung zu bewerten), daß die Geschichte des moralischen Bewußtseins der Menschheit durch einen Fortschritt in Richtung auf universalistische Ideale bestimmt ist, wie sie zum ersten Mal in den monotheistischen Religionen erscheinen und wie sie ihre philosophische Artikulierung während der europäischen Aufklärung erhalten. Die politische Realisierung dieser Ideale setzt natürlich auch technische Rationalität voraus; die Differenz zwischen beiden Formen ist daher nicht absolut. Dennoch ist es äußerst nützlich, zwischen beiden zu unterscheiden.

Der „Fortschritt" der Zweckrationalität garantiert gewöhnlich (obgleich nicht immer und nie sofort) der entwickelteren Kultur eine größere Macht über die weniger entwickelten – entweder sind ihre politischen Strukturen besser organisiert, oder ihre Wirtschaft ist effizienter, oder neue wissenschaftliche Einsichten führen zu einer besseren Militärtechnologie. Der Fortschritt in der Wertrationalität führt zu einem Gefühl moralischer und häufig auch intellektueller Überlegenheit, das in den Augen der überlegenen Kultur eine Asymmetrie im Verhältnis zu den weniger entwickelten Kulturen legitimiert; ich erinnere hier nur an die Einstellung der Hebräer zu den polytheistischen Nationen, die sie umgaben, und an die griechische Einteilung der Welt in Griechen und Barbaren. Technischer Fortschritt hingegen führt gewöhnlich nicht zu einem vergleichbaren Gefühl. Es ist freilich nicht ausgeschlossen (es ist vielmehr sogar natürlich), daß eine Gesellschaft, die nur technisch überlegen ist, verzweifelt versucht, sich selbst auch als moralisch überlegen zu deuten, um den Einsatz ihrer Macht zu legitimieren.

Die technisch überlegene Kultur kann, muß aber nicht ihre vorteilhafte Position ausnützen, um andere Kulturen zu unterwerfen; sie mag sich auf Selbstverteidigung begrenzen, oder sie mag versuchen, ihren Einfluß durch kulturelle, wirtschaftliche und/oder militärische Mittel auszuweiten. Die Kultur, deren Fortschritt im Bereich der Wertrationalität besteht, mag wünschen, dasselbe zu tun (aber dies ist nicht notwendig); es ist freilich offenkundig, daß sie nicht in der Lage sein wird zu expandieren, wenn ihre Überlegenheit *nur* im Bereich der Wertrationalität besteht. Bis zum 4. Jahrhundert vor Christus hatten die Griechen (die zweifelsohne einen neuen Schritt in der Entwicklung wissenschaftlicher und moralischer Rationalität darstellen) weder den Ehrgeiz noch die Möglichkeit, andere Nationen zu unterwerfen, sondern wünschten nur, ihre Unabhängigkeit von den Persern zu bewahren; und wenn wir von der Gründung von Kolonien in Gegenden absehen, die vorher nicht dicht besiedelt waren, so begann eine Expansion der griechischen Kultur, nachdem die Griechen selbst von einer Nation unterworfen worden waren, die sie stets als kulturell unterlegen angesehen hatten: den Makedoniern. Mit Alexander dem Großen, dem ersten europäischen Imperialisten, ereignet sich der erste Versuch, die westliche Kultur sehr alten und komplexen nichtwestlichen Kulturen aufzuzwingen;[5] mit seiner großen Expedition entstehen zum ersten Male die moralischen und politischen Fragen, die den Gegenstand dieses Aufsatzes bilden. Es ist wahrscheinlich nicht übertrieben, wenn man feststellt, daß das Scheitern von Alexanders Plan nicht nur eine Folge seines frühen Todes war, sondern auch der Tatsache, daß die Griechen weder emotional noch intellektuell in der Lage waren, mit diesen Fragen angemessen umzugehen; der Widerstand gegen Alexanders Versuch, Griechen und Orientalen zu vermischen und einige Aspekte des orientalischen Stils anzunehmen, war enorm.[6] Seine Expedition förderte freilich auch die Entwicklung bestimmter intellektueller Ideen, die zu einer Lösung der durch den Zusammenprall der Kulturen entstandenen Probleme beitrugen: Im Hellenismus wird die Polis-Ethik, die so charakteristisch für Platon und Aristoteles ist, durch eine universalistische Moralphilosophie ersetzt; die Idee des Kosmopolitismus entsteht.

Den nächsten großen Schritt in der Geschichte des europäischen Imperialismus stellt das römische Reich dar. Bemerkenswert ist hier die Tatsache, daß die Römer nicht nur Kulturen unterwarfen, die mit Bezug auf beide Rationalitäten weniger entwickelt waren; sie unterwarfen auch die Griechen, deren politische und militärische Unterlegenheit durch eine Überlegenheit in den Künsten und in der Philosophie kompensiert wurde. Die besonderen Beziehungen, die sich aus diesen Asymmetrien entwickelten, wären eine eigene Untersuchung wert; für meinen Zweck ist es ausreichend, hier daran zu erinnern, daß einer der Gründe für die Größe der Römer genau darin besteht, daß sie bald die partielle Überlegenheit der Griechen erkannten und soviel als möglich von ihnen zu lernen suchten: In einem gewissen Sinne hat es eine griechische Revanche über die Römer gegeben.[7] Mit Bezug auf die weniger entwickelten Kulturen, die von den Römern unterworfen worden waren, sind zwei Aspekte besonders wichtig: Die Römer integrierten sie in ihr eigenes politisches System, indem sie ihnen verschiedene Rechte gewährten, sie relativ gerecht verwalteten und ihre Sitten respektierten. Sie stärkten auch ihr Interesse, Mitglieder des römischen Reiches zu werden oder zu bleiben, indem sie sie an die angenehmen Aspekte des römischen Lebensstils gewöhnten.

Auf der anderen Seite ist es wohlbekannt, daß die Barbaren schließlich über die Römer die Oberhand gewannen. Seit dem 3. Jahrhundert stammen mehrere römische Kaiser aus weniger entwickelten Kulturen, und im 5. Jahrhundert erlag das weströmische Reich den Germanen. Von der spätrömischen Zeit bis zur Gegenwart haben sich die größten Historiker, Philosophen und Theologen mit den empirischen Ursachen und der tieferen Bedeutung dieses fast einzigartigen Vorganges in der Weltgeschichte auseinandergesetzt, dem Zusammenbruch einer großen Kultur, der durch politisch, juristisch und künstlerisch weniger entwickelte Nationen verursacht worden war.[8]

Während die zentralen Elemente der griechischen und der römischen Zivilisation durch die Kelten und Germanen internalisiert wurden, wurde jene Kultur geformt, die heutzutage die Grundlage der Ersten Welt bildet. Sicher wurde die Amalgamierung von Römern und Germanen erleichtert durch die Tatsache, daß das zentrale Legitimationssystem der neuen Kultur eine Religion war, die auf der einen Seite universalistischer war als alle vorangegangenen und die auf der anderen Seite die mythischen Bedürfnisse der früheren Barbaren befriedigte.[9] Trotz aller Veränderungen vom frühen Mittelalter bis heute hat kein einzelnes Ereignis die europäische Kultur in einer Weise zerstört, die dem Ende der griechischen oder römischen Kultur vergleichbar wäre; die strukturelle Transformation der europäischen Kultur verdankt sich inneren Veränderungen und ihrer Expansion zu anderen Teilen der Welt. Durch die letztere ist das Schicksal Europas das Schicksal der ganzen Welt geworden; und die Dritte Welt ist das letzte Resultat dieser beiden Faktoren: der europäischen Expansion und des außerordentlichen Fortschritts des modernen Europas hinsichtlich beider Begriffe von Rationalität.

In einem gewissen Sinne läßt sich sagen, daß etwas zu unserem heutigen Dritte-Welt-Problem Analoges mit der Entdeckung Amerikas beginnt. Seit dem 14. Jahrhundert begannen verschiedene europäische Nationen die Besiedlung anderer Kontinente – Afrikas, der beiden Amerikas, Asiens, schließlich Australiens. Es wäre einseitig, das ewige malthusische Problem als Hauptfaktor dieser Kolonisierung anzusehen. Menschen verhungerten auch im frühen Mittelalter, und dennoch dachte niemand daran, Europa zu verlassen. Ein Wandel in der Mentalität war erforderlich, um die Säulen des Herkules hinter sich zu lassen.[10] Es ist nicht übertrieben, wenn man diesen Wandel mit der Zerstörung des endlichen aristotelischen Kosmos in Verbindung bringt, die den Übergang vom Mittelalter zur Moderne kennzeichnet.[11] Die Negierung aller gegebenen Grenzen ist einer der Hauptzüge der modernen Welt; und es ist schwierig für uns, die intellektuelle Neugierde, den absoluten Glauben an eine theoretische Idee und die Willensstärke nicht zu bewundern, die Kolumbus' Unternehmen beseelten.

Natürlich wurde die Kolonisierung Amerikas durch starke ökonomische Interessen begünstigt. Die schnelle Entwicklung des Handelskapitalismus wurde sicherlich dadurch erleichtert, daß man in Amerika Gold entdeckte.[12] Neben intellektueller Neugierde und purer Habsucht spielte der Wunsch, die Eingeborenen zum Christentum zu bekehren, eine Rolle; der missionarische Impuls ergab sich aus dem universalistischen Charakter des Christentums. Man erfaßt einen wichtigen Charakterzug der Beziehungen zwischen Erster und Dritter Welt vom 15. Jahrhundert an bis zur Gegenwart, wenn man die eigenwillige Mischung von brutaler Unterdrückung und aufrichtigem Wunsch, den Eingeborenen zu helfen, analysiert, die so typisch für diese Beziehungen ist. In der Tat verblüfft Spaniens Beziehung zu den amerikanischen Kolonien im 16. Jahrhundert sowohl wegen der unaussprechlichen Grausamkeiten, die an den Eingeborenen begangen wurden, als auch wegen der Suche nach Gerechtigkeitskriterien, die das Verhalten gegenüber den Indianern leiten konnten.[13] Der Leser von Bartolomé de Las Casas' „Brevísima relación"[14] sollte das Buch nicht aus den Händen legen, ohne darauf zu reflektieren, daß alle diese Verbrechen wenigstens angezeigt werden konnten, daß ein Publikum in Spanien erschüttert war von dem, was Tausende von Meilen entfernt sich ereignete, und daß es aufrichtig um Gerechtigkeit sich bemühte. Es ist sicher nicht einfach, die folgende Frage zu beantworten: Tragen die Priester, die die Conquistadores begleiteten, eine Mitverantwortung, auch wenn sie das begangene Unrecht verurteilten, insofern ihre Gegenwart in einem bestimmten Sinne das Unternehmen legitimierte? Man kann nicht bestreiten, daß sie durch ihre bloße Gegenwart dazu beitrugen, daß das Christentum als eine äußerst heuchlerische Religion erschien, die von allgemeiner Liebe sprach und nichtsdestoweniger die Religion brutaler Verbrecher war. Und doch ist es klar, daß ohne die Gegenwart der Missionare noch mehr Grausamkeiten begangen worden wären. Die Heuchelei erkennt wenigstens in der Theorie gewisse Normen an; dadurch gibt sie den Unterdrückten die Möglichkeit, gewisse Rechte zu beanspruchen. Offene Brutalität mag aufrichtiger sein, aber

Aufrichtigkeit ist nicht der einzige Wert. Aufrichtige Brutalität erzeugt nichts Positives; Heuchelei dagegen trägt in sich die Kraft, die sie überwinden kann.

Die Entdeckung der Neuen Welt änderte das Leben der Eingeborenen in einer furchtbaren Weise: Die großen mesoamerikanischen und andinen Kulturen[15] verschwanden, Millionen Menschen starben – teils vorsätzlich ermordet, teils durch Krankheiten, die von den Europäern importiert worden waren. Fast so schrecklich wie die ihren Körpern zugefügten Wunden war die Identitätskrise, die die Eingeborenen erlitten:[16] Sie gehörten nicht länger zu ihrer alten Kultur und noch nicht zu der europäischen. Asynchronie wurde das Kennzeichen nicht nur der Beziehung zwischen verschiedenen Kulturen, sondern auch ihrer eigenen Kultur, die sich nicht mehr organisch entwickeln konnte. *Innere Asynchronie* ist in der Tat der auffallendste Zug von Dritte-Welt-Kulturen.[17]

Nicht minder verwandelte diese Begegnung die Seele Europas.[18] Die Entdeckung anderer Kulturen, einer neuen Welt erweiterte den Horizont und wies neue intellektuelle Möglichkeiten auf. Gleichzeitig trug sie zur Krise des europäischen Glaubens an die eigene Kultur bei; und diese Krise wurde durch die Verbrechen bestärkt, die die Europäer begingen. Viele Werke der späteren Literatur über den Kolonialismus – ich erinnere hier besonders an Joseph Conrads „Heart of Darkness" – schildern mit Entsetzen die Barbarei der Europäer; und sie alle setzen zu Recht voraus, daß die Wiederholung bestimmter grausamer Rituale der Eingeborenen durch die Europäer moralisch viel abscheulicher ist als die ursprünglichen Taten der Barbaren: denn Regression ist stets schlimmer als Mangel an Entwicklung. In diesem Kontext ist es erwähnenswert, daß schon im 16. Jahrhundert eine Idealisierung des edlen Wilden beginnt. Die Sehnsucht nach dem Archaischen und der Ekel über die Barbarei der Reflexion gehen Hand in Hand; freilich wurde diese Idealisierung beherrschend nur, als in den letzten zwei Jahrhunderten die neuzeitliche Subjektivität jeden Bezug zu einer objektiven Wertordnung verlor.

Aus dem Zusammenprall von Europäern und amerikanischen

Eingeborenen entwickelten sich schon im 16. Jahrhundert zwei wichtige Disziplinen: das Völkerrecht und die Anthropologie. Vitorias „Relectio de iure belli", der erste Versuch, juristische Kriterien für gerechte Kriege zu finden, ist, wie er im Vorwort mitteilt, durch die Entdeckung Amerikas motiviert worden;[19] und wer seine „Relectio de Indis" liest, ist erstaunt über das argumentative Niveau des Buches. Vitoria erledigt rasch jene Versuche einer Rechtfertigung der Eroberung, die weder juristisch noch moralisch Sinn ergeben, und erkennt diejenigen Rechtstitel an, die auch heute noch als gerecht angesehen werden. Es ist besonders bemerkenswert, daß der Dominikaner die Idee verwirft, die Ablehnung des christlichen Glaubens könne einen gerechten Krieg gegen die Indianer rechtfertigen (II 4); er glaubt freilich, daß eine Weigerung, christlichen Missionaren zuzuhören, einen Krieg rechtfertigen könne (III 2). Aber stets wiederholt er, daß die Rechtssituation zwischen Spaniern und Indianern symmetrisch sein muß; jedem Recht der Spanier muß ein Recht der Indianer entsprechen (II 3). Wir sehen hier die zentralen universalistischen Ideen des christlichen Naturrechts auf internationale und interkulturelle Beziehungen angewandt; und in der Tat setzt die weitere Entwicklung der Rechtsphilosophie der Aufklärung diese Gedankenlinien fort, als deren letztes Resultat Kants universalistische Ethik und der moderne Verfassungsstaat angesehen werden können. „Alle Menschen sind Vernunftwesen" und „Die Indianer sind nicht von Natur aus Sklaven" werden zwei der bezeichnendsten Äußerungen von Las Casas sein in seiner Auseinandersetzung mit Ginesius de Sepulveda, der Aristoteles' Lehre von der natürlichen Sklaverei benutzte, um das spanische Verhalten gegenüber den Indianern zu legitimieren.[20]

Doch die Anwendung universalistischer Ideen auf fremde Kulturen ist nicht die einzige Entdeckung des 16. Jahrhunderts. Die zweite wichtige Entdeckung ist, wie ich schon gesagt habe, die Anthropologie. Während die nicht-christlichen Kulturen, die dem mittelalterlichen Europa vertraut waren, auf den zwei anderen monotheistischen Religionen gründeten und insofern zahlreiche Rationalitätsstandards mit den Christen teilten, war das Erschütterndste an den Indianern ihre Andersheit. Es ist von äußerster Wichtigkeit zu begreifen, daß die Hervorhebung der Andersheit der Indianer im Kontext des 16. Jahrhunderts ein Topos der Konservativen war; denn wenn die Indianer nicht wie die Europäer waren, warum sollte man ihnen dann die gleichen Rechte zugestehen? Das anthropologische Interesse an den Differenzen zwischen den Kulturen schien dem universalistischen Pathos einer fundamentalen Gleichheit aller Menschen, was die Grundrechte angeht, zu widersprechen. Es ist diese Spannung zwischen der vorurteilsfreien Beschreibung von Andersheit und der normativen Idee der Gleichheit, die bis heute das Hauptproblem in jeder Theorie gerechter Beziehungen zwischen verschiedenen Kulturen ausmacht; und wir sind noch weit entfernt von einer befriedigenden Theorie.

Freilich ist die Situation nicht einfach so gewesen, daß das Interesse an Andersheit notwendig verbunden war mit einer Mißachtung der Rechte der anderen Kultur. Ein Problem, das die Spanier ernsthaft beschäftigte, macht dies deutlich: die Menschenopfer. Es kann kaum ein Zweifel daran bestehen, daß die spanischen Conquistadores (die an Blutvergießen wahrlich gewöhnt waren) über die Menschenopfer aufrichtig erschüttert waren;[21] oft legitimierten sie ihre Brutalität mit dieser Institution. Universalistische Ideen, die den Respekt vor unschuldigen Menschenleben einschließen, wurden dabei in einer eigenwilligen Weise als Vorwand benutzt, um gegen die Indianer in einer Weise vorzugehen, die mit diesen Ideen inkompatibel ist. Selbst Vitoria akzeptiert als legitimen Eroberungstitel die Sorge für unschuldiges Menschenleben, das sonst geopfert würde (selbst wenn die Opfer eingewilligt haben: III 5). Las Casas freilich hebt hervor, daß dieser Rechtstitel ungültig wird, wenn er zu einem Krieg führt, in dem mehr Menschen getötet würden, als von den Opfern gerettet werden könnten.[22]

Nun ist es schwierig, Vitorias Argument Plausibilität abzusprechen. Wenn jemand auf der Grundlage einer universalistischen Ethik die Grundrechte der Indianer akzeptiert, kann er diese Rechte schwerlich ihren Opfern verweigern; und so scheinen universalistische Ideen, die allein die Indianer schützen konnten, wenigstens als ultima ratio den gewalttätigen Eingriff in ihre Kultur zu rechtfertigen.

In diesem Zusammenhang versucht Las Casas zum ersten Mal in der Weltgeschichte ein immanentes historisches Verständnis einer weniger entwickelten Kultur. Erstens erinnert er seine Zeitgenossen daran, daß auch die Ahnen der christlichen Religion in ihrer Vergangenheit solche Opfer dargebracht hatten – Abraham war willens gewesen, den eigenen Sohn zu opfern. Zweitens sieht er einen tiefen moralischen Sinn in Menschenopfern: Die Indianer wollen Gott das Wertvollste opfern, was sie kennen, und das ist eben Menschenleben. Was als Zeichen größter Mißachtung des Menschenlebens erscheint, erfolgt in Wahrheit aufgrund seiner höchstmöglichen Schätzung.[23] Natürlich ist Las Casas davon überzeugt, daß auf lange Sicht Menschenopfer abgeschafft werden müssen, aber die Bewertung dieser Sitte im Kontext ihrer Kultur gestattet ihm, sie als weniger abstoßend zu empfinden, als sie all seinen europäischen Zeitgenossen erschien.[24]

Mir scheint, daß einer der Gründe für Las Casas' Größe als Theoretiker (und nicht nur als Politiker) darin besteht, daß er in seinem Zugang zur indianischen Kultur anthropologisch-ethnographische Interessen mit einem universalistischen Pathos verbindet, was fundamentale Menschenrechte angeht. Wenige Menschen nach ihm sind in der Lage gewesen, beide Ansätze zu verbinden: Kant und Mill auf der einen Seite entwickelten zwei verschiedene Varianten einer universalistischen Ethik, aber keiner von ihnen setzt sich mit der Tatsache auseinander, daß die universalistische Ethik selbst das Resultat eines langen geschichtlichen Prozesses ist. Kant glaubt, daß der kategorische Imperativ zeitlos ist – nicht nur in bezug auf seine Geltung, sondern auch was seine Anerkennung durch die Menschen betrifft; deswegen kann er die Frage nicht stellen (geschweige denn beantworten), wie wir mit Kulturen umgehen sollten, denen universalistische Prinzipien noch fremd sind. Das Hauptproblem der kantischen Ethik ist, daß sie Symmetrie voraussetzt: Nicht-menschliche Wesen haben in ihr ebensowenig einen Platz wie Kulturen mit einer Mentalität, die noch nicht mit universalistischen Ideen vereinbar ist. Sein Universalismus, der die Geschichte des moralischen Bewußtseins ignoriert, kann in der Tat nicht die Grundlage einer angemessenen normativen Theorie interkultureller Beziehungen sein.

Auf der anderen Seite scheint das zunehmende Interesse an Andersheit und Differenz in der modernen Anthropologie die Möglichkeit normativer Sätze, ja sogar eines theoretischen Verständnisses anderer Kulturen zu untergraben. Es muß ein gemeinsames Element geben, um sich einer anderen Kultur nähern zu können. Gäbe es keine identischen Momente, könnte man nicht einmal Differenzen herausstreichen, sondern könnte über andere Kulturen nur schweigen; es wäre nicht einmal möglich zu sagen, daß die moderne Analyse archaischer Rationalität einen Fortschritt darstellt gegenüber der ungeschichtlichen Sicht der Aufklärung.[25] Noch gefährlicher ist die Verwechslung von Genesis und Geltung, die unsere Postmodernisten ständig begehen. Wenn aus der Tatsache, daß die Idee der Menschenrechte ein geschichtliches Produkt ist, folgte, daß sie keine interkulturelle Geltung hätte, dann wäre in der Tat jeder Versuch, Gerechtigkeitskriterien für die Beziehungen zwischen Erster und Dritter Welt zu finden, vergeblich: Denn die Idee der Gerechtigkeit könnte nicht auf interkulturelle Beziehungen angewandt werden.

Es scheint mir daher einleuchtend, daß unser Problem nur gelöst werden kann durch einen Universalismus, der sich auf die Tradition des Naturrechts gründet, sich aber mit einem historischen Bewußtsein verbindet. Der erste europäische Denker, der eine normative Philosophie menschlicher Kultur erarbeitete, die beides leistete, war Vico;[26] und in den letzten Jahrzehnten ist es besonders das Werk Kohlbergs über die Ontogenese des moralischen Bewußtseins, das eine solide Grundlage für die Realisierung dieses Programms gelegt hat. Die Anwendung von Kohlbergs Studien auf die Rekonstruktion der Phylogenese des moralischen Bewußtseins durch Apel und Habermas ist meines Erachtens der meist versprechende Zugang zum Problem interkultureller Beziehungen. Wie bekannt, unterscheiden Kohlberg, Apel und Habermas sechs unterschiedliche Stufen des moralischen Bewußtseins, deren letzte durch universalistische Ideale charakterisiert ist.[27] Mir scheint freilich, daß eine siebte Stufe hinzugefügt werden muß[28]: eine Stufe, auf der der Universalismus erkennt, daß seine Position zwar die höchste, aber eben auch die letzte ist – und daß sie deswegen mit Kulturen zu leben hat, die sie noch nicht erreicht haben. Selbst die bedeutendsten Aufklärer überwanden die sechste Stufe nicht: Dies scheint mir die schmerzlichste Grenze des modernen bürgerlichen Bewußtseins.

Was wir bisher festgestellt haben, ist notwendig, aber noch nicht hinreichend, um das Wesen der Dritten Welt zu erfassen. Die Eroberung Amerikas war nur der erste Schritt in der Genese der Dritten Welt. Ein qualitativer Sprung im Verhältnis zwischen den Europäern und Nicht-Europäern ereignete sich mit der Industriellen Revolution; und die Unterschiede zwischen der Kolonisierung Amerikas im 16. und derjenigen Schwarzafrikas am Ende des 19. Jahrhunderts verdanken sich hauptsächlich den tiefen Veränderungen, die in der Zwischenzeit in der Technologie und im Bewußtsein Europas stattgefunden hatten. Der letzte Schritt ist schließlich die Dekolonisierung gewesen.[29]

Die wichtigsten Veränderungen, die in Europa nach der Entdeckung Amerikas erfolgten, bestehen in einem neuen Schub im Prozeß der Rationalisierung, der zu einer neuen Idee von Wissenschaft führte. Diese neue Wissenschaft unterscheidet sich stark von derjenigen der Griechen und verband sich mit einem technologischen Programm und einer neuen Wirtschaftsform, dem Kapitalismus.[30] Die Einheit der mittelalterlichen Kultur zerbarst; verschiedene kulturelle Subsysteme wie Liebe, Wirtschaft, Politik, Militär, Kunst und Religion wurden autonom;[31] die Zweckrationalität entwickelte sich in einem Ausmaß, das es in der menschlichen Geschichte noch nicht gegeben hatte. Die Industrielle Revolution gab den Kulturen mit europäischem Hintergrund einen Vorsprung, der sehr, sehr schwer aufzuholen ist. Ihre überlegene Macht ist für Jahrhunderte konsolidiert worden; die interkulturelle Asynchronie ist in einer Weise verschärft worden, die in der Weltgeschichte einzigartig sein dürfte. Dies um so mehr, wenn man bedenkt, daß der Triumph der modernen Technologie seine Wurzeln in einer radikalen Veränderung der menschlichen Seele hat, die er selbst wie kein anderes Ereignis seit dem Neolithikum umgewandelt hat. Dies erklärt übrigens leicht die Schwierigkeiten beim Technologietransfer: Die Kulturen, die diesen Mentalitätswandel nicht mitgemacht haben, scheitern mit großer Wahrscheinlichkeit, wenn sie westliche Technologien übernehmen. (Die Hauptausnahme zu dieser Regel, Japan, ist sehr schwer zu verstehen.)

Gleichzeitig mit der Entwicklung des neuen wissenschaftlichen Programms erfolgte ein bedeutender Fortschritt in bezug auf die universalistischen Ideale; auf der Grundlage der anderen großen Entdeckung der Moderne, der souveränen Subjektivität, wurden politische Systeme geschaffen, die das individuelle Recht zur Selbstbestimmung in einer Weise garantierten, die einzigartig in der Geschichte ist. Das Wesen der Vereinigten Staaten von Amerika besteht darin, daß es diese beiden Ideen der Moderne in einer viel ausschließlicheren Weise entwickeln konnte, als dies in Europa möglich war; da sie auf einem neuen Kontinent gelegen waren, konnten sie wenigstens zum Teil von der vorangegangenen Geschichte abstrahieren. Die Autonomie der Technologie führte freilich zu einer zunehmenden Kluft zwischen Zweck- und Wertrationalität, einer Kluft, die für die intellektuelle und moralische Stabilität Europas äußerst gefährlich ist. Der Prozeß der Rationalisierung wurde immer mehr zu einem Leerlauf; die Fähigkeit, sich mit einer Gemeinschaft emotional zu identifizieren – eine Fähigkeit, die eine notwendige Bedingung für Glück ist – nahm rasch ab; und die zentrifugalen Kräfte eines extremen Individualismus bedrohten zunehmend die Überzeugung des traditionellen Rationalismus, die Welt sei ein geordnetes Ganzes. Die Bereitschaft, sich zu opfern oder auch nur Verzicht zu leisten, schwand dahin.

Das Verbindungsglied zwischen dem neuen politischen System und der neuen Technologie stellt der Kapitalismus dar. Kein anderes Wirtschaftssystem hat so viele Güter zu erzeugen und soviel individuelle Selbstbestimmung zu garantieren vermocht; der Kapitalismus beschleunigte die Entwicklung von Wissenschaft und Technik, durch die er selbst begünstigt wurde. Die negativen Konsequenzen des Kapitalismus fallen freilich nicht weniger auf als seine Vorteile: eine wenigstens zeitweise Verschärfung der Polarisierung zwischen Arm und Reich, eine Verschiebung im Wertsystem der Individuen und eine starke Nachfrage nach billigen Ressourcen, um die Bedürfnisse zu befriedigen, die er erzeugt. Die demographische Entwicklung, die die Welt seit dem letzten Jahrhundert erlebt hat, begann in den industrialisierten Ländern, wo sie allein möglich geworden war. Bevölkerungszuwachs sowie Ideen gerechter Verteilung, die zu größeren Bedürfnissen führten, verursachten unvermeidlich zwei der Hauptprobleme der Gegenwart: die ökologische Krise und die Dritte Welt. Kolonien waren teilweise nötig, um Ressourcen zu erhalten, teilweise um neue Märkte zu erschließen: Man braucht kein Marxist zu sein, um das ökonomische Motiv hinter der Kolonialpolitik des Imperialismus zu erkennen. Der Imperialismus des späten 19. und des frühen 20. Jahrhunderts basierte auf nationalistischen Ideen: Eine Vielzahl vollständig souveräner Staaten konkurrierte um ökonomische und politische Macht. Der antiuniversalistische Charakter des Nationalismus steht offenbar in Widerspruch zu der Haupttendenz der modernen Entwicklung; eines seiner Resultate waren die beiden Weltkriege.[32]

Es ist wichtig zu erkennen, daß der moderne Kolonialismus trotz seines antiuniversalistischen Charakters eine fast notwendige Konsequenz des modernen Individualismus war. Paradoxerweise sind es die westlichen Ideen von Freiheit und sozialer Gerechtigkeit, die zur Unterwerfung der Kolonien führten. Um innerhalb der industrialisierten Staaten das Wirtschaftswachstum zu garantieren, bedurfte man und bedarf man immer noch vieler Ressourcen der Dritten Welt. Überflüssig, ja sogar kontraproduktiv war freilich der Kampf zwischen den industrialisierten Mächten; und seit dem Zweiten Weltkrieg wurde eine neue politische Ordnung geschaffen, die zum ersten Mal in der modernen Geschichte nahezu alle kapitalistischen Industriestaaten in *einer* politischen und militärischen Struktur vereinte. Bis 1989 stand dem westlichen Lager dasjenige der sozialistischen Länder gegenüber. Deren Ideologie negierte die Ideen, die die Grundlage des modernen Kapitalismus bilden; sie akzeptierte freilich die moderne „industrialistische“ Option für eine technologische Gesellschaft.

Die Entwicklung der Dritten Welt seit dem Zweiten Weltkrieg ist durch drei Tendenzen bestimmt. Die wichtigste war natürlich die Dekolonisierung, die, was die ältesten, die amerikanischen Kolonien betrifft, schon im späten 18. Jahrhundert begonnen hatte. Die europäische Idee des Nationalismus, die sich die Eliten der Dritten Welt zueigen gemacht hatten, wurde eine der Hauptursachen für deren Streben nach Unabhängigkeit. Zweifelsohne kann man etwas Paradoxes in diesem Sachverhalt erkennen: Gerade diejenige Idee, die sich als Europas gefährlichster Beitrag zur Weltpolitik erwiesen hatte, wurde verwendet, um den Anspruch der Kolonien auf Freiheit zu rechtfertigen. Der Leser von F. Fanons berühmtem Buch „Les damnés de la terre“ kann nicht umhin zu fühlen, daß all die Kategorien, die er benützt, um die politische und kulturelle Herrschaft der Europäer über die Kolonien in Frage zu stellen, typische Resultate der westlichen Geistesgeschichte sind, insbesondere die Idee der Nation.[33] Denn Afrika hatte Stämme und vielleicht eine panafrikanische Solidarität gekannt, sicher aber nicht Nationen im europäischen Sinne.[34]

Zweitens führte die rasche Dekolonisierung nicht zu einem Ende der Abhängigkeit. Diese wurde nur von einer staatsrechtlichen in eine ökonomische umgewandelt. Auf der einen Seite kann man dies begrüßen – brutale Militärinterventionen der Kolonialmächte sind seltener geworden. Auf der anderen Seite verschlimmerte die wirtschaftliche Abhängigkeit, obgleich nicht mehr so offen zu Tage liegend wie zuvor, teilweise die Situation. Multinationale Korporationen sind anonymer und daher schwerer zu kontrollieren als Regierungen. Die formale Souveränität der neuen Staaten schwächte den Sinn für Verantwortung der früheren Kolonialmächte; in verschiedenen Staaten wurde Hilfe in Notfällen objektiv schwieriger. Die neuen Eliten waren und sind häufig außerordentlich korrupt; sie identifizieren sich gewöhnlich mit dem westlichen Lebensstil, und um daran teilzuhaben, bereichern sie sich auf welche Weise auch immer. Die innere Asynchronie der Dritte-Welt-Länder ist die Hauptursache für die Korruption – die Tatsache, daß sie oft nicht einmal eine „Law-and-Order"-Moral verinnerlicht haben, aber den Versuchungen des modernen Reichtums ausgesetzt sind. Aufstände, so verständlich sie auch sein mögen, führen selten zu einer Verbesserung der Situation (wenigstens wenn sie nicht sofort Erfolg haben); und die Instrumentalisierung der Dritten Welt während des Kalten Krieges, als die Konflikte zwischen den beiden Supermächten durch die ärmsten Länder ausgefochten wurden, trug schwerlich zu einer Verbesserung der Situation bei.[35]

Der dritte Aspekt der Entwicklung der Dritten Welt nach dem Zweiten Weltkrieg ist der verbreitete Glaube, es sei nur eine Zeitfrage, bis die Entwicklungsländer das Niveau der Ersten oder wenigstens der Zweiten Welt erreichen würden. Universalistische Ideale ebenso wie der durch die Technologie bestärkte Glaube, im Prinzip könne alles erreicht werden, führten zu dieser Überzeugung. Zudem wurden auf diese Weise die Ungleichheiten zwischen Erster und Dritter Welt erträglich; als weltgeschichtliches Telos wurde ein Zustand vorgestellt, in dem im Prinzip alle Menschen ein Leben führen könnten, das demjenigen der Ersten Welt vergleichbar sei. Nun hat sich diese Hoffnung nicht erfüllt, und wir wissen heute, daß sie nicht erfüllt werden wird, weil sie nicht erfüllt werden kann. Der westliche Lebensstil ist nicht universalisierbar – wenn alle Bewohner dieses Planeten soviel Energie verbrauchten wie der durchschnittliche Europäer und Nordamerikaner, wären verschiedene Ökosysteme auf unserer Erde schon längst zusammengebrochen.[36] Aber selbst wenn eine Universalisierung möglich wäre – ist der *intrinsische Wert* der Ersten Welt wirklich so hoch, daß wir wünschen können, daß sich ihre Kultur über den ganzen Planeten ausbreitet? Nach diesem historischen Durchgang und vor dem Hintergrund dieser Fragen will ich mich nun den ethischen Problemen zuwenden, die das Verhältnis zwischen Erster und Dritter Welt aufwirft.

II.

Nach der Beschreibung der wichtigsten Etappen in der geschichtlichen Entwicklung und der Logik, die sie treibt, will ich versuchen, sie zu bewerten und moralische Kriterien für die Beziehung zwischen Erster und Dritter Welt zu finden. Für die Annahme, daß die Erste Welt eine Verantwortung dafür trägt, die Situation in der Dritten Welt soweit wie möglich zu verbessern, sprechen drei verschiedene Gründe: rationaler Eigennutz, Gerechtigkeit und Solidarität. Erstens ist es im rationalen Selbstinteresse des Westens, zumindest eine weitere Polarisierung beider Welten zu verhindern. Es ist äußerst unwahrscheinlich, daß eine Welt friedfertig sein wird, in der weniger als fünfzehn Prozent der Bevölkerung über mehr als drei Viertel des Wohlstandes der Welt verfügen; Menschen, die nichts zu verlieren haben, werden schwerlich auf den Einsatz von Gewalt verzichten, wenn dies die einzige Weise ist, ihre elementaren Bedürfnisse zu befriedigen. Besonders in Verbindung mit den wahrscheinlichen ökologischen Katastrophen des nächsten Jahrhunderts sind Völkerwanderungen recht wahrscheinlich, auf die wir weder moralisch noch politisch vorbereitet sind. Allgemein ist es einer der Hauptirrtümer der modernen Zivilisation, daß man eher repariert als vorbaut; unsere Medizin besteht im Unterschied zu derjenigen der Alten weitaus mehr aus Therapie denn aus Prävention. Analog wird nationale Sicherheit eher unter dem Gesichtspunkt betrachtet, wie man einen Krieg gewinnen, als wie man ihn verhindern könne; zumal nach dem Ende des Kalten Krieges ist es offenkundig, daß der Nord-Süd-Konflikt die größte Gefahrenquelle auf dem Globus ist. Das Recht zur Selbstverteidigung kann nicht bestritten werden; es ist freilich klar, daß dieses Recht fragwürdig wird oder jedenfalls nicht frei von Schuld ist, wenn nicht alles im voraus getan worden ist, um eine Situation zu vermeiden, in der Selbstverteidigung notwendig wird.

Der zweite Grund hängt mit der Vorgeschichte der Dritten Welt zusammen. Da die Erste Welt in diese Kulturen eingegriffen, ihre natürliche Entwicklung zerstört, ihnen eine innere Asynchronie aufgezwungen und sie ihrer früheren organischen Einheit beraubt hat, trägt sie eine Verantwortung für deren gegenwärtige Situation, die der zivilrechtlichen Haftung einer Person vergleichbar ist, die Schaden verursacht hat. Indem sie die Ressourcen der Dritten Welt und einen großen Teil ihrer Arbeitskraft geraubt hat, hat sie zu dem eigenen Wohlstand und zu dem Elend der Dritten Welt beigetragen; es ist daher nur ein Gebot der Gerechtigkeit, daß sie einen Teil dessen zurückgibt, was sie weggenommen hat. Natürlich gibt es einige Einwände gegen dieses Argument: So wird Verjährung zu Recht als ein wichtiges Rechtsprinzip angesehen, und es ist überhaupt nicht klar, wem das Geld zurückgegeben werden sollte. Dennoch scheint mir, daß der Kern des Arguments zumindest auf der moralischen, wenn nicht auf der politischen Ebene gültig ist und daß es tiefer in unser Gewissen eindringen sollte als bisher. Dies um so mehr, als die Ausbeutung der Ressourcen und der Arbeitskraft der Dritten Welt fortgesetzt wird.

Es ist freilich klar, daß es der Dritten Welt wenig hilft, in Selbstmitleid zu verfallen und die Verbrechen der Kolonialmächte zu beklagen – Selbstmitleid ist das größte Hindernis für eine Bewältigung der Zukunft. In der Tat kann man nicht bestreiten, daß die zwangsweise Einführung bestimmter Standards westlicher Rationalität Entwicklungsländern auch die Chance vermittelt hat, frühere Naturkatastrophen und Ungerechtigkeiten zu überwinden. Auch hier stellt sich die allgemeine Frage, ob man das Bewußtsein der Menschen für Ungerechtigkeiten schärfen sollte: Auf der einen Seite kann nur auf diese Weise Ungerechtigkeit überwunden werden; auf der anderen Seite gehört nachtragende Gesinnung zu den überflüssigsten Dingen der Welt. Ein Bewußtseinswandel ist die erste Bedingung für die Überwindung von Unterdrückung;[37] Haß und Mangel an Realismus sind selten hilfreich.[38]

Während die beiden ersten Argumente primär mit der moralischen Verantwortung von Staaten und Kulturen zusammenhängen, handelt das dritte Argument von der individuellen Verantwortung; es setzt weder persönliche noch kollektive Schuld voraus. Sein Ziel ist, die Pflicht zur Solidarität auf das Prinzip der Autonomie zu gründen. Soweit ich weiß, wurde dieser Gedanke erstmals von Albert Schweitzer entwickelt. Er beschreibt, wie er als Junge einst plötzlich erkannte, wieviel Glück er gehabt hatte, in einer guten Familie geboren worden zu sein. Er fühlte, daß er für dieses Glück etwas wegzugeben habe; dieses Gefühl führte schließlich zu seiner Lebensentscheidung.[39] Schweitzer begründet sein Handlungsprinzip nicht argumentativ; dies ist von anderen Philosophen auf der Grundlage des existentialistischen Begriffs von Freiheit geleistet worden. Nach ihnen ist eine wesentliche Eigenschaft einer Person eine solche, die durch sie selbst erworben worden ist, und angeborene Eigenschaften können als frei erworben nur gelten, wenn wir so handeln, daß wir sie *verdienen*. Nur indem wir Solidarität mit den weniger Glücklichen üben, verdienen wir unser Glück und werden wahrhaft frei.[40]

Aber warum sollten wir Solidarität mit den Ärmsten üben? Unsere Alltagsmoral ist stark durch eine Vorstellung bestimmt, die auf die stoische Oikeiosislehre zurückgeht und die ihren Ausdruck auch in dem Gebot des Evangeliums findet, seinen Nächsten zu lieben. Nach dieser Idee nehmen unsere moralischen Pflichten in direkter Proportion zur physischen Entfernung möglicher Objekte dieser Pflichten ab. Nun ist es auf der einen Seite einleuchtend, daß es paradox wäre, eine Tausende von Meilen entfernte Person zu ernähren, während mein eigener Bruder hungert. Auf der anderen Seite ist es nicht weniger wesentlich, die Intensität eines Bedürfnisses zu berücksichtigen. So erscheint es mir moralischer, wenn man zum Beispiel Geld für vernünftige Dritte-Welt-Organisationen spendet, anstatt es für Weihnachtsgeschenke auszugeben, die keine wahren Bedürfnisse befriedigen. Natürlich weiß ich, daß es sehr schwierig ist, dieses Prinzip auf der Motivationsebene wirksam werden zu lassen, obgleich es vor der Vernunft leicht zu rechtfertigen ist. In der Vergangenheit hat es keine Kultur als ihre Pflicht betrachtet, Menschen anderer Kulturen zu helfen, die weit entfernt an Hunger litten. Daß wir durch die modernen Massenmedien direktes Wissen darüber haben, was sich ereignet, ändert jedoch die moralische Bewertung der Situation; und auch das Bewußtsein, daß im Prinzip der Hunger durch die moderne Technologie beseitigt werden könnte, vermehrt unsere Schuld im Fall einer Unterlassung.

Es ist freilich klar, daß die Hilfe privater Personen – so wichtig sie auch ist – nie ausreichend sein kann, um das Problem zu lösen; und leider kann nicht bestritten werden, daß viele wohlgemeinte Projekte die verzweifelte Situation der Dritten Welt eher verschlimmert haben.[41] Einschneidende Veränderungen auf ökonomischem, politischem und kulturellem Niveau sind notwendig.

Bei den ökonomischen Beziehungen zwischen Erster und Dritter Welt erweist sich eine angemessene moralische Bewertung als außerordentlich schwierig. Einerseits behauptet die spätere neoklassische Theorie, daß jeder Preis, der aus einem freien Vertrag resultiert, per definitionem der gerechte Preis ist; die Preise, die wir heute für Produkte aus der Dritten Welt bezahlen, sind dann per definitionem gerecht. Aber diese Theorie – das Pendant des Rechtspositivismus – ist nicht akzeptabel: Sie löst das normative Problem nur, indem sie es beseitigt. Andererseits haben wir die marxistische Lehre von der Ausbeutung, und diese ist ebenfalls inakzeptabel, nicht nur weil ihr Ziel – die Einführung einer Planwirtschaft – die Ausbeutung nur vergrößern würde, sondern auch weil diese Lehre eine Werttheorie voraussetzt, die schlicht und einfach nicht aufrechterhalten werden kann, auch wenn sie diejenige von Smith und Ricardo war. Was wir brauchen, um die wirtschaftlichen Beziehungen zwischen Erster und Dritter Welt grundsätzlich zu kritisieren, ist eine angemessene Werttheorie, über die wir leider nicht verfügen. Fundierte Kapitalismuskritik ist gewiß wichtig, aber nicht leicht – der Marxismus kann jedenfalls nicht ihre Grundlage sein.

Dennoch will ich hier vier Einwände gegen die gegenwärtige Weltwirtschaftsordnung anführen. In den letzten Jahrzehnten haben Wirtschaftswissenschaftler dahingehend argumentiert, daß die zu niedrigen Preise natürlicher Ressourcen eine der Hauptursachen für die Zerstörung der Umwelt sind.[42] Ich bin davon überzeugt, daß ihr Argument zutrifft, daß die Kosten zum Beispiel für Wiederaufforstung in den Preis für Holz eingehen sollten bzw. daß die Kosten für das Pflanzen neuer Bäume (die den Treibhauseffekt begrenzen könnten) in den Benzinpreis eingehen müssen. Nun liegt es auf der Hand, daß höhere Preise die wirtschaftliche Situation jener Länder verbessern würden, die über wichtige Ressourcen verfügen; sie würden freilich die wirtschaftliche Situation von Ländern ohne solche Ressourcen verschlechtern. Man kann die Gerechtigkeit einer Welt in Frage stellen, in der wirtschaftliche Macht noch mehr als heute von den Zufällen der Verteilung wichtiger Ressourcen abhängen würde; aber zweifelsohne wäre eine Begrenzung der Plünderung unserer Erde im langfristigen Interesse derjenigen Länder, die von dem Export der knappen Ressourcen leben.

Die Überlegenheit des Kapitalismus über den Feudalismus gründet sich auf den Gedanken, daß alle Wirtschaftenden, zumindest zu Beginn, gleich und frei sind. Es liegt indessen auf der Hand, daß wirtschaftliche Verfügungsrechte nicht nur durch persönliches Verdienst erworben werden; auch Glück und Erbschaft spielen eine Rolle. Innerhalb der Wirtschaft eines Landes freilich gibt es Umverteilungsmechanismen wie Steuern, die – und zwar stets nur partiell – Ungleichheiten korrigieren, die zu groß geworden sind. Diese Mechanismen existieren freilich nur in den entwickelten Ländern – nicht in den meisten Dritte-Welt-Ländern und erst recht nicht innerhalb der Weltwirtschaft als ganzer. Daher wird sich die Kluft zwischen armen und reichen Ländern sehr wahrscheinlich vertiefen, wenn keine strukturellen Veränderungen stattfinden.[43] Denn die Institution des freien Vertrags, so wichtig sie auch ist, führt zu gerechten Preisen nur, wenn beide Seiten in einer annähernd gleichen Verhandlungsposition sind; und offenkundig ist die Verhandlungsposition einer Person, die verzweifelt Nahrung braucht, wesentlich schwächer als diejenige einer reichen Person – denn der Arme kann seine Präferenzordnung nicht verbergen. Was für Personen gilt, gilt auch für ganze Länder. Selbst wenn Armer und Reicher nicht auf ihr Eigentum zurückgreifen wollen, ergibt sich aus der Spieltheorie, daß man um so härter arbeiten muß, je ärmer man ist, um grundlegende Bedürfnisse zu befriedigen – was schwerlich als gerechtes Prinzip angesehen werden kann. Ich abstrahiere hier völlig von der Tatsache, daß es in den meisten Dritte-Welt-Ländern keine Möglichkeiten gibt, die Arbeit in einer Weise zu organisieren, die der unseren vergleichbar ist. Dies trägt zu dem niedrigen Preis der Arbeitskraft bei, von dem nicht nur die Eliten der Dritten Welt, sondern auch die Erste Welt profitiert.

Der dritte Einwand gegen die Rechtmäßigkeit der gegenwärtigen Situation ergibt sich aus Max Webers grundlegendem Werk über die geistigen Voraussetzungen des Kapitalismus.[44] Wo die von Weber beschriebenen Mentalitätsänderungen nicht stattgefunden haben, kann der Kapitalismus schwerlich zu allgemeinem Wohlstand führen – dies scheint eine logische Konsequenz aus Webers Analyse. Natürlich ist es leicht, die Dritte Welt für ihren Mangel an klassischen kapitalistischen Sekundärtugenden zu kritisieren, wie Selbstdisziplin, Sparsamkeit usw.; aber es ist naiv und ungeschichtlich anzunehmen, der homo oeconomicus habe stets existiert. Die scheinbare Gerechtigkeit, die darin besteht, jedem Menschen dieselbe ökonomische Rationalität zu unterstellen, ist in Wahrheit die größte Ungerechtigkeit.[45] Gewiß ist es notwendig, daß die Dritte Welt langfristig wenigstens die entscheidenden Normen der kapitalistischen Arbeitsethik internalisiert (dies scheint im übrigen in Ostasien leichter als in Afrika); aber solange dies nicht der Fall ist, ist eine Kreditpolitik wie diejenige der letzten 20 Jahre in hohem Grade unmoralisch.[46] Die Korruption der Eliten war wohlbekannt (und willkommen, denn Korruptibilität ist stets im Interesse der Reicheren); und für jede Person, die auch nur die bescheidensten Kenntnisse über die kulturellen Voraussetzungen des Technologietransfers hatte, war es offenkundig, daß alle Megaprojekte, für die die Kredite gewährt worden waren, scheitern mußten und nur Schulden hinterlassen würden. Die soziale und politische Bedeutung des gegenwärtigen Schuldenproblems erinnert an die Verhältnisse im Altertum, freilich mit dem wichtigen Unterschied, daß Gläubiger und Schuldner heute nicht verschiedenen Klassen, sondern verschiedenen Staaten angehören; und eine gerechte Lösung des Problems kann meines Erachtens nicht im Festhalten an dem formalen Prinzip bestehen, Schulden sollten vollständig zurückgezahlt werden. „Debt for nature“ (Schuldenerlaß als Gegenleistung für Naturschutz) ist eine gute Alternative.

Das vierte und letzte Argument gegen die gegenwärtige Situation besteht darin, daß viele der Bedürfnisse, die sich in Dritte-Welt-Ländern entwickelt haben, in den letzten Jahrzehnten von der Ersten Welt erzeugt worden sind, obgleich sie für die Dritte Welt nur fatale Konsequenzen haben konnten. Ein Beispiel ist die Werbung für Weizenbrot in Afrika, die die lokale Produktion von Hirse, Sorghum und Maniok untergrub, obgleich nur wenige afrikanische Länder Weizen wirtschaftlich anbauen können;[47] auf diese Weise nahm die Abhängigkeit von der Ersten Welt zu. Natürlich kann man argumentieren, daß der Konsument in seiner Entscheidung souverän bleibt; aber es liegt auf der Hand, daß der durchschnittliche Bürger der Dritten Welt die wahrscheinlichen Konsequenzen der Veränderung seines Geschmackes viel weniger voraussehen kann als westliche Unternehmen mit einem viel leichteren Zugang zu Informationen. Wer mehr weiß, hat auch mehr Pflichten – dieses Prinzip gilt auch hier. Es ist nicht nur ein Fehler der Dritten Welt, daß die Produktion von Nahrung zugunsten von Exportartikeln vernachlässigt wird, mit denen die Eliten der Dritten Welt ihren Luxus finanzieren können. Ihre Partner in der Ersten Welt – und natürlich auch die Konsumenten, denen sie ihre Produkte verkaufen – haben teil an ihrer Schuld, denn sie müssen wissen, daß sie durch ihre Nachfrage in den Dritte-Welt-Ländern die Grundlage aller Ökonomie, nämlich den Ackerbau, zerstören.

Es ist unmöglich, über die Wirtschaft der Dritten Welt zu sprechen, ohne die demographische Frage zu erwähnen. Auch wenn es sicher nicht wahr ist, daß wir schon zu viele sind, um ernährt zu werden, und obgleich es klar ist, daß der Hunger in der Welt ein Verteilungs- und nicht ein Produktionsproblem ist, müssen zwei Feststellungen getroffen werden. Erstens gibt es Grenzwerte für die Produktion (ebenso wie für die menschliche Umweltzerstörung), und selbst in einer Welt mit idealer

Verteilung, in der nur Vegetarier lebten,[48] würde das malthusische Problem sehr schnell entstehen, wenn es keine Geburtenkontrolle gäbe.[49] Zweitens ist es naiv, ideale Verteilungsmechanismen anzunehmen: In Anbetracht der menschlichen Natur und der gegenwärtigen Weltwirtschaftsordnung ist es unrealistisch, den Hunger überwinden zu wollen, ohne die Geburten zu kontrollieren. Allerdings liegt es auf der Hand, daß dieses Problem schon theoretisch viel komplexer ist als andere. Eine finanzielle Bestrafung einer Familie mit mehr als zwei oder drei Kindern im Rahmen der Steuerpolitik würde die Kinder treffen, die sicher nicht dafür verantwortlich sind, daß sie geboren wurden; und eine Aufforderung an jeden Mann oder jede Frau, sich nach der Zeugung bzw. der Geburt des zweiten oder dritten Kindes sterilisieren zu lassen, wird in den meisten Ländern der Dritten Welt als Verletzung eines heiligen Rechtes angesehen. In der Tat bleiben zwei Probleme ungelöst, selbst wenn wir die nicht universalisierbare Idee zurückweisen, es gebe ein natürliches Recht darauf, so viele Kinder zu haben, wie man will. Erstens ist es nicht notwendig richtig, zu sagen, jedes Paar habe das Recht, zwei Kinder in die Welt zu setzen; denn nicht nur Individuen, auch Kulturen haben Rechte. Wenn wir uns über die Geburtenrate in Afrika entsetzen, sollten wir nicht verdrängen, daß die Erste Welt auch ein vergleichbares Bevölkerungswachstum gekannt hat, und daß es Europa, nicht Afrika ist, das heute äußerst dicht bevölkert ist. Würden alle Kulturen gleich behandelt, dann würden diejenigen, die schon gegen das Gebot demographischer Selbstbegrenzung verstoßen haben, einen unglaublichen Vorteil haben. Zweitens hängt die Grenzzahl der Weltbevölkerung von unseren Bedürfnissen ab. Wir können viel mehr sein, wenn wir weniger verbrauchen; und niemand wird der Entscheidung, ein bescheidenes Leben zu führen, aber dafür eine größere Familie zu haben, moralische Achtung versagen können: Ohnehin scheinen arme Dritte-Welt-Familien mit vielen Kindern häufig ein Glück zu kennen, das wohlhabenden Ein-Kind-Familien der Ersten Welt verwehrt bleibt. Dennoch bin ich der Überzeugung, daß ohne eine Rationalisierung unseres generativen Verhaltens Gerechtigkeit und Friede nicht erreicht werden können; die Folgen jeder sozialen Neuverteilung von Chancen, zum Beispiel einer Landreform in Dritte-Welt-Ländern, würden in wenigen Generationen verpuffen, wenn das demographische Wachstum ohne Schranken sich fortsetzen würde. In diesem Zusammenhang ist die Emanzipation von Frauen in Dritte-Welt-Ländern von äußerster Bedeutung. Nicht weniger wichtig ist größere soziale Gerechtigkeit; denn Kinder sind der einzige Reichtum der Armen. Freilich besteht hier ein offenkundiger Teufelskreis; denn die Rationalisierung unseres generativen Verhaltens hängt von der Einführung sozialer Gerechtigkeit ab, die ohne Kontrolle des Bevölkerungswachstums schwerlich möglich ist.

Alle Argumente gegen die angebliche Gerechtigkeit der gegenwärtigen Weltwirtschaftsordnung zeigen uns leider noch nicht, was getan werden sollte. Man kann zustimmen, daß zuviel Geld und zu viele Waren von der Dritten Welt in die Erste Welt fließen und viel zu wenig in die andere Richtung; aber das löst noch nicht das zentrale Problem. Wem sollten das entsprechende Geld und die entsprechenden Waren gegeben werden? Daß ein großer Teil der Entwicklungshilfe die Reichen in den Dritte-Welt-Ländern nur reicher und korrupter gemacht hat, kann leider nicht bestritten werden; und es ist sicherlich nicht moralisch, Geld nur zu geben, um das eigene schlechte Gewissen zu besänftigen.

Die Frage, wem die Hilfe zukommen sollte, wird m.E. von zwei moralisch relevanten Kriterien geleitet: Einerseits sind die plausibelsten Kandidaten diejenigen, die am bedürftigsten sind, andererseits diejenigen, die wahrscheinlich Multiplikatoren von Hilfe sind; denn das letzte Ziel der Hilfe muß darin bestehen, Hilfe überflüssig zu machen; sie darf keineswegs die Trägheit unterstützen. Gewöhnlich koinzidieren die beiden Gruppen nicht; hilflose Kinder in Slums auf der einen, verantwortliche Regierungsbeamte auf der anderen Seite bilden die beiden Extreme. In der Mitte kann man lokale Kooperativen ansetzen. Im Fall korrupter Regierungen darf staatliche Entwicklungshilfe nicht fortgesetzt werden, und die Erste Welt sollte nicht davor zurückschrecken, das zu verurteilen, was verurteilt gehört –

was natürlich viel leichter fällt, wenn man nicht selbst die Korruption lange unterstützt hat. Mir scheint, daß Paternalismus ein geringeres Übel ist als Gleichgültigkeit; das Land, das hilft, hat das Recht, seine Hilfe an Bedingungen zu knüpfen, wenn und nur wenn diese Bedingungen im langfristigen Interesse des Entwicklungslandes sind. Nicht nur gibt es kein Recht auf Korruption; auch das Recht, zu irren, endet dort, wo das Wohlergehen von Millionen davon abhängt, daß ich nicht irre.

Was die innenpolitischen Strukturen der Länder der Dritten Welt angeht, so scheint es in meinen Augen gerechtfertigt, wenn die Erste Welt stabile und effiziente Demokratien unterstützt. Man darf freilich nicht vergessen, daß die Demokratie, um zu funktionieren, eine Mentalität verlangt, die auf dem Respekt vor Recht und Ordnung basiert; wo dies nicht der Fall ist, kann sie nicht erfolgreich sein. Obgleich es apriorische Argumente für die Überlegenheit der Demokratie gibt, impliziert dies nicht, daß für jede Kultur in jedem Stadium ihrer Entwicklung die Demokratie das beste politische System ist. Ein guter Staat garantiert auch Sicherheit und fundamentale ökonomische Rechte; und es ist leider nicht a priori ausgeschlossen, daß diese Rechte für eine bestimmte Zeit besser durch nichtdemokratische Regierungen geschützt werden können: In China hungern weniger Menschen als in Indien, und es wäre zutiefst unmoralisch, Redefreiheit als das einzig relevante Kriterium anzusehen, wenn wir Regierungen von Dritte-Welt-Ländern beurteilen. Europa wurde jahrhundertelang von Monarchen regiert; Tocquevilles Auffassung, daß nur der aufgeklärte Absolutismus den Feudalismus zerstören und dadurch die Demokratie vorbereiten konnte,[50] ist nicht von der Hand zu weisen. Ein autokratisches System, das gewisse soziale Ungerechtigkeiten überwindet, mag besser sein als eine Demokratie, in der die Regierung offenbar korrupt ist und sowohl die Eliten als auch die Massen der öffentlichen Tugenden entraten, die für eine Demokratie notwendig sind. Allerdings ist es wahr, daß in der gegenwärtigen Welt, zumal nach der Krise des Kommunismus, Demokratien mehr und mehr als die einzig legitimen politischen Systeme angesehen werden. Eine Chance, die sich aus dem Ende des

Kalten Krieges ergibt, ist, daß ein internationaler Konsens der mächtigsten Länder erreicht werden könnte, was die moralische Bewertung von Regierungen der Dritten Welt betrifft, zumal diese Bewertung hoffentlich nicht länger von strategischen Ängsten in bezug auf das Ost-West-Gleichgewicht verzerrt werden wird. Selbst international sanktionierte Interventionen, um die abstoßendsten Regimes der Welt abzusetzen, sind in meinen Augen legitim, wenn sie den Interessen der Mehrheit des jeweiligen Dritte-Welt-Landes entsprechen.

Es ist in der Tat richtig, daß wir eine neue Weltordnung brauchen. Eine Pluralität souveräner Zentren (die, um wirklich souverän zu sein, notwendig danach streben müssen, über Massenvernichtungsmittel zu verfügen) ist nicht mit einem dauerhaften Frieden vereinbar, und sowohl die Verflechtung der Weltwirtschaft als auch die ökologische Herausforderung machen globale Entscheidungen immer dringender. Wer den Zusammenhang zwischen Kriegen und Hungersnöten begriffen hat, muß hoffen, daß Dritte-Welt-Länder daran gehindert werden, Kriege gegeneinander zu führen. Selbst eine Pax Americana-Sovietica wäre besser gewesen, selbst eine Pax Americana wird besser sein als internationale Anarchie. Die erste Bedingung eines solchen Friedens ist natürlich ein Ende der Waffenexporte in die Dritte Welt; erst dann erhält die Erste Welt ein moralisches Recht zur Intervention. Imperialismus ist ein häßliches Wort für solche Interventionen, aber Gleichgültigkeit gegenüber den globalen Problemen ist noch schlimmer; und wenn einige Probleme auf nationaler Ebene nicht gelöst werden können, dann ist die Gründung internationaler Strukturen, die in der Lage sind, sie anzugehen, ein Recht, ja sogar eine Pflicht aller verantwortlichen Staaten. Das Ende des Kalten Krieges – besonders wenn die GUS nicht auseinanderfällt – gewährt in der Tat die Chance zu einer neuen internationalen Ordnung, von der die ganze Welt profitieren könnte. Aber wie wird diese neue Ordnung ausschauen? Wird der Eiserne Vorhang zwischen Ost und West durch einen Goldenen Vorhang zwischen Nord und Süd ersetzt werden? Oder wird die neue Weltordnung die eigentlichen Probleme der modernen Welt lösen und wenigstens versuchen, das Massenelend in der Dritten Welt und die Bedrohung unserer gemeinsamen Umwelt zu überwinden? Solange wir dies nicht wissen, muß das Urteil über die Rechtmäßigkeit des Golfkrieges in der Schwebe bleiben – dieses ersten Krieges zwischen Erster und Dritter Welt ohne jeden Beigeschmack des großen Konfliktes zwischen Kapitalismus und Sozialismus, der die letzten Jahrzehnte beherrschte.

Aber die entscheidende Frage zum Verhältnis zwischen Erster und Dritter Welt ist weder wirtschaftlicher noch politischer Natur – sie ist kultureller Art. Hat die Erste Welt das Recht, eine neue Weltordnung zu planen, selbst wenn sie die Interessen der Dritten Welt wesentlich mehr berücksichtigt, als sie es bisher getan hat? Ist es wirklich legitim, eine Weltgesellschaft zu erstreben, die auf der Grundlage westlicher Werte erbaut ist? Ich denke, die richtige Antwort auf diese Frage muß zwei Extreme vermeiden. Das eine Extrem ist das des Kulturrelativismus. So progressiv er auch klingt, so läuft er doch letztlich darauf hinaus, die Existenz verbindlicher moralischer Normen für interkulturelle Beziehungen zu bestreiten; und das ist nicht wesentlich besser als der reine Machtpositivismus. Auch der Gedanke, daß wir jede Kultur, so wie sie ist, respektieren sollten – selbst wenn ihr Wertesystem die flagranteste Verletzung von Menschenrechten impliziert –, ist nicht nur nicht realisierbar; er ist auch theoretisch inkonsistent: Denn er setzt Selbstbestimmung als höchsten Wert voraus, und dies ist einer der Grundwerte des Westens. Der Kulturrelativismus als Ideologie könnte sehr wohl die letzte Konsequenz des westlichen Kulturimperialismus sein.

Andererseits liegt es auf der Hand, daß wir unsere eigene Kultur mit größtem Mißtrauen betrachten müssen. Es ist die westliche Kultur, die die Menschheit an den Rand einer ökologischen Katastrophe geführt hat; und es ist *unser* Lebensstil, der nicht universalisierbar und daher unmoralisch ist. Immerhin entsteht zum Beispiel die Korruption in der Dritten Welt – eine der abstoßendsten Merkmale dieser Kulturen und eine der tiefsten Ursachen für das Massenelend – aus dem Wunsch der Eliten der Dritten Welt, uns nachzuahmen. Die Erste Welt hat das

Recht, von der Korruption angewidert zu sein – aber nur, wenn sie in ihr wie in einem Zerrspiegel eine Karikatur ihrer selbst erkennt. Wenn der Westen sein Wertsystem nicht ändert, wenn er nicht ein Wirtschaftssystem aufbaut, das erstens sozial gerechter und zweitens mit der Erhaltung unserer Umwelt kompatibel ist, dann verwirkt er das Recht, andere Kulturen zu lehren, was zu tun ist. Die universalistischen Moralideen sind ein substantieller Fortschritt, auf den wir zu Recht stolz sein können; die zunehmende Autonomie und Beschleunigung der technologischen Entwicklung werden sich als selbstzerstörerisch erweisen, wenn sie nicht von moralischen Prinzipien kontrolliert werden. Das gilt für uns und, noch mehr, für jene Kulturen, die noch nicht die Mentalität internalisiert haben, die erforderlich ist, um derartige Technologien sinnvoll zu beherrschen.

Die Expansion der westlichen Kultur sollte sich primär auf die Ausbreitung einer universalistischen Moral beschränken; stattdessen dominiert die technische Dimension, die absurde Bedürfnisse jenseits jeden menschlichen Maßes erzeugt. Aber selbst unter streng moralischen Gesichtspunkten ist es wichtiger, verschiedene Moralitäten zuerst zu verstehen, bevor man sie verurteilt. Natürlich ist der Kindermord, den viele archaische Kulturen praktizierten, nicht der richtige Weg, das demographische Problem zu lösen; aber dahinter steckte eine rationale Einsicht, nämlich, daß Geburts- und Todesraten in einem bestimmten Verhältnis zueinander stehen müssen, wenn das Ökosystem überleben soll. Diese Einsicht, wie viele andere Einsichten, die in den Mythen der Kulturen verborgen sind, darf nicht verloren gehen. Mir liegt die Annahme fern, daß Mythos und Wissenschaft den gleichen Anspruch auf Wahrheit haben, aber es ist nicht zu leugnen, daß der holistische Zugang zur Realität, der für den Mythos charakteristisch ist, gewisse Vorteile hat im Vergleich mit der sektoriellen, analytischen Denkweise der Wissenschaft. Der Mythos unterscheidet nicht zwischen kausaler und eidetischer Ordnung, aber ein Zeitalter, das nur noch an Kausalanalyse interessiert ist, kann durch den Mythos daran erinnert werden, daß es auch eine eidetische

Ordnung gibt. Der Mythos erkennt, daß die Menschen ein Teil des Kosmos sind – eine Einsicht, die der moderne Subjektivismus nahezu vergessen hat.

Wenn kulturelle Vielfalt nicht der Rechtsidee oder dem gemeinsamen Interesse der Menschen, zusammen auf diesem Planeten zu überleben, widerspricht, dann sollte sie als ein Wert erkannt und mindestens ebenso wie die biologische Artenvielfalt geschützt werden. Kulturen sind Reservoire von Ausdrucksformen und symbolischen Darstellungen, und da es nicht nur einen einzigen Weg gibt, die Wahrheit darzustellen und auszudrücken, so verdient jeder Versuch bewahrt zu werden. Der Stolz auf die eigene Kultur kann gefährlich werden, wenn er deren Mitglieder davon abhält, die Werte anderer Kulturen anzuerkennen; darin besteht zum Beispiel die Gefahr des derzeit politisch einflußreichsten antiwestlichen Programms, des islamischen Fundamentalismus. Andererseits: Wenn die destruktive Konsumideologie des Westens nicht nachgeahmt werden soll, dann mag der Rückgang zu den eigenen Wurzeln einer der erfolgreichsten Wege sein, sich ihrem Einfluß zu entziehen. Eliten, die für die legitimen Interessen ihrer Kultur kämpfen, sind besser als diejenigen, die nur am Luxus des Westens teilhaben wollen. Man sollte nicht vergessen, daß die islamische Kultur im Mittelalter universalistischer und aufgeklärter war als das zeitgenössische Christentum; Al-Farabi hatte im Abendland keinen intellektuell gleichrangigen Zeitgenossen. Das Studium seines Werkes[51] mag Moslems daran erinnern, wie rational ihre Kultur in der Vergangenheit war. Der Islam verfiel unter anderem deswegen, weil er sich weigerte, die Errungenschaften des Westens zu rezipieren; möge dem Westen ein ähnliches Schicksal erspart bleiben.

Die wichtigste Kategorie in interkulturellen Beziehungen ist diejenige der Identität. Persönliche und kulturelle Identität bedeuten offenbar etwas anderes als die tautologische Identität A=A, die nie ein Problem ist, während die Suche nach der eigenen Identität häufig eines ist. Ich kann hier nicht das Problem in der Tiefe diskutieren, die es verdient; ich will nur drei notwendige Momente jeder rationalen Identitätssuche nennen.

Erstens ist eine Ausrichtung auf universelle Ideen notwendig; jede Identität, die diese Ausrichtung bestreitet, ist dazu verurteilt, pathologisch und parasitär zu werden. Freilich gibt es verschiedene Wege, das Universale zu realisieren; und die eigene Fähigkeit, dies zu leisten, ist gewöhnlich durch die eigene Vergangenheit bestimmt, sei diese individuell oder kollektiv. Wer seine Geschichte ignoriert, wird schwerlich eine vernünftige Identität finden; die eigene Geschichte ist daher das zweite Moment in einer jeden Identitätssuche. Aber das Individuum kann seine besondere Identität nur finden, indem es sich anderen Identitäten entgegensetzt; und der tiefste Sinn von Liebe besteht offenbar darin, eine stabile und moralische Identität zu finden. Nun gilt dieser intersubjektive Aspekt nicht nur für interpersonale Beziehungen; er trifft auch auf interkulturelle Beziehungen zu. Die Konfrontation mit einer anderen Kultur mag traumatisch sein; sie kann freilich auch zu einer Entwicklung führen, in der eine Kultur zu ihrer Vollendung gelangt. Ich will schließen mit einer Geschichte, die diesen Punkt veranschaulicht. In den Erzählungen der Chassidim, die Martin Buber gesammelt hat, finden wir die Geschichte des armen Rabbi Eisik, des Sohnes von Jekel, der in Krakau lebte. Ihn suchte mehrere Male ein Traum heim, der ihn aufforderte, nach Prag zu gehen; unter der Hauptbrücke werde er einen Schatz finden. Schließlich verläßt der Rabbi Krakau; nach seiner Ankunft in Prag beobachtet er viele Tage lang die Soldaten, die die Brücke bewachen. Schließlich redet ihn der Hauptmann der Soldaten an, und Eisik erzählt ihm seinen Traum, doch der Hauptmann verlacht ihn; er selbst, antwortet er, werde von einem ähnlichen Traum verfolgt, nämlich nach Krakau zu gehen und in der Ecke hinter dem Ofen eines armen Rabbi namens Eisik, Sohn von Jekel, nach einem Schatz zu suchen. Aber nie würde er einen solchen Traum ernst nehmen. Du hast recht, antwortet der Rabbi, kehrt nach Hause zurück und findet dort den Schatz, der ihm im Traum versprochen worden war.[52]

Ich mag das asymmetrische Moment in der Geschichte nicht, aber ich bin überzeugt, daß sie uns etwas lehrt, womit ich schließen möchte: Die Erste Welt wird ihre eigene Identitätskrise nicht überwinden, wenn sie nicht beginnt, sich mit der Identitätssuche der Dritten Welt auseinanderzusetzen und diese zu respektieren.

Sein und Subjektivität. Zur Metaphysik der ökologischen Krise

Daß die ökologische Krise weitreichende Konsequenzen für Individualethik, Ökonomie und Politik hat, wird kaum ein Vernünftiger bezweifeln; und ebensowenig läßt sich bestreiten, daß sie tiefe Wurzeln in der europäischen Geistesgeschichte hat. Aber warum ist sie ein *metaphysisches* Problem? Und weshalb soll sie uns etwas gerade über das Verhältnis von Sein und Subjektivität sagen?

Da es sehr viele Metaphysikbegriffe gibt, will ich gleich zu Anfang den hier zugrundegelegten klären. Unter Metaphysik verstehe ich im folgenden die metaphysica generalis, also die Lehre vom Seienden als Seiendem; keineswegs ist damit schon die Annahme eines transzendenten Seienden impliziert. Dennoch drängt sich die Frage geradezu auf, warum die ökologische Krise mehr sei als ein regionalontologisches Problem. Denn daß die ökologische Krise, als anthropogenes Ereignis, über ein bestimmtes Seiendes, den Menschen, viel aussagt, ist offenkundig; aber wenn sie nur für die Lehre vom Menschen relevant ist, dann ist sie eben ein anthropologisches und kein metaphysisches Problem. Immerhin ließe sich hier schon entgegnen, daß der Mensch ein so besonderes Seiendes im Ganzen des Seins ist, daß er Licht wirft auf dieses Ganze: Während die Struktur des Seins als solchen nicht dadurch in Frage gestellt würde, daß etwa der Malachit nicht zu dem Seienden zählte, wäre das Wesen des Seins doch ein ganz anderes, wenn es nicht den Menschen hervorgebracht hätte, zumindest hätte hervorbringen können. Der alte Satz, daß der Mensch ein Mikrokosmos sei,[1] besagt ja eben dies, daß in ihm das Ganze des Seins in konzentrierter Form präsent ist: Der einzelne Mensch ist ein physischer Gegenstand, der als solcher den Naturgesetzen unterworfen ist, er ist ein Organismus, in dem sich chemische Prozesse abspielen; er hat oder ist auch eine Innenseite, die in rästelhaftem Verhältnis zu seinem Leibe steht, jedenfalls einer eigenen, von der Psychologie zu ergründenden Logik gehorcht; er ist ein kulturschaffendes Wesen. Insofern führen Probleme der Anthropologie immer wieder zur Metaphysik: Das Rätsel des Menschen läßt sich ohne eine Theorie vom Ganzen des Seins nicht lösen; und nie wird eine allgemeine Ontologie befriedigen, aus der nicht ersichtlich ist, warum zum Sein dieses eigenwillige Wesen gehört, das alles Seiende gleichsam in sich zusammenfaßt und das allein die Frage nach dem Sein zu stellen vermag. Die eben gebrauchte Formulierung impliziert, daß realphilosophische Fragen aus der allgemeinen Ontologie zu begründen sind und nicht umgekehrt; geltungstheoretisch ist an dieser Ordnung nicht zu rütteln. Und doch ist genetisch, im ordo cognoscendi, ein gleichsam induktiver Zugang durchaus sinnvoll: Aus der Analyse einzelner, besonders ausgezeichneter Seiender mag sich ein Weg finden zum Wesen des Seins.[2]

Aber nicht nur ist der Mensch keineswegs bloß *ein* Seiendes neben anderen; auch die ökologische Krise ist nicht bloß *ein* Ereignis neben anderen in der Geschichte des Menschen. Im Menschen bildet sich das Ganze des Seins ab; in der ökologischen Krise, der ersten existenzgefährdenden Krise der Menschheit, geht es um das Ganze des Menschseins. Schon infolge des Mikrokosmoscharakters des Menschen ist diese Gefährdung des Menschen eine Gefährdung des Ganzen des Seins; sie ist darüber hinaus zweitens auch unmittelbar eine Gefährdung des restlichen Seienden: Bereits vor dem möglichen Verschwinden des Menschen wird die Ökosphäre in einer Weise geplündert und zerrüttet, die ein metaphysisches Ärgernis darstellt, weil sie die Welt zahlreicher in tierischen und pflanzlichen Arten verwirklichter Werte in einem naturgeschichtlich einzigartigen Ausmaße beraubt. Es ist in der Tat gerade diese Entgegensetzung des Menschen zur Natur, die eine besondere ontologische Bedeutung besitzt: Denn obgleich der Mensch sicher *auch* ein Naturwesen ist, besitzt er doch wie kein anderes Naturwesen die Fähigkeit, sich der ihn umgebenden Natur entgegenzusetzen und sie zu zerstören. Es ist diese Struktur, sich gegen das als ein Anderes zu wenden, was die eigene Grundlage ist, die uns einige Einsicht in das Wesen des Seins verspricht. Schon an dieser Stelle läßt sich sagen, daß diese Struktur, die in der ökologischen Krise nur ihren sinnfälligsten Ausdruck erreicht, zwei entgegengesetzte Theorien des Verhältnisses von Natur und Geist als gleichermaßen einseitig erweist: Wäre der Geist der Natur nur entgegengesetzt, dann könnte er sich nicht mit der Gefährdung der Natur selbst in Gefahr bringen; wäre er nur ein Teil der Natur, dann wäre schwerlich zu erklären, wieso er dieses Gefährdungspotential gegenüber der Natur besitzt; jedenfalls wäre darin nichts Unnatürliches zu sehen, weil es außer der Natur nichts gäbe.

Die ökologische Krise ist, auch wenn im Wesen des Menschen angelegt, kein ewiges Strukturmerkmal des Geistes. Sie ist nur möglich in einem bestimmten geschichtlichen Moment des Menschen. Dies ist aus zwei Gründen hervorzuheben. Erstens ist diese historische Ortbarkeit der ökologischen Krise schon deswegen bemerkenswert, weil es sich nicht von selbst versteht, daß individuelle Ereignisse metaphysisch relevant sind. Die Metaphysik als allgemeine Ontologie handelt vom Seienden als Seiendem; und daß sich dieses Seiende als Seiendes nicht nur in einer Gattung wie dem Menschen, die ja immerhin noch etwas Allgemeines ist, sondern in einem geschichtlichen Vorgang gleichsam pointiert und in besonderer Intensität manifestiert, wäre für die griechische, vorchristliche Metaphysik geradezu eine contradictio in adiecto gewesen. In der Tat äußert sich in diesem am griechischen Seinsverständnis geschulten Einwurf durchaus ein gewichtiger Einwand, der ernst zu nehmen ist und auf den noch einzugehen sein wird. Immerhin kann jetzt schon darauf verwiesen werden, daß die zeitliche, ja geschichtliche Entfaltung des Seins in einer modernen Ontologie in anderer Form berücksichtigt werden muß, als es den Griechen noch möglich und notwendig war: Hegel und Heidegger sind zwei Beispiele für Metaphysiker, die Sein und Geschichte in einer Weise zusammendenken, die für die Griechen unvorstellbar gewesen wäre.

Allerdings sind die Unterschiede zwischen Hegel und Heidegger – und damit komme ich zum zweiten Punkt – nicht geringer als diejenigen zwischen griechischer und moderner Ontologie. Die Differenzen erhellen, wenn wir die Frage nach der Richtung der zeitlichen Entwicklung des Seins stellen. Für Hegel ist diese im wesentlichen Fortschritt: In der eidetischen Entwicklung der Kategorien ebenso wie in der zeitlichen Entfaltung der Welt stellt die spätere Stufe einen weiteren Schritt in der Selbsterkenntnis des dem Weltprozeß zugrundeliegenden Geistes dar. Geschichte ist insofern Fortschritt im Bewußtsein der Freiheit. Für den späten Heidegger hingegen ist zumindest die europäische Geistesgeschichte spätestens seit Platon von einer immer tiefergehenden Seinsvergessenheit bestimmt. Der Herrschaftswille des philosophischen Begreifens, der in der neuzeitlichen Subjektphilosophie gipfelt, führt im Programm der modernen Technik zu einer vollständigen Unterwerfung der Natur und damit zur ökologischen Krise, die eine notwendige Konsequenz der abendländischen Philosophie ist. Da diese Konsequenz die höchste Gefährdung des Menschen ist, läßt sich die abendländische Geschichte schwerlich anders denn als fortschreitender Verfall deuten, aus dem, wenn überhaupt, nur ein Gott noch retten könne.

Die Frage, ob die Entwicklung der letzten zweieinhalbtausend Jahre positiv oder negativ zu bewerten sei, ist für die Metaphysik insbesondere dann relevant, wenn, wie ich zu zeigen versuchen werde, deren Entwicklungsprinzip als Fortsetzung der vorangegangenen Geschichte des Seins gedeutet werden kann. Denn dann entscheidet man mit einem Urteil über die letzten zweieinhalbtausend Jahre zugleich über das Sein als Ganzes. Aber selbst wenn dies nicht der Fall ist, liegt es auf der Hand, daß ein Urteil über die europäische Zivilisation nicht ohne Konsequenzen für unser Selbstverständnis bleiben kann. Wie ein Mensch, dem die erkenntnis- und handlungsleitenden Prinzipien seines bisherigen Lebens zutiefst fragwürdig geworden sind, um eine Identitätskrise nicht herumkommt, so kann eine Kultur, die ihre eigene Geschichte als Verfall deutet, nicht so weitermachen wie bisher. Die schwere Identitätskrise, die seit einem Jahrhundert die europäische Kultur erschüttert, ist in den letzten zwanzig Jahren offenbar durch das Bewußtsein radikalisiert worden, die spezifisch abendländische Form der Rationalität sei mitverantwortlich für die existenzgefährdende ökologische Krise; und da das Identitätsbewußtsein einer Kultur *ein* Machtfaktor in der internationalen Ordnung ist, ist die philosophische Frage, ob es angesichts der ökologischen Krise noch Sinn macht, von Fortschritt zu reden, in hohem Maße ideologisiert, obgleich wir ihr hier sine ira et studio nachgehen wollen. Die Ideologisierung der Kategorie des Fortschritts resultiert auch daraus, daß seit dem 19. Jahrhundert die Geschichte immer mehr Gott oder die Gewissensautonomie als letzte Legitimationsinstanz für Ethik und Politik ersetzt hat. Wer den Fortschritt bestreitet, scheint daher sogar die Möglichkeit von Ethik zu zerstören.

Auch wenn in der abendländischen Geschichte, vielleicht sogar in der ganzen Entwicklung des Seins mehr Kontinuität walten dürfte, als auf den ersten Blick der Fall zu sein scheint, ist offenkundig, daß es ohne die neuzeitliche Subjektivität nicht zur ökologischen Krise gekommen wäre. Auch wenn Subjektivität jedem Menschen, ja schon Tieren und vielleicht selbst Pflanzen nicht abzusprechen ist, ist doch die neuzeitliche Subjektivität von den anderen geschichtlich verwirklichten Formen menschlicher Subjektivität spezifisch unterschieden. Das richtige Verständnis ihrer Natur wird uns einer Beantwortung unserer Frage näherbringen, was denn die ökologische Krise für den Aufbau des Seins besage; die Kategorie „neuzeitliche Subjektivität“ wird uns ferner erlauben, die Identitätsprobleme der gegenwärtigen europäischen Kultur differenzierter zu analysieren.

Im folgenden will ich meinen Versuch einer Antwort auf die metaphysischen Implikationen der ökologischen Krise dadurch plausibler machen, daß ich sie über die Kritik an alternativen Konzeptionen vermittle. Die außerordentliche Schwierigkeit der Fragestellung mag es legitimieren, daß ich den Zugang zu der Sachfrage über den Umweg der bisherigen Lösungsvorschläge für unser Problem suche. Dabei will ich folgendermaßen vorgehen: Zunächst will ich eine gewissermaßen triumphalistische Geistmetaphysik darstellen, die man als vulgärhegelianisch bezeichnen könnte, auch wenn sie mit dem System Hegels nicht viel zu tun hat,[3] und die den Hintergrund vieler Verharmloser des ökologischen Problems bildet (I). Alsdann will ich mich mit den zwei m. E. wichtigsten Kritiken der Geistmetaphysik auseinandersetzen: einerseits mit Heideggers Interpretation der Seinsgeschichte, andererseits mit dem ökologisch motivierten Naturpantheismus, als dessen philosophisch anspruchsvollster Vertreter K. M. Meyer-Abich angesehen werden kann[4] (II), um schließlich meine eigene Lösung vorzuschlagen, die eine Synthese versucht (III).[5]

I.

Hegels Überzeugung, in seinem System habe die abendländische Philosophie ihre Vollendung erreicht, ist aus verschiedenen Gründen keineswegs irrational zu nennen.[6] Erstens spricht der materiale Reichtum dieses Systems für einen derartigen Anspruch, zweitens seine außerordentliche begründungstheoretische Leistung, der keine spätere Philosophie Vergleichbares an die Seite zu setzen hat. Schließlich kann Hegel beanspruchen, die innere Logik der vorangegangenen Philosophiegeschichte weiterzuführen – seine Philosophie der Geschichte der Philosophie holt die eigene Philosophie insofern wieder ein, als sie sie als folgerichtiges Resultat der bisherigen erweist. Es ist dieses „Selbsteinholungsprinzip“, das für Hegel äußerst charakteristisch ist – sowohl für die Begründungsstrukturen seines Systems als auch für seine Philosophie der Geschichte. Hegel ist Transzendentalphilosoph in dem Sinne, daß er die Bedingungen der Möglichkeit des Geltungsanspruchs der eigenen Theorie rekonstruiert – seine „Wissenschaft der Logik“ ist der Versuch einer zusammenhängenden Entwicklung all jener Kategorien, die in jeder Theorie, sei es über die Welt, sei es über jede mögliche Theorie über die Welt, immer schon vorausgesetzt werden. Die Entwicklung der Realphilosophie, die aus Natur- und

Geistphilosophie besteht, zielt auf die Erreichung des Bewußtseins von den Kategorien, die der Entwicklung zugrunde liegen; und dieses Bewußtsein gipfelt in der Philosophie. Der Sinn der Welt liegt gleichsam darin, daß das, was an sich ist, für sich wird; in der zunehmenden Reflexivität besteht das entscheidende Kriterium für Fortschritt. Der Geist steht deswegen über der Natur, weil er die Natur erkennend übergreift, während die Natur weder um sich noch um den Geist weiß.

Die Entwicklungstendenz von der Natur zum Geist, das immer stärkere Hervortreten von Reflexivität, bestimmt nach Hegel auch die Natur, da der Übergang von der anorganischen zur organischen Welt ebenfalls als Prozeß der Reflexivisierung gedeutet werden kann. Sie bestimmt aber auch die Entwicklung des Geistes, und zwar sowohl die begriffliche des Systems seiner Kategorien als auch die zeitliche seiner Geschichte. In der Tat ist Hegel, nach Vico und Herder, einer der ersten großen Philosophen mit einem außerordentlichen Gespür für die Entwicklungsgesetze der menschlichen Geschichte. Selbst wer die ontologischen Prämissen seines Systems verwirft, kann schwerlich bestreiten, daß seine Analysen der Unterschiede etwa zwischen antiker und moderner Kunst oder zwischen antiker und moderner Philosophie gewöhnlich das Wesentliche treffen. Daß die europäische Geschichte durch das Christentum und den Aufgang der modernen Welt einem zunehmenden Prozeß der Subjektivierung unterworfen wurde, ist kaum zu leugnen, auch wenn die Bewertung dieses Prozesses noch offen bleiben mag.

Hegels Bewertung dieses Prozesses ist bekanntlich nahezu uneingeschränkt positiv. Während der junge Hegel den Entfremdungstendenzen seiner Gegenwart ein romantisch verklärtes Griechenland entgegensetzte, besteht die bewußtseinsgeschichtlich zentrale Idee der „Grundlinien der Philosophie des Rechts“ in einer wenn auch gebrochenen, so doch endgültigen Anerkennung der Unumgänglichkeit der Entzweiungen der modernen Welt – sosehr diese im Konzept der „Sittlichkeit“ auch wieder aufgehoben werden sollen. Obgleich sich die moderne Industriegesellschaft zur Zeit Hegels gerade erst bildete, läßt sich doch sein rechts- und staatsphilosophisches Hauptwerk durchaus als eine Apologie der neuen politischen Ordnung lesen, die sich nach der Französischen Revolution und dem Wiener Kongreß in Westeuropa herausschälte und die mit erstaunlicher Kontinuität bis heute weiterwirkt. Insbesondere scheint Hegel, u.a. wegen seines Interesses an den begründungstheoretisch ausgezeichneten reflexiven Strukturen, die eigene Epoche für eine letztlich unüberbietbare gehalten zu haben: In seiner Philosophie, die das Absolute als Geist erfaßt, vollende sich die Geschichte der denkerischen Erfassung des Absoluten, die selbst Ausdruck des Absoluten sei. Weder auf dem Gebiet der politischen Geschichte noch auf dem der Philosophiegeschichte scheint Hegel radikale Neuerungen mehr für möglich gehalten zu haben; zumindest hat ihn diese Frage nicht interessiert. Ein milder Fortschrittsoptimismus, der weitere Verbesserungen zwar nicht ausschließt, aber nicht mit einem Paradigmenwechsel rechnet: Auf diesen Begriff läßt sich seine Position wohl bringen.

Im vorigen habe ich Hegels Position in einer Weise vereinfacht, die ans Unverantwortliche grenzt. Dennoch mag das in diesem Kontext insofern gerechtfertigt werden, als an einen derart verkürzten Hegel viele jener zeitgenössischen Philosophen anknüpfen, die die Dringlichkeit der ökologischen Krise bestreiten und jedenfalls als Abwiegler bezeichnet werden können – ich meine besonders die Ritterschule.[7] Stark beeinflußt von den wichtigen Arbeiten Joachim Ritters zur Rechtsphilosophie Hegels, erklären Autoren wie Hermann Lübbe[8] oder Odo Marquard[9] die gegenwärtige Industriegesellschaft, von der Hegel nur die Keime sah, zu einer letztlich nicht sinnvoll hinterfragbaren Form institutionell geronnener Freiheit. Schon Ritter hatte in einer berühmten Interpretation von Hegels Eigentumslehre[10] dessen Auffassung, allein durch die Versachlichung der ihn umgebenden Welt erlange der Mensch Freiheit, verteidigt. Das volle, von Restriktionen befreite Eigentum der kapitalistischen Rechtsordnung wird bei Hegel geradezu als Ausdruck des Hoheitsrechtes des Geistes über die Natur gedeutet. Auch wenn die gegenwärtigen Neohegelianer der Ritterschule die Hegelsche Philosophie ihrer metaphysischen Grundlage berauben, führen sie mit ihrer affirmativen Einschätzung der gegenwärtigen Lage gewisse Momente des Hegelschen Denkens weiter. Erst indem er sich die Natur unterwirft, ist für sie der Geist Geist; und auch wenn sie Korrekturen an einigen gegenwärtigen Tendenzen für erforderlich halten, geht es nach ihnen stets nur um technokratischen Fortschritt, auch und gerade in der Bewältigung der Techniknebenfolgen.

Wenn man die implizite Metaphysik dieses Vulgärhegelianismus (die im Grunde auch im Marxismus weiterwirkt) zusammenfassen möchte, lassen sich folgende Momente angeben.

1. Die Entwicklung der menschlichen Geschichte, vielleicht sogar der ganzen Seinsgeschichte, ist durch ein immer stärkeres Hervordringen des Geistes gekennzeichnet.

2. Der Geist ist das eigentliche Telos des Seins; die Natur hat nur extrinsischen Wert, insofern sie eine Basis für den Geist ist.

3. Die Entwicklungstendenz „Von der Natur zum Geist" ist uneingeschränkt zu bejahen; insofern die moderne Industriegesellschaft den Rationalisierungsprozeß vollendet, ist sie die fortschrittlichste, ja die höchste uns bekannte Seinsform.

4. Auch wenn, wie gesagt, den zeitgenössischen Apologeten der Industriegesellschaft explizite metaphysische Reflexionen fernliegen, setzen ihre Wertungen voraus, daß der Geist entweder der eigentliche Seinsgrund der Natur ist (so lautet eine bestimmte, m.E. falsche Lesart Hegels) oder daß er zumindest eine eigene Substanz ist, die unabhängig von der Natur subsistiert (dies ist die Grundthese Descartes'). Daß der Marxismus die ersten drei Prinzipien akzeptiert, aber eine materialistische Ontologie vertritt, ist eine seiner vielen intellektuellen Schwächen.

Selbst in der eben skizzierten, sehr verkürzten Form, die entscheidende Theoriebestandteile des Hegelschen Systems wie etwa die Dialektik und die Philosophie der Natur ausläßt, hat der Hegelianismus beachtliche intellektuelle Reize. Erstens ist seine Kohärenz zu bewundern – so sieht er in der Geschichte des Menschen, ja der Natur eine klare Entwicklungslinie. Positiv hervorzuheben ist insbesondere, daß er zwischen Natur- und Geistesgeschichte eine Kontinuität erblickt; auf diese Weise ist der abstrakte Dualismus zwischen Natur und Geist überwunden. Zweitens ist die Teleologisierung der Seinsentwicklung auf den Geist hin insofern unvermeidlich, als es ja der Geist ist, der eine philosophische Theorie entwickelt; wenn diese wahrheitsfähig sein soll, ist auf eine Auszeichnung des Geistes nicht zu verzichten, auch wenn sie keineswegs so ausfallen muß, wie sie der Vulgärhegelianismus ausarbeitet. Und drittens ist nicht ohne weiteres zu bestreiten, daß allein die moderne Welt seit der Industriellen Revolution Freiheit und Gleichheit in einem Maße garantiert, das in Antike und Mittelalter undenkbar gewesen wäre.

Und dennoch: Alle Argumente, die (neben an Einfluß nicht zu unterschätzenden bildungsbürgerlichen Vorurteilen) für den Vulgärhegelianismus sprechen, können nichts an dem tiefsitzenden Unbehagen ändern, das immer mehr Menschen angesichts seiner empfinden. Er mag, zumindest auf den ersten Blick, von einer unerschütterlichen logischen Stringenz sein – den Phänomenen, deren Zeugen wir sind, ja deren Zeugen wir vielleicht erst zu sein vermögen, seit wir die geistigen Scheuklappen des Vulgärhegelianismus abgeworfen haben, wird er in manifester Weise nicht gerecht. Zu den Phänomenen, die ich im Auge habe, zähle ich an dieser Stelle nicht die unsäglichen politischen Verbrechen des 20. Jahrhunderts, die die Geschichtsphilosophie der Aufklärung einschließlich derjenigen Hegels so unwiderruflich desavouiert haben (auch wenn die Aufgabe bleibt, das, was in diesem Jahrhundert an Furchtbarem geschehen ist, zu begreifen und in seiner unheimlichen Logik geschichtsphilosophisch zu verstehen). Ich beschränke mich hier auf die ökologische Krise. Von einer solchen kann laut dem Vulgärhegelianismus im Grunde gar keine Rede sein, weil die Zerstörung der Natur, zumindest solange sie noch nicht für den Menschen bedrohlich ist, kein Übel darstellt, sondern, im Gegenteil, nur die Freiheit und Überlegenheit des Geistes manifestiert; und daß sie für den Menschen selbst bedrohlich werden könnte, wird deswegen nicht ernsthaft geglaubt, weil sie dem bisher bewährten Entwicklungsgesetz „Von der Natur zum Geiste“ in unheimlicher Weise widerspräche: Der Geist verschwände in einem ökologischen Holozid, und nur die primitivsten Formen der Natur blieben übrig.

Aber die Tatsache, daß sich der Vulgärhegelianismus einschneidende ökologische Katastrophen nicht vorzustellen vermag, spricht mehr gegen ihn als gegen deren Wahrscheinlichkeit; und auch seine Unfähigkeit, angesichts des Massensterbens pflanzlicher und tierischer Arten zu trauern, ist, als Ausdruck einer fortgeschrittenen seelischen Verkümmerung, eher ein weiterer Grund zur Trauer als ein Argument gegen das Mißliche der gegenwärtigen Situation. Die jahrzehntelang andauernde kollektive Blindheit der sogenannten gebildeten Menschheit angesichts der drohenden Katastrophen läßt unsere Zweifel an der geistigen Kraft ihres Kategoriensystems wachsen, nicht schwinden. Wenn es dieses Ausmaßes an harten Fakten bedurfte, um den Abgrund zu sehen, auf den wir zutaumeln, dann muß die Philosophie, die für diese Begriffsstutzigkeit verantwortlich ist, in einem ganz fundamentalen Sinne falsch sein.

In der Tat ist unschwer zu sehen, daß der Vulgärhegelianismus auch rein logisch unhaltbar ist. Der entscheidende Einwand gegen ihn, der sich noch gar nicht auf externe Phänomene wie die ökologische Krise einläßt, lautet: Warum gibt es nach ihm überhaupt so etwas wie Natur? Ist diese nicht, wenn man seine Prämissen zugrunde legt, überflüssig wie ein Kropf? Wieso ist das Sein mehr als der Geist und seine Geschichte? Doch selbst wenn sich diese Frage beantworten ließe, müßte man weiterfragen: Wieso zerstört der Geist die Natur? Weshalb ist er an einer Herrschaft über sie interessiert? Ist der Geist eine selbständige Substanz, dann ist eine Interaktion mit der Natur schwer erklärbar, zumindest schwerlich sinnvoll; denn warum sollte sich etwas Höheres mit etwas Niedrigerem abgeben?

Ferner: Wenn der Geist der Natur nicht bedarf, wieso kann er sich, mit der Vernichtung der Natur, selbst gefährden? Und wie kann man von einer linearen, kontinuierlichen Entwicklung von der Natur zum Geist reden, wenn doch offenbar gerade jene Epoche, die die bisher weitgehendste Herrschaft des Geistes über die Natur repräsentiert, auf dem Sprung ist, umzuschlagen in die Ära einer Natur, die wieder völlig geistlos geworden ist? Denn es ist allein die Macht der technologischen Zivilisation, die die Erde wieder wüst und leer werden lassen könnte; der archaische Mensch, gerade weil naturverbundener und an einem Triumph des Geistes über die Natur nicht interessiert, hätte diesen möglichen Triumph der Natur über den Geist nicht zu bewirken vermocht. Auch unabhängig von einer möglichen Apokalypse drängt sich die Frage auf, ob nicht schon das Maschinenmäßige der modernen Technik hinter das Lebendige regrediert und zur ersten Gestalt des Naturseins, dem anorganischen Sein, zurückkehrt.

Schließlich: Was hilft der Sieg von Freiheit und Gleichheit in der Moderne, wenn er so ephemer ist, wie er zu werden droht? Ist sein Preis, also die Vernichtung unserer organischen Umwelt bzw. Mitwelt, nicht selbst dann zu hoch, wenn die Menschheit überleben sollte? Und macht sich jemand etwa wirklich vor, daß der Triumph der Industriegesellschaft die Menschen moralisch besser oder auch nur glücklicher gemacht hat? Wird nicht das ganze menschliche Streben nach Herrschaft über die Natur in furchtbarer Weise durch die Erfahrung in Frage gestellt, daß die Zeit, während der man Hindernisse zu überwinden, mit der Natur zu kämpfen hatte, letztlich glücklicher war als diejenige errungener Saturiertheit, auch wenn diese damals als das Ziel jener galt? Wenig kann einem Menschen eher das Gefühl der letztlichen Vergeblichkeit unseres Daseins vermitteln als die Rückkehr aus einem armen Entwicklungsland mit seinen Leiden, aber auch seiner Freude und Vitalität, in den traurigen und lustlosen Konsumismus der Industriegesellschaften der Ersten Welt.

II.

Es ist die Unbeantwortbarkeit dieser Fragen im vulgärhegelianischen Paradigma, die der Suche nach metaphysischen Alternativen einen rationalen Kern auch für den Fall verleiht, daß sie sich ausdrücklich zum Irrationalismus bekennt. Das Spektrum an metaphysischen Ansätzen, die von der ökologischen Krise ihren Ausgang nehmen, ist außerordentlich breit; am wirkungsmächtigsten ist dabei zweifelsohne der erste große Versuch einer „Verwindung“ der bisherigen Tradition, die Spätphilosophie Heideggers.[11] So bizarr vieles an ihr auf den ersten Blick anmutet, sowenig kann doch zweierlei bestritten werden: Heidegger ist der erste Denker von Rang, der die moderne Technik in ihrer weltgeschichtlichen Bedeutung ebenso wie in ihrer Bedrohlichkeit erkannt hat; und er ist der erste, dem die Technik zum *metaphysischen* Problem geworden ist.[12] Sie ist ihm ein metaphysisches Problem einerseits deswegen, weil sie die letzte Konsequenz des Weltverständnisses der modernen Metaphysik ist; andererseits sind ihm die Seinslehre der neuzeitlichen Metaphysik ebenso wie die moderne Technik selbst eine Manifestation des Seins. Eben aus Heideggers tiefsitzendem Mißtrauen gegen die abendländische Philosophie, als deren notwendiges Resultat er die moderne Technik deutet, ergibt sich seine Ablehnung rationaler Methodik; seine Vorliebe für irrationales „Denken“ ist daher von einer auch und gerade logisch durchaus beeindruckenden Schlüssigkeit.

Heidegger ist zwar nicht der erste, aber doch einer der ersten, der die Erkenntnisse des Historismus auf die Wissenschaftsgeschichte anwendet. Für ihn ist der naturwissenschaftliche Naturbegriff keineswegs der einzig denkbare oder mögliche; er ist nur einer in einer langen Reihe von Naturkonzeptionen, die selbst wiederum stark abhängen vom jeweiligen Seinsverständnis. Die Idee einer „Kulturgeschichte der Natur“[13] ist daher bei ihm vorgeprägt. Es ist in diesem Rahmen nicht möglich, Heideggers Analyse der Wandlungen im Naturbegriff, zumal derjenigen, die sich am Anfang der Neuzeit ereignen, genauer nachzuzeichnen; vieles an seinen historischen Rekonstruktionen ist ungenau und kritikwürdig, auch wenn dies nichts an seinem Verdienst ändert, bestimmte Fragestellungen an die Philosophie- und Wissenschaftsgeschichte überhaupt erst herangetragen zu haben: Heideggers Antworten sind oft falsch, aber die richtigen Fragen zu stellen ist in der Philosophie durchaus eine nicht weniger wichtige Aufgabe als das Antworten. An Heideggers Rekonstruktion der abendländischen Geistesgeschichte bleibt unklar, ob nach ihm in der Entwicklung der verschiedenen Seinserfahrungen Kontinuität waltet oder nicht; manche Formulierungen lassen in der Tat den Eindruck aufkommen, als herrsche in der Geschichte der Seinsvorstellungen eine absolute Diskontinuität. Und doch ist eine Entwicklungslinie unübersehbar: Ähnlich wie Hegel nimmt auch Heidegger an, daß die Subjektivität in der Geschichte der Philosophie immer stärker hervortritt; anders als für Hegel bedeutet das aber für Heidegger, daß sich das philosophierende Subjekt dem Sein immer mehr entfremdet. Platon zwingt das Sein unter das Joch der Idee;[14] mit Descartes' Metaphysik wird das Subjekt zur Grundlage aller Gewißheitsansprüche, das Sein wird zum Bild, gilt nur, soweit es dem Vorstellen verfügbar ist.[15] Der Wille zur Macht, der sich in diesem Seinsbegriff ausspricht, bringt die moderne Naturwissenschaft hervor; als eigenes metaphysisches Prinzip wird er in der Philosophie Nietzsches auf den Begriff gebracht. Der Kampf der Weltanschauungen, etwa von Nationalsozialismus und Bolschewismus, ist das letzte Resultat dieses Willens, der die höchste Gefahr für den Menschen darstellt.

In Anbetracht der eindeutig negativen Beurteilung der abendländischen Geistesgeschichte mag es zunächst überraschen, daß Heidegger in ihr dennoch die Manifestation eines Geschicks sieht – des absoluten Seins, das sich den Menschen in bestimmter Weise offenbart, indem es die Weise ihrer Welterfahrung festgelegt. Allerdings ist diese Wendung von der Geistesgeschichte zur Metaphysik insofern konsequent, als Heidegger vom neuzeitlichen Subjektivismus Abschied nehmen will: Es kann daher nicht die Autonomie des Subjekts sein, die verschiedene Arten des Weltzugangs hervorbringt; die menschliche Autonomie ist vielmehr selbst eine Weise des Geschicks, und zwar jene allerunheimlichste, in der das Sein sich dadurch manifestiert, daß es sich am vollständigsten verbirgt. Weit davon entfernt, ein Triumph des Geistes über die Natur zu sein, ist die moderne Industriegesellschaft mit ihrer furchtbaren Sinnleere die heimtückischste Rache des Seins am autonomen Subjekt. Doch im Grunde ist auch diese Formulierung irreführend: Es ist nicht so, daß das Subjekt zuerst autonom wäre und dann dadurch „bestraft" würde, daß sich das Sein aus seiner Welt zurückzieht; seine Autonomie ist vielmehr selbst Ausdruck der Entgötterung, des Entzugs des Absoluten. Eben dieser Entzug ist freilich auch eine Manifestation des Absoluten, sein Sich-Verbergen eine Weise des Entbergens. Denn das Absolute könnte nicht absolut sein, wenn es nicht alles prinzipiieren würde: „Nemo contra Deum nisi Deus ipse" scheint auch für Heideggers Sein zu gelten. Allein indem das Subjekt seine vermeintliche Autonomie und Allmacht als die grausamste Täuschung erkennt, in die ihn das Sein verstricken kann, erhält es eine Chance, einer neuen Manifestation des Seins teilhaftig zu werden. Erzwingen läßt sich eine solche freilich nicht; auf sie muß man in Gelassenheit und Demut warten.

Großartig an Heideggers metaphysischer Deutung des technischen Zeitalters ist sicher dies, daß er die geistesgeschichtlichen Wurzeln der modernen Technik wie kaum ein anderer gesehen hat. Auch wenn m. E. Platons Ideenlehre und die neuzeitliche Metaphysik keineswegs hinreichende, sondern nur notwendige Bedingungen des technischen Zeitalters sind, kann Heidegger durchaus beanspruchen, manche der Zusammenhänge durchschaut zu haben, die zwischen etwas so Abstraktem wie der Metaphysik und etwas so Konkretem wie der modernen Industriegesellschaft bestehen. Auch daß sich in der modernen Technik ein Wille zur Macht ausspricht, der blind ist, weil er jeden Sinn für Grenze und Maß verloren hat, ist unbestreitbar. Daß das Programm der modernen Technik eine Struktur von Subjektivität voraussetzt, wie sie nur in der Neuzeit möglich geworden ist, läßt sich leicht einsehen: Nur wer in der Lage ist, sich selbst aus der Außenwelt zurückzuziehen und von ihrer Wirklichkeit zu abstrahieren, kann dem technischen Wunsch einer vollständigen Unterwerfung der Natur Sinn abgewinnen; die zweite Cartesianische Meditation mit ihrem Rückzug auf das cogito ist notwendige Voraussetzung des Lebensgefühls des Menschen des technischen Zeitalters. Man braucht nur dem Wagenlenker im Museum von Delphi in die Augen zu blicken, um zu wissen, daß eine Kultur, die aus derartigen Menschen bestand, zur Hervorbringung der modernen technologischen Zivilisation konstitutionell unfähig, ja unwillens gewesen sein muß.

Beeindruckend an Heideggers Theorie ist ferner die metaphysische Deutung der europäischen Geistesgeschichte. Wenn es ein Absolutes gibt, dann muß es in der menschlichen Suche nach dem Absoluten in besonderer Weise präsent sein – dieser von Hegel her bekannten Implikation wird auch derjenige zustimmen müssen, der den Begriff des Absoluten aus der Philosophie verabschiedet. Denn zumindest unter der Voraussetzung, daß die Welt nicht ohne Zusammenhang mit dem Absoluten ist, muß die Weise, in der das Absolute in der Welt *für jemanden* ist, von dem Absoluten prinzipiiert sein: Nur so kann eine Theorie über das Absolute den eigenen Geltungsanspruch einholen. Auch Heideggers These, daß das Sich-Verbergen des Absoluten eine Weise seiner Präsenz ist, ist trotz ihrer Paradoxalität durchaus überzeugend. Wer verstummt, kann damit mehr mitteilen, als wenn er spricht; und die Abwesenheit etwa eines geliebten Menschen ist keineswegs ein Nichtseiendes, sondern etwas phänomenal Gegebenes, an dem man leiden kann, ja das uns manchmal erst die Bedeutung des Abwesenden ins Bewußtsein treten läßt. Faszinierend ist zumal Heideggers Interpretation des Autonomiewillens der neuzeitlichen Subjektivität als einer, wie man mit einer Metapher sagen könnte, heimtückischen Täuschung des Seins. Insofern der abstrakte Freiheits- und Emanzipationswille der Moderne (der als solcher notwendig Herrschaftswille ist) eine ganze Epoche bestimmt, kann er schwerlich auf einer freien Entscheidung beruhen; jene Freiheit ist vielmehr das *Schicksal* der Moderne. In der Abkopplung der Subjektivität vom Sein des Absoluten waltet das Sein selbst, also eine Macht, die die Subjektivität um so radikaler gerade dadurch transzendiert, daß sie von ihr verkannt, ja für überwunden gehalten wird. Heideggers Sein erinnert in gewisser Weise an Julius Cäsar in Walter Jens' Fernsehspiel „Die Verschwörung“: Wie dieser es ist, der die Verschwörung gegen sich eingefädelt hat und im geheimen lenkt, so ist es bei Heidegger das Absolute, das seine eigene Entthronung durchsetzt; die neuzeitlichen Denker und Wissenschaftler, die die entgötterte moderne Industriegesellschaft vorbereiten, sind nur Marionetten in seiner Hand, um so bemitleidenswerter, für je autonomer sie sich halten. Ist schon Spinozas Substanzmetaphysik, die den Menschen zu einem vollständig determinierten Modus des Absoluten herabdrückt, eine der härtesten intellektuellen Zumutungen, die man sich überhaupt denken kann (zumal sie logisch so gut begründet ist), ist Heideggers metaphysischer Historismus ein noch größerer Affront, weil er eine Zeit herausfordert, die sich auf ihre vermeintliche Autonomie außerordentlich viel einbildet. Doch Philosophien werden nicht schon dadurch widerlegt, daß man sie als Provokation empfindet; es ist umgekehrt Stromlinienförmigkeit, die selten ein Kriterium für gute Philosophie ist.

Aber so durchdacht Heideggers Analyse und gnadenlose Ablehnung des modernen Subjektivismus auch ist, sowenig gibt sein Ansatz schon eine ausreichende Grundlage für eine logisch konsistente und mit den Phänomenen übereinstimmende Metaphysik der ökologischen Krise. So ist es kein Zufall, daß Heidegger nirgends von der ökologischen Krise spricht. Dies hat nicht nur damit zu tun, daß letztere zu seiner Zeit eine noch nicht absehbare Folge der Industriegesellschaft war. Der tiefste Grund liegt vielmehr darin, daß Heidegger über keinen Naturbegriff verfügt. Denn als radikaler Historist handelt Heidegger nur von den verschiedenen historisch realisierten Konzeptionen der Natur, nicht von der Natur als solcher. So wie in der analytischen Philosophie die Wissenschaftstheorie die Naturphilosophie verdrängt, so wird in Heideggers hermeneutischem Ansatz letztere durch die Philosophie der Geschichte der Wissenschaft ersetzt. Eben dieses Aufgehen der Naturphilosophie in Geschichtsphilosophie belegt nun aber, daß Heidegger selbst zur Epoche des „Gestells" gehört, wenn denn diese durch die Unmöglichkeit eines unmittelbaren Seins- und Naturbezugs gekennzeichnet ist. Auch Heidegger handelt nicht von der Natur, sondern nur von Vorstellungen der Natur; und an eine Metaphysik, die uns aus der ökologischen Krise hinausführen will, ist die

Forderung zu stellen, daß sie eine eigene Naturphilosophie entwickelt.

Ohnehin ist ferner klar, daß der Nachweis, ein bestimmter Zugang zur Natur wie der einzelwissenschaftliche sei nur einer von den historisch verwirklichten Naturbegriffen, nichts beiträgt zur Lösung der Geltungsfrage, ob denn dieser Zugang das Wesen der Natur erfasse oder nicht. Alle Theorien sind historisch entstanden, wahre wie falsche, und um sich zur Wahrheitsfrage zu erheben, ist es unabdingbar, den Historismus hinter sich zu lassen. Dies gilt mit Bezug auf die Lehre nicht nur von der Natur, sondern auch vom Sein. In der Tat ist offenkundig, daß Heideggers Seinsmetaphysik nicht darauf Anspruch erheben kann, in einer irgendwie nachvollziehbaren Weise begründet zu sein. Von einer Methode, die seine Einsichten über das Absolute generiere, kann nicht die Rede sein; und wenn Heidegger entgegnete, die Suche nach einer Methode sei selbst schon zutiefst fragwürdig, weil sie der Suche nach der Herrschaft über die Natur entstamme, so wäre darauf zweierlei einzuwenden. Erstens wäre dies immer noch das kleinere Übel gegenüber der einzig bleibenden Alternative, die offenbar darin bestehen muß, sich den Versicherungen philosophischer Rauner auszuliefern; und zweitens ist es gar nicht wahr, daß der Wille nach Selbstvergewisserung, wie er für die moderne Metaphysik kennzeichnend ist, unvermeidlich zum „Gestell" führe. Erst die Abkopplung der modernen Wissenschaft von dem philosophischen Programm, Vernunft in der Wirklichkeit zu finden, bringt den Absolutismus der Technik hervor; zudem kennt die neuzeitliche Metaphysik schon vor Heidegger Denker, die den modernen Subjektivismus kritisieren, ohne doch deswegen die Idee rationaler Geltungsreflexion preiszugeben. Hier rächt sich, daß Heidegger nicht über eine differenzierte Rationalitätstheorie verfügt – die instrumentelle Rationalität der Technik wird bei ihm der philosophischen Vernunft gleichgesetzt, obgleich nur ihre Unterscheidung eine konsistente Kritik der modernen Industriegesellschaft ermöglicht. Auch wenn ferner das Verhältnis des Absoluten zur menschlichen Freiheit gewiß nicht einfach zu lösen ist, ist doch an jede Theorie, die einen Wahrheitsanspruch erhebt, die Forderung zu stellen, daß sie Platz für die Einsichtsfähigkeit des Menschen und damit für rationale Autonomie schafft. Eben das ist aber in Heideggers radikalem Historismus nicht mehr der Fall. Dies gilt besonders, da seine dysteleologische Geschichtskonzeption es als äußerst rätselhaft erscheinen läßt, warum nach einer mehrtausendjährigen Verfallsgeschichte überhaupt noch wahrheitsfähiges Denken möglich sein soll. Auch wenn negative Entwicklungen nicht auszuschließen sind – in der Blindheit für die Negativität der Moderne sahen wir ja einen der Hauptmängel des Vulgärhegelianismus –, ist ferner von einer Theorie der Geschichte, die sich wie die Heideggersche als metaphysische versteht, durchaus zu erwarten, daß sie eine rationale Erklärung für den Sinn dieses Verfalls gibt; ansonsten erscheint die Annahme, in diesem Verfall manifestiere sich das Absolute, als willkürliche Hypostasierung von Zufällen. Schließlich wird man nicht ohne großes Unbehagen monieren müssen, daß Heidegger die affirmativen Leistungen des modernen demokratischen Rechtstaates philosophisch nie zu würdigen gewußt hat – sicher auch deswegen, weil er dem Prinzip der Autonomie, in seiner metaphysischen wie in seiner politischen Form, mit großen Zweifeln gegenüberstand. Ethik und Politische Philosophie sind auf der Grundlage von Heideggers Metaphysik undenkbar.

Viele der Einwände gegen Heideggers Konzeption treffen nicht jene zweite Kritik am vulgärhegelianischen Paradigma, der ich mich jetzt zuwenden will – diejenige von Meyer-Abich. So ist zunächst hervorzuheben, daß Meyer-Abich durchaus über eine eigene Naturphilosophie verfügt – und nicht bloß über eine Theorie der geschichtlichen Entwicklung der verschiedenen Naturbegriffe. Zwar hat Meyer-Abich eine detaillierte Philosophie der einzelnen Formen der Natur nicht ausgearbeitet; von großer philosophischer Tragweite und Originalität sind freilich seine Überlegungen zum Verhältnis von Geist und Natur. Für Meyer-Abich ist der Mensch Teil der Natur: Während Hegel die Naturgeschichte als Vorspann zur Geschichte des Geistes versteht, ist für Meyer-Abich die Kultur der menschliche Beitrag zur Naturgeschichte. Der Einstellungswandel, den Meyer-Abich im modernen Menschen erzielen möchte, läßt sich in den Worten „Von der Umwelt zur Mitwelt“ prägnant zusammenfassen: Nach ihm geht es darum, ein Gefühl der Empathie mit der organischen, ja selbst der anorganischen Natur zu entwickeln, diese eben als Mit-welt zu erleben. Es wird nicht geleugnet, daß der Mensch eine besondere Position innerhalb der Natur einnehme – aber eben *innerhalb* ihrer. „Natur“ nennt Meyer-Abich das Ganze und Eine, das alles umfaßt; sie sei vollständig disjunkt zerlegbar in „Mensch“ und „natürliche Mitwelt“. Der Grundgedanke seiner holistischen Ethik besteht gerade darin, den Kreis der Wesen, für die man Verantwortung wahrzunehmen hat, auf alles Natürliche auszuweiten: Über die Biozentrik Albert Schweitzers hinaus lehrt Meyer-Abich eine Physiozentrik, die die Werte auch des anorganischen Seins empfindet und bewahrt. Meyer-Abich bestreitet dabei nicht, daß mit der Ausweitung des Radius die Dringlichkeit der Pflicht abnimmt; seine Konzeption erinnert durchaus an die stoische Oikeiosislehre. Die Erweiterung der Mitwelt ist nach Meyer-Abich das eigentliche Kriterium für moralischen Fortschritt; geschichtsphilosophisch sieht er in der immer weitergehenden Überwindung des egozentrischen Partikularismus den Sinn der Moralentwicklung. Auch in der Politischen Philosophie fordert er einen Übergang vom Sozialstaat zum Naturstaat: Die Entwicklungsrichtung, die der moderne Staat mit dem Übergang vom liberalen Rechtsstaat zum Sozialstaat eingeschlagen habe und die in einer Übernahme von Verantwortung für die Schwächeren bestehe, werde im Naturstaat nur fortgesetzt. Gegen den Besitzindividualismus, den er witzig den Absolutismus des Kleinen Mannes nennt, fordert er nicht nur eine Sozial-, sondern auch eine Naturpflichtigkeit des Eigentums.

Besonders wichtig ist, daß Meyer-Abich den Menschen als potentielle Bereicherung der Natur deutet. Nicht nur komme in ihm die Natur zur Sprache; durch den Menschen könne auch die Mitwelt eine Hege und Pflege erhalten, die sie ohne ihn nie hätte. Sosehr die gegenwärtige Industriegesellschaft Arten vernichte, sosehr sei zu bedenken, daß ohne die traditionelle Agrikultur die Artenvielfalt seit der letzten Eiszeit nicht so stark zugenommen hätte. Durch den Menschen könne die Natur durchaus besser und schöner werden als ohne ihn. Die ökologische Krise, die er als Krise des Verhältnisses des Menschen zu seiner Mitwelt deutet, versteht er als Antithese in einem Dreischritt, der mit einer ursprünglichen Einheit mit der Mitwelt beginne und mit ihrer Wiedererringung ende.

Meyer-Abichs Kategorie der Mitwelt, seine Deutung der Kultur als menschlicher Fortsetzung der Naturgeschichte, schließlich seine Anwendung der klassischen dialektischen Triade auf das Naturverhältnis des Menschen scheinen mir seine wichtigsten Beiträge zu einer Metaphysik der ökologischen Krise. Besonders hervorzuheben ist, daß Meyer-Abich dem Menschen im Ganzen der Natur eine potentiell positive Rolle zuschreibt. Wer dies nicht tut, aber trotzdem die Natur für den Inbegriff alles Werthaften hält, müßte im Grunde hoffen, daß sich der Mensch selbst zerstöre und die Welt von der Qual befreie, die er für sie darstellt; ja, wenn er konsequent ist, müßte er noch weitergehen und, da Zerstörung anderen Lebens notwendig zumindest zu heterotrophen Organismen gehört, jenen Zustand der Welt herbeiwünschen, da es noch kein Leben gab.[16] Anders, wie gesagt Meyer-Abich, der dem Menschen die Fähigkeit zuspricht, die Natur schöner und besser zu machen. Aber genau hier setzt meine Frage ein. Wenn einiges Naturseiende besser und schöner ist als anderes, dann ist offenbar die Natürlichkeit nicht das Kriterium für Gutes und Schönes; denn natürlich ist alles Naturseiende gleichermaßen. Die Natur kann, scheint es, für normative Differenzen innerhalb des Natürlichen nicht aufkommen, auch wenn Meyer-Abich derartiger normativer Differenzierungen bedarf: Denn sonst könnte er nicht behaupten, daß die traditionelle Agrikultur eine bessere Natur hinterlassen habe als die moderne Agrochemie, ja er könnte nicht einmal sagen, daß eine Welt ohne Menschen schlechter wäre als eine mit Menschen. Eins nämlich ist klar: Selbst wenn die Menschheit sich und die meisten Arten zerstören sollte, die Natur würde übrigbleiben – es gäbe immer ein jeweiliges Ganzes von natürlich Seiendem. Kants Einsicht, daß normative Sätze sich nicht aus deskriptiven gewinnen lassen, scheint mir weiterhin gültig – sie wird auch nicht dadurch berührt, daß man mit Meyer-Abich gegen Kant anerkennt, in der belebten und unbelebten Natur seien Werte realisiert. Aber daß es sich dabei um Werte handelt, folgt nicht aus der Tatsache, daß sie in der Natur verwirklicht sind.

Auch wenn man eine unüberbrückbare Trennung von Sein und Sollen ablehnt, muß man doch an ihrem kategorialen Unterschied festhalten. Ähnliches gilt m.E. mit Bezug auf das Verhältnis von Innen- und Außenseite. Daß man zwischen beiden Aspekten differenzieren kann, ist eine unbestreitbare Tatsache, die nicht dadurch aus der Welt geschafft wird, daß man irgendwie auch an eine Einheit von Leib und Seele glaubt; die Vermittlung von Differenz und Einheit ist die eigentliche Aufgabe, die wohl noch von keinem Philosophen wirklich gelöst worden ist. Insbesondere bleibt die Begründung der Rationalität unseres Glaubens an eine Innenseite bei anderen Organismen ein Desiderat. Die von Meyer-Abich eindrucksvoll beschworene Einsfühlung mit dem Kosmos[17] ist zweifelsohne eine beglükkende und zu ökologischem Engagement motivierende Erfahrung, aber daß in ihr objektive Wirklichkeit erfaßt wird, bleibt noch zu zeigen. Auch die schwierige Frage, ob die lebensweltliche Naturerfahrung dem eigentlichen Sein der Natur näher komme als die wissenschaftliche Theoriebildung, wird von Meyer-Abich nicht wirklich beantwortet.

Ganz allgemein vermißt man bei Meyer-Abich begründungstheoretische Reflexionen. Was in der Philosophie wirklich als Argument gelten könne, wird nicht ausdrücklich geprüft. Dies ist nicht bloß eine Lücke in seinem beeindruckenden Entwurf – welche Philosophie hätte keine Lücken! –, sondern stellt auch seine zentrale ontologische Theorie in Frage, die Natur sei das Ganze. Denn offenbar ist auch die Kategorie der Wahrheit ebensowenig wie die des Guten ein Teil der Natur. Alle Theorien sind – bei Zugrundelegung von Meyer-Abichs Naturbegriff – Momente der Natur, aber nicht alle sind wahr: Also ist es nicht die Natur, die etwas wahr oder falsch macht. Gerade die Frage, warum die Natur erkennbar sei, führt über eine Ontologie hinaus, die die Natur zum eigentlichen Sein hypostasiert.[18] Denn erstens sind die Naturgesetze, ohne die die Natur nicht erfahrbar wäre, nichts Naturhaftes (sie sind etwa nicht zeitlich oder räumlich), und zweitens kommt mathematischen Entitäten, deren Erkenntnis in der Mathematik die wissenschaftliche Durchdringung der Natur erst möglich macht, ein ideales, kein natürliches Sein zu. (Immerhin muß man zugeben, daß Meyer-Abichs Naturbegriff nicht nur geistiges Sein übergreift, sondern möglicherweise auch ideales Sein – seine Natur ist, ähnlich Spinozas Substanz, zugleich Grund des empirisch Erfahrbaren.)

III.

Versuchen wir das bisher in der Auseinandersetzung mit dem Vulgärhegelianismus und seinen Kritikern Gewonnene festzuhalten, so läßt sich sagen, daß in Anbetracht der ökologischen Krise und der moralischen Konsequenzen, die wir aus ihr ziehen sollen, weder eine Metaphysik, die den Geist zur eigentlichen Substanz macht, noch eine Philosophie, die die Natur oder gar ein alogisches Absolutes nach Art Heideggers zum wahren Sein erhebt und Geltungsreflexionen verabschiedet, die angemessene Reaktion darstellt. Aber wenn weder die Natur noch der Geist als das grundlegende Sein angenommen werden dürfen, um die ökologische Krise zu begreifen, was bleibt dann noch übrig? Ich habe schon angedeutet, warum ich der Ansicht bin, daß man das ideale Sein als eine eigene Seinssphäre annehmen muß; und da ich diese Position, diejenige des objektiven Idealismus, an anderer Stelle und in einem anderen Zusammenhang ausführlich verteidigt habe,[19] sei es mir hier erlassen, die Argumente, die für sie sprechen, nochmals anzuführen. Der objektive Idealismus geht von dem Logischen, das Bedingung der Möglichkeit jeder Argumentation ist und hinter das nicht zurückgegangen werden kann, als Prinzip allen Erkennens, aber auch allen Seins aus; die logische, ideale Welt prinzipiiert die reale Welt, zu der sowohl die natürliche als auch die geistige (die subjektive wie die intersubjektive) Welt gehören. Als von der idealen Welt prinzipiiert ist dem objektiven Idealismus alles Seiende werthaft, wenn auch in verschiedenem Grad, der sich nach der Entsprechung der relevanten Entitäten mit der idealen Welt richtet.

Wichtig ist in diesem Zusammenhang, daß das Verhältnis von Natur und Geist in einem fundamentalen Sinn zweideutig ist. Einerseits ist, wenn man unter Natur die ganze empirisch erfahrbare Realität versteht, auch der Geist Teil der Natur; jedenfalls ist er durch die Natur vermittelt. Andererseits ist der Geist eben nicht bloß ein Teil der Realität neben einem anderen – da er das Außereinander der Natur im Erkennen aufhebt, diese idealisiert, kann er zugleich als Rückkehr aus der Natur zur Idee gedeutet werden. Wenn die logische Welt die Thesis ist, dann ist die Natur die Antithesis; und als reale Struktur, die zugleich der Einsicht in das ideale Prinzip der Natur fähig ist, ist der Geist die Synthesis. Die Synthese ist freilich stets auch Negation der Antithese, und insofern ist der Geist zur gleichen Zeit Teil der Natur und deren Negation.

Offenbar ist diese antinomische Bestimmung des Geistes unabdingbar, wenn wir verstehen wollen, wieso es zu der ökologischen Krise kommen konnte. Wäre der Geist *nur* Teil der Natur, dann wäre sein außerordentliches Zerstörungspotential gegenüber der Natur nicht erklärlich; wäre er eine *vollständig* selbständige Substanz, dann wäre die Naturzerstörung nicht potentiell selbstmörderisch. Die Negation der Natur durch den Geist findet auf zwei verschiedenen Ebenen statt, die streng zu unterscheiden sind. Einerseits negiert der Geist die Natur, indem er sie erkennt, ihr Außereinander im denkenden Begreifen aufhebt, die idealen Strukturen erfaßt, die sie durchwalten. Freilich impliziert dieses Begreifen, als Akt nur des Geistes, keine reale Zerstörung; es läßt die Natur, wie sie ist, und durchleuchtet sie nur. Andererseits kann der Mensch als der Organismus, in dem der Geist Fleisch geworden ist, die Natur real vernichten; eben diese Fähigkeit erreicht in der ökologischen Krise, deren Zeugin unsere Generation ist, ihre weltgeschichtliche Klimax. Es liegt auf der Hand, daß der Geist die Natur nur dadurch zerstören kann, daß er Fleisch geworden ist; ansonsten könnte er gar nicht in die Natur intervenieren. Nur insofern er selbst partiell Natur ist, kann sich der Mensch gegen die Natur wenden, wenn auch das Ausmaß seiner Auflehnung gegen die Natur von seiner Geistigkeit abhängt.

Aber nicht nur läßt sich sagen, daß der Mensch, insofern er zur Hälfte Naturwesen ist, Natur zerstören *kann;* insofern er organisches Naturwesen ist, *muß* er dies tun. Im zweiten Hauptsatz der Thermodynamik liegt begründet, daß der Organismus die eigene höhere Ordnung nur um den Preis der Vermehrung der Unordnung in seiner Umwelt erhalten kann. Eine Ontologie, die sich an diesem harten und unerbittlichen Gesetz der Realität vorbeilügt, wird nie überzeugen können; und auch und gerade von einem objektiven Idealismus ist zu erwarten, daß er das Gesetz vom Fressen und Gefressenwerden zur Kenntnis nimmt, das die organische Welt in so furchtbarer Weise beherrscht. Versucht man den Ort des Lebendigen im Ganzen des Seins zu bestimmen, so erkennt man folgende Spannung – gerade wenn man den Sinn der Natur in der Rückkehr zur Idealität erblickt, wie sie im Geiste statthat. Auf der einen Seite geht im Organismus das Licht der Subjektivität auf; in der Selbsterhaltung, später in der Empfindung des Organismus wird eine Form von Reflexivität verwirklicht, die den Geist vorbereitet. Andererseits bedeutet die Bildung subjektiver Zentren eben auch die Durchbrechung der Kontinuität des anorganischen Seins; die Höherentwicklung impliziert die Entgegensetzung des einen subjektiven Zentrums zunächst gegen seine anorganische Umwelt, dann gegen ein anderes subjektives Zentrum. Während sich die Pflanze nur anorganische Materie assimiliert – aber immerhin im Kampf um den Lebensraum andere Pflanzen verdrängt und vernichtet –, bedarf das heterotrophe Tier organischer Nahrung; und erst hier tritt eigentlich das ein, was man Naturzerstörung nennt. Denn die chemische Umwandlung von anorganischen Stoffen würde man nicht Zerstörung nennen; mit diesem Ausdruck meint man vielmehr die Tötung des Lebendigen, die Vernichtung der organischen Form. Immerhin ist die Tötung eines Organismus, das sein Leiden, wenn es denn empfindet, wenigstens nicht auszudrükken vermag, noch nicht eigentlich empörend; Herbivoren können kaum schwermütig stimmen. Das Auftreten von Karnivoren, das Töten von Tieren (zumal Vertebraten) durch andere Tiere ist es, was dem Sein immer wieder einen Anschein von sinnloser Grausamkeit gibt – jedenfalls in der Betrachtung jener Geistwesen, die allein die Frage nach dem Sein zu stellen vermögen. Freilich besteht schwerlich ein Zweifel daran, daß das Erscheinen von Karnivoren die Entwicklung des Geistes in der Natur begünstigt hat. So wie die tierische Heterotrophie Lokomotion und Sinneswahrnehmung überhaupt erst nötig gemacht hat, so ist deren Vervollkommnung und die erste Formung von so etwas wie Intelligenz durch die Jagd des Tieres auf das Tier beschleunigt worden.

Die faszinierenden kybernetischen Relationen zwischen den Populationen von Beutetieren und Jägern, die in Gleichungen von bewundernswerter Symmetrie beschrieben werden können, sind hier nicht näher zu thematisieren. Von Wichtigkeit ist die Tatsache, daß die Jäger auf die Beutetiere angewiesen sind: Sie leben von ihrer ständig erneuten Negation, und das setzt ihr stets wiederholtes Dasein voraus. Nimmt die Population der Beutetiere ab, dann schrumpft auch die der Jäger, die sich nicht mehr ernähren können, was den Beutetieren wieder Gelegenheit zur Zunahme gibt. Die dialektische Natur dieses Typs von Relation läßt es als Glücksfall erscheinen, daß eine vollständige Negation der Beutetiere nicht möglich ist: Sie wäre nur scheinbar ein Triumph der Jäger, in Wahrheit ihr Tod. An diesem kurzfristigen und kurzsichtigen Triumph werden die Jäger durch ihre Geistlosigkeit gehindert, die eine systematische Jagd unmöglich macht; und eben diese Geistlosigkeit erweist sich als ein Segen.

Daß der Mensch das ökologische Gleichgewicht in so tiefgreifender Weise stören konnte, hängt daran, daß er das intelligenteste aller Tiere ist. Beides, Geistigkeit und Organizität, ist in ihm vereint; nur beide zusammen können zur ökologischen Krise führen. Aber *muß* diese Verbindung dieses Resultat zeitigen? Ich habe anderswo zu zeigen versucht, daß in den fünf Naturbegriffen, die in der menschlichen Geschichte unterschieden werden können, eine Logik waltet, die auf eine immer stärkere Entgegensetzung von Geist und Natur hinausläuft und ihren Höhepunkt in der Cartesischen Metaphysik mit ihrer Entgegensetzung von res extensa und res cogitans erreicht.[20] Eben diese Entwicklung läßt sich in der Tat als Fortsetzung jenes Prozesses deuten, der mit der Entstehung des ersten Organismus begann – das subjektive Zentrum vertieft sich immer mehr in sich selbst, bis es schließlich das autonome, der Natur und der Gemeinschaft entfremdete Ich der neuzeitlichen Subjektivität wird. Insofern kann man die menschliche Kulturgeschichte durchaus als Fortsetzung der Naturgeschichte deuten – in der globalen Naturzerstörung durch die Industriegesellschaft wird nur ein Prinzip auf die Spitze getrieben, das im organischen Sein schon präsent ist und vermutlich im Sein selbst angelegt ist. In der ökologischen Krise – und dem, was wir aus ihr machen – muß das Sein gewissermaßen Farbe bekennen, den Grundwiderspruch offenbaren, der ihm eignet.

Aber worin genau besteht dieser Widerspruch, und läßt er sich auflösen? Wie schon gesagt, läßt sich die ganze Naturentwicklung durchaus als Fortschritt hin zum Geiste deuten, und wenn wir uns selbst und die metaphysische Reflexion, die wir betreiben, noch ernst nehmen wollen, können wir auch gar nicht umhin, die Entwicklung hin zum Geiste positiv zu bewerten. Gleichzeitig basiert diese Entwicklung auf zunehmender Entgegensetzung subjektiver Zentren zum umgebenden Sein, und diese Entgegensetzung müssen wir heute, wo sie auf eine Katastrophe hinauszulaufen droht, zu überwinden, zumindest zu beschränken suchen. Aber ist der Geist, sosehr er auf die Beschränkung dieser Entgegensetzung angewiesen ist, um zu überleben, nicht wesensmäßig Negation der Natur?

Ich habe schon gesagt, daß die Negation der Natur durch den Menschen doppelt ist: einerseits insofern er Organismus, andererseits insofern er Geistwesen ist. Wäre er nur Geistwesen, könnte er der Natur nicht schaden; wäre er nur Organismus, könnte er ihr nicht in dem Maße schaden, in dem er es tut. Anthropologisch adäquat kann der Mensch nur erfaßt werden, wenn er zugleich als Organismus und Geistwesen gedeutet wird; und offenbar hat diese Doppelheit seines Wesens einen tieferen Grund in der Verfaßtheit der fundamentalen Kategorien. Denn so wie im System der apriorischen Kategorien eine Kategorie wie „Sein“, insofern sie ihrer Form nach Begriff ist, die Kategorie „Begriff“ präsupponiert, diese aber die einfachere Kategorie „Sein“ als Element ihrer Bedeutung voraussetzt, so kann auch nur das organische Sein dem Geist in der Welt eine ontische Grundlage geben; den *Sinn* seines Seins erhält aber das Leben nur aus dem Geist, zu dem es sich entwickelt. Die Doppelheit von Form und Inhalt, die für das Logische so kennzeichnend ist, spaltet sich im Menschen in Geist und Leben. Das metaphysische Rätsel des Menschen besteht gerade darin, daß in ihm das wechselseitige Angewiesensein von Idealität und Realität in der empirischen Welt sichtbar wird; und die ökologische Krise ist letztlich Ausdruck der Verschärfung dieser Dualität zum absoluten Gegensatz.

In der modernen Industriegesellschaft scheint die ewige Spannung zwischen Vitalem und Geistigem im Menschen in radikaler Weise verkehrt zu sein. Denn offenbar ist die geistige Erfassung der Naturgesetze in der neuzeitlichen Wissenschaft etwas, das man ceteris paribus positiv einschätzen muß, werden doch allein dadurch die Naturgesetze „für sich“. Aber die Pointe der modernen Industriegesellschaft besteht gerade darin, daß sie die ungeheure geistige Leistung wissenschaftlicher Naturerkenntnis zur Befriedigung abgelegenster Bedürfnisse instrumentalisiert, die der Mensch als domestizierter Organismus haben mag. Die letztliche Geistlosigkeit, die man bei manchen hochintelligenten Einzelwissenschaftlern antrifft, resultiert eben daraus, daß die Erkenntnis der Natur nicht auf ein ideales Ganzes bezogen ist, sondern der Befriedigung äußerer Bedürfnisse dient. Freilich ist dafür gesorgt, daß die Überbetonung des Nützlichkeitswertes in der Wertehierarchie den modernen Menschen keineswegs glücklicher macht; denn durch die Dazwischenschaltung immer neuer Mittel zur Befriedigung elementarer Bedürfnisse können die vitalen Werte nur verkümmern.[21] Ab einem gewissen Punkt wird der Wille des Lebens, seine Umgebung zu beherrschen, kontraproduktiv; indem es zu seinen

Zwecken die mechanischsten Mittel einsetzt, beraubt es sich seiner ursprünglichen Vitalität und damit des einzigen möglichen Sinnes seiner Tätigkeit. Es regrediert ins Anorganische.

Aus dem Gesagten folgt, daß zur geistigen Bewältigung der ökologischen Krise keineswegs eine Verabschiedung der traditionellen metaphysischen Hochschätzung des Geistes oder gar der Vernunft erforderlich ist. Man tut der Industriegesellschaft viel zu viel Ehre an, wenn man sie für vernünftig hält und meint, Kritik an ihr müsse auf den Irrationalismus rekurrieren. Die Lebensphilosophie wird uns nicht aus der ökologischen Krise herausführen, da ja diese nur die letzte Konsequenz der Entwicklung des Lebens ist. Nur eine Philosophie, die das Leben als die Grundlage des Geistes und den Geist als die Wahrheit des Lebens denkt, hat Aussichten, die ökologische Krise metaphysisch angemessen zu interpretieren. Um die Entwicklung der Moderne angemessen zu bewerten, ist es ferner entscheidend, scharf zwischen Geist und neuzeitlicher Subjektivität zu unterscheiden. An der Auszeichnung des Geistes, des idealisierenden und begreifenden Prinzips, ist aus begründungstheoretischen Gründen nicht zu rütteln. Aber die neuzeitliche Subjektivität, dieses Prinzip intensivster Vereinzelung, das sich aus dem Sein des Absoluten, der Natur und des intersubjektiven Geistes herausreflektiert hat und sich über seine innere Leere und furchtbare Einsamkeit durch den infiniten Regreß immer neuer Bedürfnisse hinwegtäuscht, kann nicht das Ziel des Universums sein. Eine umfassende Analyse und Kritik der Funktionsgesetze, die sie treiben und die ihr Verhalten in dualen zwischenmenschlichen Beziehungen, im Wirtschaften, in der Politik, in der Kunst, in der Religion und eben auch im Naturverhältnis bestimmen, ist ein dringendes Desiderat der Gegenwartsphilosophie. Und dies nicht nur aus zeitkritischem Interesse;[22] allein eine solche Untersuchung könnte konkret nachweisen, wie grotesk der Anspruch der neuzeitlichen Subjektivität ist, das Sein aus sich zu generieren: sie, die in ihrer Seinsvergessenheit nur eine innere Entwicklungstendenz des Seins selbst – diejenige zur Bildung subjektiver Zentren, in denen es allein für sich werden kann – zu ihrem Höhepunkt führt.

Allerdings: Gerade weil es das Sein ist, das sich in der neuzeitlichen Subjektivität ausspricht, gerade weil sie nicht eine Struktur eigenen Rechtes ist, die von außen in die Welt gefallen ist, kann sie auch nicht völlig funktionslos sein; gerade der Seinsphilosoph kann sie nicht nur verurteilen, sondern muß in ihr etwas Affirmatives anerkennen, zumindest vermuten. Die Anwendung dialektischer Kategorien auf das Verhältnis von Natur und Geist läßt in der Tat die Hoffnung keimen, daß deren Entgegensetzung, die in der modernen Industriegesellschaft gipfelt, nur transitorisch ist. Transitorisch wird sie zwar in jedem Fall sein – auch wenn sich der Mensch zerstört, wird die Natur, in welch verstümmelter Form auch immer, überleben. Aber dies wäre nur ein Rückfall auf einen früheren naturgeschichtlichen Zustand, der einmal wieder zur gegenwärtigen Situation führen müßte, während sich die Hoffnung auf eine *Versöhnung* von Natur und Geist richtet.

Will man diese Versöhnung in ein System der Philosophie einordnen, dann ließe sich sagen, daß der triadische Systementwurf des reifen Hegel, der aus logischer Idee, Natur und Geist besteht, mit Bezug auf die ökologische Krise durch einen tetradischen ersetzt werden muß, wie er sich beim frühen Hegel findet. Denn im triadischen Systementwurf ist der Geist Negation der Natur, Rückkehr aus ihr zur Idee. In dem tetradischen Entwurf ist hingegen die Antithesis, entsprechend ihrem negativen Wesen, in sich gedoppelt. In diesem Sinne müßte man sagen, daß der Geist, solange er noch der Natur entgegengesetzt ist, mit dieser zusammen die Antithese zur These der logischen Idee bildet. Erst die Versöhnung von Natur und Geist kann als Synthese bezeichnet werden; erst sie überwindet die Entgegensetzung des Seins in Reales und Ideales, die für die empirische Welt so kennzeichnend ist. Eine Versöhnung von Natur und Geist kann übrigens nicht nur im Geiste stattfinden – in dieser Annahme liegt wohl der größte Irrtum Hegels (nicht nur des Vulgärhegelianismus). In der intersubjektiven Welt der Kultur, in der die einzelnen Subjekte nur über ihre leibliche Verwirklichung füreinander dasein können, ist eine Einheit von Natur und Geist schon gegeben; und es kommt in der Geschichte der menschlichen Kultur wesentlich darauf an, eine Integration der menschlichen Gemeinschaftsformen in die umfassende Natur zu erreichen. Um eine Synthese wird es sich bei einer solchen Integration nur handeln, wenn die Freiheit der Moderne respektiert wird – freilich eine Freiheit, die in der aus Einsicht entspringenden Bindung an die Gesetze des Kosmos ihre Vollendung findet.

Ob Homo sapiens sapiens diese Versöhnung mit der Natur beschieden ist, wissen wir nicht. Für die Metaphysik ist die Beantwortung dieser Frage auch irrelevant. Denn der Metaphysik geht es in der Tat um das Allgemeine, und um das Zeitliche nur, sofern in der Zeit allgemeine Entwicklungsgesetze wirken. Wir haben gesehen, daß sich in der Zeit die logische Dualität von Inhalt und Form der Kategorien in Gestalt des Gegensatzes von Leben und Geist auslegt, der in der ökologischen Krise nur seine höchste Zuspitzung erhält. Aufgrund der ontologischen Fundierung der ökologischen Krise hat die Annahme viel für sich, daß, sollte es in unserem Kosmos andere endliche Vernunftwesen geben, sie alle einmal durch die ökologische Krise hindurchgeschritten sind oder hindurchschreiten werden. Jede Kultur wird über kurz oder lang eine der neuzeitlichen Subjektivität analoge Struktur hervorbringen, damit aber auch ein verwandtes Programm der Naturbeherrschung mit der Gefahr der Selbstzerstörung. Ob diese Gefahr in dieser oder jener Kultur endlicher Vernunftwesen Realität wird oder nicht, ist, wie gesagt, kein metaphysisches Problem. Sicher ist es aber eine ethische Aufgabe – und zwar nicht nur eine, sondern *die* vorrangige –, auf diesem Planeten alles zu tun, damit eine Versöhnung des Menschen mit der Natur zustande kommt. Denn zumindest was diesen Planeten betrifft, hat das Sein sich uns anvertraut. Nicht nur für kommende Generationen haben wir eine Verantwortung; auch die bisherige Seinsgeschichte hängt in ihrer metaphysischen Rechtfertigung an uns. Scheitern wir, sind die drei Milliarden Jahre bisherigen Lebens auf diesem Planeten in einem bestimmten Sinne vergeblich; gelingt uns die Synthese, wird ex post auch die Naturgeschichte legitimiert. Das Ausmaß der Verantwortung mag uns schrecken; es mag uns aber auch die Kraft geben, die wir benötigen, um den Aufgaben der nächsten Jahrzehnte gerecht zu werden, in denen es sich entscheiden wird, was das Schicksal des Seins ist.

Anmerkungen

Größe und Grenzen von Kants praktischer Philosophie

1 Deutsche Übersetzung von: The Greatness and Limits of Kant's Practical Philosophy, in: Graduate Faculty Philosophy Journal 13 (2), 1990, 133–157. – Ich danke meinem Freund Professor Dr. Reuben Abel und den Studenten meines Kantkurses am Eugen Lang College für viele fruchtbare Diskussionen.
2 Dialektik der Aufklärung, Frankfurt 1971.
3 A. Bloom, The closing of the American mind, New York 1987.
4 Kritik der praktischen Vernunft, A 167ff.; Die Religion innerhalb der Grenzen der bloßen Vernunft, A 54f./B 58f.
5 Treatise, III 1.1.
6 Wissenschaft als Beruf (1919), in: Gesammelte Aufsätze zur Wissenschaftslehre, Tübingen 1922, [4]1973, 582–613.
7 Speech Acts, Cambridge 1969, Kap. 6 und 8.
8 Das Prinzip Verantwortung, Frankfurt 1979.
9 Kritik der praktischen Vernunft, A 23.
10 Grundlegung zur Metaphysik der Sitten, A 37ff.
11 Über ein vermeintes Recht aus Menschenliebe zu lügen (1797).
12 Hegels System, 2 Bde., Hamburg 1987, 484f.
13 Kritik der praktischen Vernunft, A 72ff. Siehe Kritik der reinen Vernunft, B 193ff./A 154ff.
14 Grundlinien der Philosophie des Rechts, §§ 27ff.
15 Der Formalismus in der Ethik und die materiale Wertethik (1913/16), Bern/München, [6]1980, Kap. II.
16 Inkonsistent sind auch Schopenhauers Bemerkungen über den Unterschied zwischen Sein und Sollen, den er im allgemeinen bestreitet (Preisschrift über die Grundlage der Moral, § 4, § 13, in: Zürcher Ausgabe. Werke in zehn Bänden, Bd. VI, 160, 234), obgleich er ihn einmal selbst voraussetzt (§ 13, Bd. VI, 233).
17 Grundlegung zur Metaphysik der Sitten, A 57.
18 Idee zu einer allgemeinen Geschichte in weltbürgerlicher Absicht (1784); Über den Gemeinspruch: Das mag in der Theorie richtig sein, taugt aber nicht für die Praxis (1793).
19 Metaphysik der Sitten, A 178ff./B 208ff.
20 Siehe auch: Grundlegung zur Metaphysik der Sitten, A XIIIf.; Kritik der praktischen Vernunft, A 162.
21 Grundlegung zur Metaphysik der Sitten, A 127f.; Kritik der praktischen Vernunft, A 72ff.

22 K.-O. Apel, Das Apriori der Kommunikationsgemeinschaft und die Grundlagen der Ethik (1972), in: Transformation der Philosophie, Frankfurt 1973, Bd. II, 358–435; W. Kuhlmann, Reflexive Letztbegründung, Freiburg/München 1985.

23 Siehe meinen Aufsatz „Begründungsfragen des objektiven Idealismus", in: Philosophie und Begründung, hg. vom Forum für Philosophie Bad Homburg, Frankfurt 1987, 212–267. Eine hervorragende Analyse transzendentaler Argumente bei Platon finden wir bei Ch. Jermann, Philosophie und Politik. Untersuchungen zur Struktur und Problematik des platonischen Idealismus, Stuttgart-Bad Canstatt 1986.

24 Siehe G.E. Moore, Principia Ethica, Cambridge, 1903, § 68: Die Annahme, daß das Ewige die einzige Realität oder das einzige Gut sein, sei tödlich für jede Ethik.

25 Grundlegung zur Metaphysik der Sitten, A 10f.

26 Kritik der reinen Vernunft, B 566ff./A 538ff.; Kritik der praktischen Vernunft, A 169ff.

27 Kritik der praktischen Vernunft, A 179ff. und Schopenhauer, Preisschrift über die Freiheit des menschlichen Willens, in: Zürcher Ausgabe, ed. cit., Bd. VI, 111.

28 Materie, Geist, Schöpfung, Frankfurt 1988.

Moralische Reflexion und Institutionenzerfall. Zur Dialektik von Aufklärung und Gegenaufklärung

1 J.G. Fichte, Werke, hg. von I.H. Fichte, 11 Bde., Berlin 1834–1846, Nachdr. Berlin 1871, Bd. IV, 460ff. Im folgenden werden die Seitenzahlen der in den Anmerkungen genannten Werke direkt im Text nachgewiesen; sie stehen in Klammern.

2 Vgl. K. Lorenz, Die Rückseite des Spiegels, München 1977, 246ff.

3 Vgl. M. Horkheimer/T.W. Adorno, Dialektik der Aufklärung, Amsterdam 1947.

4 Vgl. G.W.F. Hegel, Werke in zwanzig Bänden, hg. von E. Moldenhauer und K.M. Michel, Frankfurt 1969–1971, Bd. III, 73.

5 J. Donoso Cortés, Obras completas, hg. von C. Valverde, 2 Bde., Madrid 1970, Bd. II, 597.

6 Vgl. M. Greiffenhagen, Das Dilemma des Konservatismus in Deutschland, München 1971.

7 Vgl. R. Spaemann, Der Ursprung der Soziologie aus dem Geist der Restauration, München 1959.

8 Vgl. E. Jünger, Der Kampf als inneres Erlebnis, Berlin 1922.

1 Kann der postkantische Standpunkt der Moralität noch einmal in substantielle Sittlichkeit „aufgehoben" werden? Das geschichtsbezogene Anwendungsproblem der Diskursethik zwischen Utopie und Regression (1986), jetzt in: Diskurs und Verantwortung, Frankfurt 1988, 103–153.

2 Vgl. K.-O. Apel. Die Herausforderung der totalen Vernunftkritik und das Programm einer philosophischen Theorie der Rationalitätstypen, in: Philosophie und Poesie. Otto Pöggeler zum 60. Geburtstag, hg. von A. Gethmann-Siefert, Stuttgart-Bad Cannstatt 1988, 17–43.

3 Es bleibt auffällig, wie gering die Differenzierungsleistungen gegenwärtigen postmodernen Denkens sind, auch wenn Differenz eine seiner Lieblingskategorien ist (vgl. J. Derrida, L'écriture et la différance, Paris 1967). Zahlreichen selbstwidersprüchlichen Werken der Tradition ist wenigstens eine gewisse analytische Potenz nicht abzusprechen (Nietzsche etwa hat einige moralische Phänomene beschrieben, die vor ihm ignoriert worden waren); aber bei der Lektüre von J.-F. Lyotards „La condition postmoderne" (Paris 1979) wird man den Eindruck nicht los, daß die analytischen Leistungen des Verfassers zu einem Verständnis der gegenwärtigen Situation nichts beitragen, sondern von beklemmender Dürftigkeit sind.

4 Vgl. dazu K. Oehler, Die Lehre vom noetischen und dianoetischen Denken bei Platon und Aristoteles, München 1962.

5 Vgl. Topik 145a 15ff.; Metaphysik 1025b 25 und 1064a 16f.

6 Th. Hobbes, Leviathan, edited with an introduction by C.B. Macpherson, London/Harmondsworth 1987, 111.

7 Op. cit., 117.

8 Op. cit., 115.

9 Vgl. K.-O. Apel, Die Erklären: Verstehen-Kontroverse in transzendentalpragmatischer Sicht, Frankfurt 1979, 27.

10 Dies halte ich gegen Hugo Dingler und Paul Lorenzen fest.

11 Zum verum-factum-Prinzip als Wesen der modernen Wissenschaft und Philosophie s. meine „Philosophie der ökologischen Krise", München 1991.

12 Vgl. hierzu meine Kritik in „Die Krise der Gegenwart und die Verantwortung der Philosophie. Transzendentalpragmatik, Letztbegründung, Ethik", München 1990, bes. 251ff.

13 Der Formalismus in der Ethik und die materiale Wertethik, Bern/München ^{6}1980.

14 Grundlegung zur Metaphysik der Sitten, A 67.

15 Zum folgenden vgl. M. Scheler, Wesen und Formen der Sympathie, Bern/München 1974, 246f.

16 Ich sehe hier ab von einem möglichen onomatopoetischen Beginn der Sprache, wie ihn etwa Platon, Vico, Herder annehmen.

17 Vgl. V. Hösle, Die Vollendung der Tragödie im Spätwerk des Sophokles, Stuttgart-Bad Cannstatt 1984, 27ff.

18 Natürlich bin ich mir dessen bewußt, daß Descartes' Argumente für den Dualismus auch dann gültig blieben, wenn der Leib als Ausdruck der Seele gedeutet würde. Aber es ist eben mehr als ein Zufall, daß eine derartige Deutung bei Descartes nicht statthat.

19 Immerhin ließe sich sagen, daß sich in dem Unterschied zwischen Buch II und Buch III die spätere Trennung ankündigt, während Buch I, das deutlich vom ersten Buch der Aristotelischen „Politik" beeinflußt ist, beide Themen noch zusammen behandelt.

20 W. Sombart hat in seinem Buch „Liebe, Luxus und Kapitalismus" ([2]1922, Nachdruck München 1967) den ökonomischen Zusammenhang zwischen der freien Liebe und dem Kapitalismus eindrucksvoll geschildert, die psychologische Seite dieser Relation aber vernachlässigt.

21 Diese Struktur spielt in vielen großen Dichtungen eine wichtige Rolle; erinnert sei hier nur an Adrian Leverkühns Lebensbeichte in Thomas Manns „Doktor Faustus".

22 Vgl. F. Tönnies, Gemeinschaft und Gesellschaft, Darmstadt 1979 ([1]1887).

23 W. Kuhlmann, Reflexive Letztbegründung, Freiburg/München 1985.

24 Dieses besondere Verhältnis nenne ich in Anschluß an Hegels Logik wesenslogische Relation.

25 Vgl. auch A. Schopenhauer, Preisschrift über die Grundlage der Moral, § 17, in: Zürcher Ausgabe. Werke in zehn Bänden, Zürich 1977, Bd. VI, 259f.

26 Man denke an Thomas Manns Erzählung „Der kleine Herr Friedemann".

27 Vgl. das analoge Argument zum Verhältnis von Tapferkeit und Gerechtigkeit bei Aristoteles (Topik 117a 33ff.).

Warum ist die Technik ein philosophisches Schlüsselproblem geworden?

1 Ich beziehe mich auf den Titel des berühmten Buches von G. Anders: Die Antiquiertheit des Menschen. Über die Seele im Zeitalter der zweiten industriellen Revolution, München 1956.

2 M. Heidegger, Die Technik und die Kehre, Pfullingen 1962.

3 O. Spengler, Der Mensch und die Technik. Beitrag zu einer Philosophie des Lebens, München 1931, besonders 5ff.

4 Dazu insbesondere A. Gehlen, Der Mensch. Seine Natur und seine Stellung in der Welt, Berlin 1940.

5 Vgl. A. Gehlen, Die Seele im technischen Zeitalter. Sozialpsychologische Probleme in der industriellen Gesellschaft, Hamburg 1957, 8.

6 Zu diesen Termini vgl. M. Scheler, Die Stellung des Menschen im Kosmos, Darmstadt 1928; H. Plessner, Die Stufen des Organischen und der Mensch, Berlin 1928.

7 J. Ortega y Gasset, Betrachtungen über die Technik, in: Gesammelte Werke, Bd. IV, Stuttgart 1956, 32–95, 38.

8 Vgl. Idiota de mente II, in: Nikolaus von Kues, Philosophisch-theologische Schriften, herausgegeben und eingeführt von L. Gabriel, übersetzt und kommentiert von D. und W. Dupré, 3 Bde., Wien 1964–1967, III, 492. Zum Menschen als „menschlichen Gott" s. De coniecturis II, 14, Philosophisch-theologische Schriften, op. cit., II, 158.

9 F. Dessauer, Philosophie der Technik. Das Problem der Realisierung, Bonn [2]1928, [1]1927, 66 (Original kursiv).

10 Ich beziehe mich auf meine Rekonstruktion der Aristotelischen Termini in: Hegels System. Der Idealismus der Subjektivität und das Problem der Intersubjektivität, 2 Bde., Hamburg 1987, 257ff. (mit Bezug zu Habermas' berühmter Unterscheidung von Arbeit und Interaktion).

11 A. Gehlen, Die Seele, op. cit., 15f.

12 J. G. Frazer, The Golden Bough. A Study in Magic and Religion, I: The Magic Art and the Evolution of Kings, London/Basingstoke 1980 ([1]1913).

13 Die „Natürlichkeit" der Technik zeigt sich u. a. an dem Phänomen der Mehrfacherfindungen – gewisse technische Innovationen liegen nach bestimmten naturwissenschaftlichen Einsichten gleichsam in der Luft und sind insofern schwerlich bloß als Ausdruck einer eigenmächtigen Subjektivität zu interpretieren.

14 Vgl. H. Stork, Einführung in die Philosophie der Technik, Darmstadt 1977, 5ff.

15 S. dazu D. Wandschneider, Die Möglichkeit von Wissenschaft. Ontologische Aspekte der Naturforschung, in: Philosophia Naturalis 22 (1985), 200–213. Von Wandschneiders in Vorlesungen ausgeführten Überlegungen zur Philosophie der Technik bin ich stark beeinflußt.

16 Vgl. K. Jaspers, Vom Ursprung und Ziel der Geschichte, München 1949, 154: „Grenze der Technik ist ihre Beschränkung auf das Leblose ... Darum kann Technik dem Leben gegenüber nur verfahren, indem sie mit ihm wie mit einem unlebendig Gewordenen umgeht ..."

17 Gehlen, Die Seele, op. cit., 23f., 70f.

18 Ortega y Gasset, op. cit., 76ff. Ähnlich ist die Grobgliederung bei K. Schilling, Philosophie der Technik, Herford 1968.

19 H. Schmidt, Die Entwicklung der Technik als Phase der Wandlung des Menschen, in: VDI-Zeitschrift 96 (1954), 119 (zitiert nach H. Stork, op. cit., 166).

20 Vgl. R. Mondolfo, Il „verum-factum" prima di Vico, Napoli 1969.

21 Zum Technokratieproblem vgl. etwa: H. Lenk (Hg.), Technokratie als Ideologie. Sozialphilosophische Beiträge zu einem politischen Dilemma, Stuttgart/Berlin/Köln/Mainz 1973.

22 J. Habermas, Technik und Wissenschaft als „Ideologie", Frankfurt 1968.

23 Zur „Machbarkeit der Sachen" als Grundkategorie des technischen Zeitalters vgl. H. Freyer, Theorie des gegenwärtigen Zeitalters, Stuttgart 1955, 15ff.

24 Auch der Begriff der Persönlichkeit gerät in einer Epoche in Gefahr, der die mechanische Denkweise die letztliche Ersetzbarkeit von allem und jedem vorspiegelt und die Massenmedien immer mehr Erfahrungen aus zweiter Hand sowie Unmengen unwesentlicher Informationen aufdrängen. Völlig abwegig ist die Hoffnung M. McLuhans (Understanding Media: The Extensions of Man, New York 1964), die elektronischen Medien würden die negativen Konsequenzen der mechanischen Technologie überwinden und zu einer ursprünglichen Einheit auf höherem Niveau zurückkehren. – Eine eigene Untersuchung, die die bewundernswerte Abhandlung Walter Benjamins „Das Kunstwerk im Zeitalter seiner technischen Reproduzierbarkeit" (1936) ergänzte, verdienten die ästhetischen Folgen der technischen Umwandlung der Welt, etwa mit Bezug auf das Problem des Naturschönen.

25 S. besonders: Die Zeit des Weltbildes, in: Holzwege, Frankfurt 1977, 75–113.

26 Zum Begriff der Verantwortung im technischen Zeitalter vgl. das grundlegende und tiefsinnige Buch von H. Jonas, Das Prinzip Verantwortung. Versuch einer Ethik für die technologische Zivilisation, Frankfurt 1979. Erstrangig ist ferner: G. H. von Wright, Vetenskapen och förnuftet, Stockholm 1986.

Versuch einer ethischen Bewertung des Kapitalismus

1 Siehe z. B. N. Luhmann, Die Wirtschaft der Gesellschaft, Frankfurt 1988.

2 P. Koslowski, Ethik des Kapitalismus, Tübingen [3]1986; Prinzipien der Ethischen Ökonomie, Tübingen 1988; S. Sen, On Ethics and Economics, Oxford/Cambridge, Mass. 1987. Vgl. auch die von B. Biervert und M. Held herausgegebenen Bände: Ökonomische Theorie und Ethik, Frankfurt/New York 1987; Ethische Grundlagen der ökonomischen Theorie, Frankfurt/New York 1989. Insbesondere Koslowskis erstgenannter Schrift verdanke ich sehr viel.

3 Zum klassischen Streit, inwiefern schon in der Antike von einem Kapitalismus die Rede sein könne, vgl. J. Hasebroek, Griechische Wirtschafts- und Gesellschaftsgeschichte bis zur Perserzeit, Tübingen 1931; K. Polanyi, Primitive, Archaic and Modern Economics, hg. von G. Dalton, Garden City, N. Y. 1968; M. Finley, The Ancient Economy, Berkeley/London 1973 auf der einen sowie K. J. Beloch, Griechische Geschichte, 4 Bde., Neudruck Berlin 1967 und M. Rostovtzeff, The Social and Economic History of the Roman Empire, Oxford 1926; The Social and Economic History of the Hellenistic World, Oxford 1941 auf der anderen Seite.

4 Ich konzentriere mich ausschließlich auf die moralischen Probleme, die die volkswirtschaftliche Ordnung des Kapitalismus betreffen, und gehe nicht ein auf Fragen, die zur Ethik der Unternehmung gehören. Hierzu

vgl. insbesondere die Arbeiten von P. Ulrich, z.B.: Die Weiterentwicklung der ökonomischen Rationalität – Zur Grundlegung der Ethik der Unternehmung, in: B. Biervert/M. Held (Hg.), Ökonomische Theorie, op. cit., 122–149.

5 S. dazu K. Hartmann, Die Marxsche Theorie, Berlin 1970.

6 Die Zukunft des Kapitalismus, Berlin 1937.

7 Kapitalismus, Sozialismus und Demokratie, Bern/München [5]1980.

8 Zu den Beziehungen zwischen Geschichts- und Sozialwissenschaften bleibt Giambattista Vico grundlegend. Vgl. dazu meine Einführung zu den „Prinzipien einer neuen Wissenschaft über die gemeinsame Natur der Völker", 2 Bde., Hamburg 1990, Bd. I, XXXI–CCXCIII, bes. CVIII ff.

9 Vgl. etwa das klassische Buch von G. Simmel, Philosophie des Geldes, Leipzig 1900.

10 Vgl. z.B. J. Kromphardt, Konzeptionen und Analysen des Kapitalismus, Göttingen 1980, 38.

11 Vgl. E. Waibl, Ökonomie und Ethik. Die Kapitalismusdebatte in der Philosophie der Neuzeit, Stuttgart-Bad Cannstatt 1984.

12 Vergil, Aeneis, III, 57.

13 Siehe z.B. Politeia, 373 d.

14 Politik 1256 a 1 ff.

15 In diesen Zusammenhang gehört die Revision des Zinsverbotes. Vgl. das immer noch nützliche Buch von E. von Böhm-Bawerk, Kapital und Kapitalzins, Bd. I: Geschichte und Kritik der Kapitalzinstheorien, Innsbruck 1884.

16 Die einschlägigen Aufsätze Webers sind bequem zugänglich in dem Band: Die protestantische Ethik. Eine Aufsatzsammlung, hg. von J. Winckelmann, München/Hamburg 1965.

17 Ich zitiere nach der Taschenbuchausgabe (München 1967), die den späteren Titel trägt „Liebe, Luxus und Kapitalismus", den Sombart allerdings – laut Vorwort zur ersten Auflage (S. 7f.) – gerne schon dieser ersten Ausgabe gegeben hätte.

18 The Cultural Contradictions of Capitalism, New York 1976.

19 Wirtschaft und Gesellschaft. Grundriß der verstehenden Soziologie, hg. von J. Winckelmann, Tübingen [5]1980.

20 Zur Einteilung der Geschichte des Kapitalismus grundlegend: W. Sombart, Der moderne Kapitalismus, München/Leipzig [4]1921, 2 in 4 Bdn. Vgl. auch: Sombarts „Moderner Kapitalismus": Materialien zur Kritik und Rezeption, hg. und eingeleitet von B. von Brocke, München 1987.

21 Ich entnehme den Terminus A. Gehlen, Die Seele im technischen Zeitalter, Hamburg 1957, 11 ff.

22 Vgl.: Zur Philosophie der ökologischen Krise. Moskauer Vorträge, München 1991, besonders den zweiten Vortrag.

23 Vgl. W. Sombart, Der Bourgeois: Zur Geistesgeschichte der modernen Wirtschaftsmenschen, München 1913.

24 Vgl. B. Groethuysen, Die Entstehung der bürgerlichen Welt- und Le-

bensanschauung in Frankreich, 2 Bde., Halle 1927, Nachdruck Frankfurt 1978.

25 Sie sollen auf russisch 1992 in Moskau erscheinen.

26 Die Verabsolutierung strategischer Rationalität in Wirtschaft und (zumal Außen-)Politik ist die eine Seite der neuzeitlichen Trennung von strategischer und kommunikativer Rationalität. Die andere Seite ist die Ideologie der freien Liebe, da die Ehe, als Institution, in der auch der rationale Eigennutz eine Rolle spielt, dem Wesen reiner kommunikativer Beziehung nicht angemessen sei (vgl. z.B. Montaigne, Essais III, 5). Die Beziehungen zwischen freier Liebe und Kapitalismus gehen noch tiefer, als Sombart denkt – sie sind nicht nur kausaler Natur (über den Luxus vermittelt), sondern stehen in einem eidetischen Zusammenhang.

27 Theorie der ethischen Gefühle, hg. von W. Eckstein, Hamburg 1985. An Sekundärliteratur zu Smith vgl. die schöne „Würdigung des Werkes" H.C. Recktenwalds in seiner deutschen Übersetzung von „Der Wohlstand der Nationen", München 1978, XV–LXXIX.

28 Leviathan, London/Harmondsworth 1987, 295 (Ch. XXIV): „for a mans Labour also, is a commodity exchangeable for benefit, as well as any other thing". Zum Thema „Hobbes und der Kapitalismus" grundlegend: C.B. Macpherson, The Political Theory of Possessive Individualism: Hobbes to Locke, London 1962.

29 Das heißt keineswegs, daß er der einzige philosophisch relevante wäre. Denn auch die deskriptiven Grundkategorien der Einzelwissenschaften gestatten, ja fordern eine philosophische Durchdringung; und es ist in der Tat nicht schwer, die wichtigsten Paradigmenwechsel in der Geschichte der Nationalökonomie, die durch die Einführung neuer Begriffe bestimmt sind, mit der gleichzeitigen Philosophie in Verbindung zu bringen. Vgl. etwa Th. Surányi-Unger, Geschichte der Wirtschaftsphilosophie, Berlin 1931. Philosophisch wichtig ist nicht nur die Frage, ob es ein System der apriorischen Kategorien der Wirtschaftswissenschaften gibt, sondern auch, ob sich in der Geschichte der Wirtschaftswissenschaften eine Entwicklungslogik ausmachen lasse.

30 1133 a 6 ff.

31 Ich denke etwa an Thomas von Aquin, Summa theologiae, II/II, q. 77.

32 Zur Werttheorie vgl. – freilich von einem dem Marxismus mit großer Sympathie gegenüberstehenden Standpunkt aus – M. Dobb, Theories of Value and Distribution since Adam Smith, London 1973.

33 Ich denke besonders an M. Weber, Der Sinn der „Wertfreiheit" der soziologischen und ökonomischen Wissenschaften (1917), in: Gesammelte Aufsätze zur Wissenschaftslehre, Tübingen [4]1973, 489–540. Kritisch zu Webers Forderung: L. Strauss, Naturrecht und Geschichte, Frankfurt 1977 (englisch 1953). Ein ähnliches Unbehagen wie Strauss für die Politikwissenschaft äußerte F.H. Knight für die Wirtschaftswissenschaften (Freedom and Reform, New York 1947; The Ethics of Competition and Other Essays, Neudruck Freeport, N.Y. 1969).

34 Leviathan, op. cit., 151 f. (Ch. X). Immerhin wird am Ende des Kapitels (S. 159f.) mit dem Begriff der „Worthinesse" eine die Faktizität des Marktes transzendierende normative Instanz eingeführt.

35 K. E. Boulding, The Basis of Value Judgements in Economics, in: Human Values and Economic Policy, hg. von S. Hook, New York 1967, 55–72, 67.

36 Dies ist bekanntlich der Standpunkt B. Croces (Philosophie der Praxis. Oekonomik und Ethik, Tübingen 1929 [italienisch 1908]), der – um dies ein für allemal zu sagen – ein großartiger Geisteshistoriker, aber kein sehr scharfsinniger Philosoph war.

37 Es versteht sich von selbst, daß die zwei Begriffspaare nicht koinzidieren: Es gibt strategisches Verhalten aus Altruismus sowie das Ausleben kommunikativer Bedürfnisse aus rein egoistischen Motiven.

38 Dieser Punkt ist besonders von K.-O. Apel, Diskursethik als Verantwortungsethik und das Problem der ökonomischen Rationalität (in: Diskurs und Verantwortung, Frankfurt 1988, 270–305) urgiert worden.

39 Ich schließe keineswegs aus, daß man im Sinne der Neuen Politischen Ökonomik auch politische Phänomene mit ökonomischen Kategorien fruchtbar analysieren kann; man denke nur an den Wählerstimmenmarkt. Ich halte aber daran fest, daß das Wesen des Politischen unter keinen Umständen auf derartige Analysen zurückgeführt werden darf.

40 Eine Theorie der Gerechtigkeit, Frankfurt 1979, 81 ff.

41 Vgl. B. Külp, Wohlfahrtsökonomik I, Die Wohlfahrtskriterien, Tübingen/Düsseldorf ²1984. Grundlegend ist natürlich die Frage, ob man Nutzen nur ordinal oder auch kardinal messen kann.

42 Koslowski, Ethik des Kapitalismus, op. cit., 39 f. weist darauf hin, daß der Unterschied zwischen dem Mechanismusmodell der Neoklassik und dem Interaktionsmodell der Österreichischen Schule genau darin besteht, daß das letztere eine Zwangsallokation auch dort ablehnt, wo sie nachweislich wirtschaftlich effizienter wäre.

43 Vgl. dazu etwa W. Röpke, Ethik und Wirtschaftsleben (1955), jetzt in: Grundtexte zur Sozialen Marktwirtschaft, hg. von W. Stützel, Ch. Watrin, H. Willgerodt, K. Hohmann, Stuttgart/New York 1981, 439–450.

44 Eben dies ist vom Ordoliberalismus der Freiburger Schule zu Recht hervorgehoben worden. Vgl. W. Eucken, Grundsätze der Wirtschaftspolitik, hg. von E. Eucken und K. P. Hensel, Tübingen ⁶1990.

45 Markt- *und* Demokratieversagen? Grenzen individualistischer gesellschaftlicher Entscheidungssysteme am Beispiel der Umwelt- und Kernenergiefrage, in: Politische Vierteljahresschrift 24 (1983), 166–187.

46 Natürlich heißt das nicht, daß der Markt alle Strukturmerkmale der Demokratie verwirkliche. Insbesondere fehlen in ihm öffentliche Diskurse über das Gemeinwohl; zudem ist der Markt eine Demokratie mit Pluralwahlrecht.

47 H. Geißler, Die Neue Soziale Frage, Freiburg 1976.

48 Siehe die großartige Blochkritik von Hans Jonas (Das Prinzip Verantwortung, Frankfurt 1979, 327ff.). Allerdings ist das Ideal, das er kritisiert, durchaus auch dem Kapitalismus in seiner masseneudämonistischen Epoche eigentümlich.

49 M. Weber, Die protestantische Ethik, op. cit., 189.

50 Vgl. z.B. H. Bonus, Marktwirtschaftliche Konzepte im Umweltschutz, Stuttgart 1984; J. Ellington/T. Burke, The Green Capitalists. How to Make Money – and Protect the Environment, London 1989. Insbesondere scheint mir, daß auf die Phantasie und Kreativität sich für die Umwelt verantwortlich fühlender dynamischer Unternehmer nicht zu verzichten ist.

51 Principles of Economics, London 1891.

52 The Economics of Welfare, London 1920.

53 Vgl. E.-U. von Weizsäcker, Erdpolitik. Ökologische Realpolitik an der Schwelle zum Jahrhundert der Umwelt, Darmstadt 1989. – Zum Verhältnis von Ökonomie und Ökologie s. das gerade eben erschienene erstklassige Buch von H. C. Binswanger, Geld und Natur, Stuttgart 1991. Es zeigt u.a., warum es so schwer ist, sich vom Wachstumsprinzip zu verabschieden, das – über die Zinsen – mit dem Kapitalismus engstens verbunden ist.

Die Dritte Welt als ein philosophisches Problem

1 Ich möchte mich bei Richard Björnson, Thomas Kesselring und Mark Roche für viele fruchtbare Diskussionen über das Thema bedanken. Mark Roche war zudem so freundlich, die englische Fassung dieses Aufsatzes zu korrigieren.

2 Das wichtigste Buch über das Thema ist in meinen Augen H. Jonas, Das Prinzip Verantwortung, Frankfurt 1979. Ich selbst habe das Problem in „Philosophie der ökologischen Krise", München 1991, erörtert.

3 Ich stimme mit Max Weber darin überein, daß die Sozialwissenschaften als Sozialwissenschaften wertfrei zu sein haben (siehe auch seinen Aufsatz „Der Sinn der ‚Wertfreiheit' der soziologischen und ökonomischen Wissenschaften", in: Gesammelte Aufsätze zur Wissenschaftslehre, Tübingen 1973, 489–540). Aber dies bedeutet nicht, daß nicht die Philosophie rational Werte begründen könne.

4 Zum Begriff der Rationalisierung siehe Max Weber, Wirtschaft und Gesellschaft. Grundriß der verstehenden Soziologie, Tübingen [5]1972.

5 Siehe hierzu die klassische Arbeit von P. Jouguet, Alexander the Great and the Hellenistic World: Macedonian Imperialism and the Hellenization of the East, Chicago 1985.

6 Noch in Vergils „Aeneis" wird der Krieg zwischen Octavian und Marc Anton als ein Zusammenprall zwischen dem überlegenen We-

sten und der unterlegenen Kultur des Ostens angesehen (VIII, V. 671 ff.). Ich erinnere auch an Shakespeares „Antonius und Cleopatra".

7 Es sei erinnert an die berühmten Verse von Horaz: „Graecia capta ferum victorem cepit et artes/Intulit agresti Latio" (Epistulae II, 1, V. 156 f.).

8 Siehe A. Demandt, Der Fall Roms: Die Auflösung des römischen Reiches im Urteil der Nachwelt, München 1984.

9 Ich bin überzeugt, daß auch heute noch die Religion von unersetzlicher Bedeutung ist als mögliche Brücke über die Kluft zwischen Erster und Dritter Welt. Die Theologie der Befreiung ist unzweifelhaft eine der positivsten Entwicklungen in Lateinamerika. Siehe hierzu G. Gutierrez, A Theology of Liberation: History, Politics and Salvation, Maryknoll 1973; E.D. Dussel, Ethics and the Theology of Liberation, Maryknoll 1978.

10 Man vergleiche nur Dantes berühmte Beschreibung von Odysseus im „Inferno", XXVI, V. 90 ff.

11 Es ist bemerkenswert, daß selbst in „Os Lusiadas", einem Epos, das die Entdeckungen und Eroberungen der Portugiesen preist, Camoẽs an einer Stelle eine scharfe Verurteilung von Vasco da Gamas Unternehmen ausspricht (IV, V. 94 ff.).

12 Siehe vor allem J.H. Elliott, The Old World and the New 1492–1650, Cambridge 1970, 54 ff.

13 Siehe L. Hankes klassische Arbeit „The Spanish Struggle for Justice in the Conquest of America", Philadelphia 1949. Quellen zu den Beziehungen zwischen Indianern und Spaniern – wie die Gesetze von Burgos (1512), das Requerimiento (1513), die Neuen Gesetze (1542) – finden sich in: History of Latin American Civilization: Sources and Interpretations, hg. von L. Hanke, 2 Bde., Boston 1973, I, 87 ff. Es ist bezeichnend, daß Alonso de Ercilla den letzten Gesang seines berühmten Epos „La Araucana" mit Gedanken über den Unterschied zwischen gerechten und ungerechten Kriegen beginnt.

14 Obwohl viele der Zahlen, die Las Casas mitteilt, nicht stimmen, haben sich die meisten der Verbrechen, die er beschreibt, vermutlich ereignet. Die Leyenda negra entsprach leider der Wirklichkeit.

15 Zu diesen Kulturen siehe auch „The Inca and Aztec States 1400–1800. Anthropology and History", hg. von G. A. Collier, R.I. Rosaldo, J.D. Wirth, New York 1982.

16 Vergleiche auch N. Wachtel, The Vision of the Vanquished. The Spanish Conquest of Peru through Indian Eyes 1530–1570, Hassocks 1977.

17 In G. Giacosas und L. Illicas Libretto zu Puccinis „Madame Butterfly" wird die schreckliche Situation ausdrucksvoll beschrieben, in der man nicht mehr zur alten und noch nicht zur neuen Kultur gehört.

18 Dies wird sehr gut in T. Todorov, The Conquest of America. The Question of the Other, New York 1984, beschrieben. Das Buch, dem ich viel

verdanke, ist außerordentlich wichtig, da es eine *Logik* in der Geschichte der europäischen Annäherung an die Neue Welt entdeckt.

19 Vitorias Vorlesungen sind verfügbar in einer französischen Übersetzung mit einer hervorragenden Einleitung in der folgenden Ausgabe: F. de Vitoria, Leçons sur les Indiens et sur le droit de guerre. Introduction, traduction et notes par M. Barbier, Genf 1966.

20 Siehe zu dieser berühmten Auseinandersetzung L. Hanke, All Mankind ist One. A Study of the Disputation Between Bartolomé de Las Casas and Juan Gines de Sepulveda in 1500 on the Intellectual and Religious Capacity of the American Indians, De Kalb 1974.

21 Siehe B. Diaz del Castillo, Historia verdadera de la conquista de la Nueva España, edición de R. Leon-Portilla, 2 Bde., Madrid 1984, I, 334 ff. (Kap. XCII).

22 B. de Las Casas, In Defense of the Indians, translated, edited and annotated by S. Poole, De Kalb 1974, 204 ff. (Kap. 31).

23 Ibidem, 221 ff., besonders 234 (Kap. 34 ff.). Todorov sieht zu Recht in dieser Haltung von Las Casas einen neuen Schritt in der Anerkennung von Andersartigkeit (a. a. O., 186 ff.).

24 In mancher Hinsicht erinnert Las Casas' Ansatz an Max Schelers Theorie, daß keine Kultur jemals Mord für gerechtfertigt hielt – das Töten von Sklaven z. B. sei nicht als Mord betrachtet worden, da Sklaven nicht als Personen angesehen wurden. Was wie eine Abweichung von grundlegenden moralischen Prinzipien aussieht, ist in seinen Augen ein Subsumtionsfehler. Siehe hierzu M. Scheler, Der Formalismus in der Ethik und die materiale Wertethik, Bern/München ^{6}1980, 313 ff.

25 Wittgensteins Theorie von den Sprachspielen wurde von P. Winch auf die Theorie der Kulturen übertragen: The Idea of a Social Science and its Relation to Philosophy, London/New York 1958. Zur Kritik an diesem Ansatz siehe meinen Aufsatz: „Eine unsittliche Sittlichkeit. Hegels Kritik an der indischen Kultur", in: Moralität und Sittlichkeit, hg. von W. Kuhlmann, Frankfurt 1986, 136–182.

26 Zu Vico und seiner Aktualität siehe meine Einführung „Vico und die Idee der Kulturwissenschaft" in G. Vico, Prinzipien einer neuen Wissenschaft über die gemeinsame Natur der Völker, übersetzt von V. Hösle und Ch. Jermann, 2 Bde., Hamburg 1990.

27 L. Kohlberg, Moral Stages. A Current Formulation and a Response to Critics, Basel 1983; J. Habermas, Moralbewußtsein und kommunikatives Handeln, Frankfurt 1983; K.-O. Apel, Diskurs und Verantwortung, Frankfurt 1988.

28 Tatsächlich haben Kohlberg, Habermas und Apel darüber diskutiert, ob es eine siebte Stufe gibt; aber sie meinen etwas anderes als ich. Siehe hierzu Apels Aufsatz „Die transzendentalpragmatische Begründung der Kommunikationsethik und das Problem der höchsten Stufe einer Entwicklungslogik des moralischen Bewußtseins", a. a. O., 306–369.

29 Zu den „drei Phasen der Abhängigkeit" siehe S. C. Toton, World Hun-

ger. The Responsibility of Christian Education, Maryknoll 1982, 21ff. (mit Hinweis auf Th. Dos Santos). Über Kolonialismus und Entkolonialisierung siehe z.B. St. C. Easton, The Rise and Fall of Western Colonialism, New York/London 1964 sowie R. F. Holland, European Decolonization 1918–1981: an Introductory Survey, Houndsmill 1985.

30 Siehe A. Gehlen, Die Seele im technischen Zeitalter, Hamburg 1957.

31 Vergleiche H. Broch, Die Schlafwandler, Zürich 1952, 525ff.: Zerfall der Werte (6) (= Huguenau 44).

32 Zum Imperialismus siehe das noch immer wichtige Buch von J. A. Hobson, Imperialism: A Study, New York 1902.

33 F. Fanon, Die Verdammten dieser Erde. Vorwort von J.-P. Sartre, Reinbek 1969 (Paris 1961).

34 Siehe R. Bjornson, The African Quest for Freedom and Identity: Cameroonian Writing and the National Experience, Bloomington/Indianapolis 1991, 3.

35 Trotz seiner Sympathie für Gewalt verwirft selbst Fanon den Kalten Krieg. „Jene Ingenieure, die sich in Techniker des Atomkriegs verwandelt haben, könnten in 15 Jahren das Lebensniveau der unterentwickelten Länder um 60 Prozent erhöhen. Man sieht, daß das wohlverstandene Interesse der unterentwickelten Länder weder in der Verschärfung noch in der Verlängerung des Kalten Krieges liegt." (a.a.O., 63).

36 Vergleiche E.-U. von Weizsäcker, Erdpolitik. Ökologische Realpolitik an der Schwelle zum Jahrhundert der Umwelt, Darmstadt 1989.

37 Siehe die Arbeiten von P. Freire, besonders: Education for Critical Consciousness, New York 1973.

38 Dies muß gegen die grotesken Ideen von der Weltrevolution, die in den 60er Jahren zirkulierten, gesagt werden. Siehe z.B. Sartres Vorwort zu Fanons Buch, das voller Fehler sowohl auf der deskriptiven wie auf der normativen Ebene ist.

39 A. Schweitzer, Aus meinem Leben und Denken, Leipzig 1932, 70.

40 H. Spiegelberg, „Good Fortune Obligates: Albert Schweitzer's Second Ethical Principle", in: Steppingstones Toward an Ethics for Fellow Existers. Essays 1944–1983, Dordrecht/Boston/Lancaster 1986, 219–229; O. Wiggins, „Herbert Spiegelberg's Ethics: Accident and Obligation", in: Journal of the British Society for Phenomenology 21/1 (1990), 39–47.

41 Über die Gründe des Hungers in der Welt siehe S. George, How the Other Half Dies. The Real Reasons for World Hunger, Montclair 1977; S.C. Toton, a.a.O.; F.M. Lappé/J. Collins, World Hunger. Twelve Myths, New York 1986.

42 Siehe z.B. H. Bonus, Marktwirtschaftliche Konzepte im Umweltschutz, Stuttgart 1984.

43 Ein klassisches Werk über die Wirtschaft in der Dritten Welt ist noch immer G. Myrdal, Asian Drama. An Inquiry into the Poverty of Nations. An Abridgment by S.S. King, New York 1972.

44 M. Weber, Die protestantische Ethik. Eine Aufsatzsammlung, hg. von J. Winckelmann, München/Hamburg 1965.
45 In seinem berühmten Film „Tabu“ zeigt Murnau auf sehr ausdrucksvolle Art, wie die Einführung des Geldes eine vormoderne Gesellschaft zerstört.
46 Siehe Ch. Payer, The Debt Trap: the IMF and the Third World, New York 1974.
47 Siehe Lappé/Collins, a.a.O., 13.
48 Außer möglichen Rechten der Tiere ist die gegenwärtige Nahrungsmittelsituation auf der Erde ein starkes moralisches Argument für den Vegetarianismus.
49 Die berühmte Abhandlung von Th.R. Malthus, Essay on the Principle of Population (zusammen mit: A Summary View of the Principle of Population, verfügbar als Penguin Classic: Harmondsworth 1970), ist nicht nur als erste detaillierte Analyse des Bevölkerungsproblems wichtig. Sie ist außerdem beachtenswert wegen ihrer Kritik an den naiven Ideen der Aufklärung über den Fortschritt.
50 A. de Tocqueville, Der alte Staat und die Revolution, München 1978 (Paris 1856).
51 Ich denke hier besonders an Al-Farabi, On the Perfect State: ... a revised text with introduction, translation, and commentary by R. Walzer, Oxford 1985.
52 Ich fand die Geschichte in H. Zimmer, Myths and Symbols in Indian Art and Civilization, edited by J. Campbell, New York 1963, 219ff. Zimmer zitiert M. Buber, Die chassidischen Bücher, Hellerau 1928, 532f.

Sein und Subjektivität. Zur Metaphysik der ökologischen Krise

1 Vgl. Demokrit, in: Die Fragmente der Vorsokratiker, Griechisch und Deutsch von H. Diels, Siebente Auflage hg. von W. Kranz, 3 Bde., Berlin 1954, 68 B 34.
2 Vgl. zu dieser Art des Zugangs M. Scheler, Die Stellung des Menschen im Kosmos, Bonn [11]1988.
3 Man müßte die im folgenden skizzierte Position weitaus eher mit dem subjektiven Idealismus eines Fichte verbinden, wenn es nicht gerade Hegels Analysen der modernen Welt wären, an die sie anknüpft. Hegels objektiv-idealistische Naturphilosophie hat der Vulgärhegelianismus stets ignoriert.
4 Ich beziehe mich im folgenden besonders auf sein letztes Buch: Aufstand für die Natur. Von der Umwelt zur Mitwelt, München/Wien 1990.
5 Die drei Positionen scheinen mir im Sinne einer dialektischen Entwicklungslogik aufeinander zu folgen. Mir selbst ist der scharfe Gegensatz

zwischen I und III erst durch die geistige Begegnung mit dem späten Heidegger klar geworden; seine Größe zu sehen hat mich mein Kollege und Freund Professor Dr. Reiner Schürmann gelehrt.

6 Ich darf auf mein Werk „Hegels System“, 2 Bde., Hamburg ²1988 verweisen, das Hegel in einer vom Vulgärhegelianismus stark abweichenden Weise rekonstruiert.

7 Eine Ausnahme innerhalb der Ritterschule ist Robert Spaemann.

8 Vgl. etwa sein Buch: Fortschrittsreaktionen. Über konservative und destruktive Modernität, Graz/Wien/Köln 1987.

9 Siehe etwa seine Aufsatzsammlung: Apologie des Zufälligen, Stuttgart 1986.

10 Person und Eigentum. Zu Hegels „Grundlinien der Philosophie des Rechts“ §§ 34–81, jetzt in: Materialien zu Hegels Rechtsphilosophie, hg. von M. Riedel, 2 Bde., Frankfurt 1975, II, 152–175.

11 Die Zahl der Epigonen von Heideggers Spätphilosophie ist Legion; in Italien ist etwa E. Severino zu nennen.

12 Vgl. dazu meinen Aufsatz: Heideggers Philosophie der Technik, in: Wiener Jahrbuch für Philosophie 23 (1991), 37–53.

13 Siehe etwa R. Groh/D. Groh, Weltbild und Naturaneignung. Zur Kulturgeschichte der Natur, Frankfurt 1991.

14 Platons Lehre von der Wahrheit. Mit einem Brief über den „Humanismus“, Bern/München 1947.

15 Die Zeit des Weltbildes (1938), in: Holzwege, Frankfurt 1977, 75–113. Zu erinnern ist hier natürlich auch an Husserls Krisis-Schrift.

16 Vgl. A. Schopenhauer, Parerga und Paralipomena: kleine philosophische Schriften, II 1, Kap. 12, § 156, in: Zürcher Ausgabe, Werke in zehn Bänden, Zürich 1977, Bd. IX, S. 325: „Wenn man, so weit es annäherungsweise möglich ist, die Summe von Noth, Schmerz und Leiden jeder Art sich vorstellt, welche die Sonne in ihrem Laufe bescheint; so wird man einräumen, daß es viel besser wäre, wenn sie auf der Erde so wenig, wie auf dem Monde, hätte das Phänomen des Lebens hervorrufen können, sondern, wie auf diesem, so auch auf jener die Oberfläche sich noch im krystallinischen Zustande befände.“

17 Siehe zu der historischen Entwicklung der kosmischen Einsfühlung M. Scheler, Wesen und Formen der Sympathie, Bern/München 1974, 87ff.

18 Über die Unmöglichkeit, das erkenntnistheoretische Grundproblem evolutionistisch zu lösen, vgl. meinen Aufsatz: Tragweite und Grenzen der evolutionären Erkenntnistheorie, in: Zeitschrift für allgemeine Wissenschaftstheorie 19 (1988), 348–277.

19 Die Krise der Gegenwart und die Verantwortung der Philosophie. Transzendentalpragmatik, Letztbegründung, Ethik, München 1990. Die wichtigsten Beiträge zu einer objektiv-idealistischen Naturphilosophie stammen von D. Wandschneider; vgl. sein Buch: Raum, Zeit, Relativität, Frankfurt 1982.

20 Philosophie der ökologischen Krise, München 1990, 48 ff. Dieses Buch ist, ebenso wie die vorangegangenen Überlegungen, stark von Hans Jonas beeinflußt; vgl. insbesondere: Organismus und Freiheit. Ansätze zu einer philosophischen Biologie, Göttingen 1973.

21 Vgl. dazu M. Scheler, Das Ressentiment im Aufbau der Moralen, Frankfurt 1978, 92 ff.

22 Von besonderer Wichtigkeit ist, daß viele der heutigen Kritiken an der Industriegesellschaft einem noch tieferen Grad des Subjektivismus entspringen, als er bisher die Geschichte bestimmt hat; diese Kritiken lösen nicht, sie verschärfen die Krise, die die neuzeitliche Subjektivität über die Welt gebracht hat.

Nachweise

The Greatness and Limits of Kant's Practical Philosophy, in: Graduate Faculty Philosophy Journal 13/2 (1990), 133–157; deutsche Übersetzung von Vittorio Hösle in: Wissenschaftsethik unter philosophischen Aspekten, hg. von K. Giel und R. Breuninger, Ulm 1991, 9–39. (Verfaßt 1988.)

Moralische Reflexion und Institutionenzerfall. Zur Dialektik von Aufklärung und Gegenaufklärung, in: Hegel-Jahrbuch 1987, 108–116. (Verfaßt 1986.)

Zur Dialektik von strategischer und kommunikativer Rationalität, erscheint in: Orientierung durch Ethik? Eine Zwischenbilanz, hg. von J.P. Wils, Paderborn 1993. (Verfaßt 1991.)

Warum ist die Technik ein philosophisches Schlüsselproblem geworden?, in: Natur in der Philosophie, hg. von K. Giel und R. Breuninger, Ulm 1992, 35–51. (Verfaßt 1989.)

Versuch einer ethischen Bewertung des Kapitalismus, erscheint in: Wirtschaftsethik, hg. von K. Giel und R. Breuninger, Ulm 1992. (Verfaßt 1990.)

The Third World as a Philosophical Problem, in: Social Research 59 (1992), 227–262; deutsche Übersetzung von Christine Ehrlenspiel in: Alibi Wirtschaftsethik?, hg. von J.-P. Wils, Tübingen 1992, 63–79. Die Übersetzung für diesen Band stammt von Vittorio Hösle. (Verfaßt 1991.)

Sein und Subjektivität. Zur Metaphysik der ökologischen Krise, in: Prima Philosophia 4 (1991), 519–541. (Verfaßt 1991.)